谨以此书献给

严父：张泽新

慈母：徐美兰

妻子：杜　芬

儿子：张翊驰

Research on Action Mechanism
of Ethical Behavior in Growth of Commercial Banks :
Based on Self-organization Theory Perspective

湖北省武汉纺织大学管理科学与工程学术著作出版资金资助
湖北省普通高等学校人文社科重点研究基地——企业决策支持研究中心资助出版
（项目号：DSS20190106）

商业银行成长中的伦理行为作用机制研究

——基于自组织理论视角分析

张筝 著

WUHAN UNIVERSITY PRESS
武汉大学出版社

图书在版编目(CIP)数据

商业银行成长中的伦理行为作用机制研究:基于自组织理论视角分析/张筝著.—武汉:武汉大学出版社,2019.12
　ISBN 978-7-307-21209-1

Ⅰ.商…　Ⅱ.张…　Ⅲ.商业银行—研究—中国　Ⅳ.F832.33

中国版本图书馆 CIP 数据核字(2019)第 219507 号

责任编辑:陈　帆　　责任校对:李孟潇　　整体设计:马　佳

出版发行:**武汉大学出版社**　(430072　武昌　珞珈山)
　　　　　(电子邮箱:cbs22@whu.edu.cn　网址:www.wdp.com.cn)
印刷:北京虎彩文化传播有限公司
开本:720×1000　1/16　印张:18　字数:257 千字　插页:2
版次:2019 年 12 月第 1 版　　2019 年 12 月第 1 次印刷
ISBN 978-7-307-21209-1　　定价:59.00 元

前　　言

　　商业银行经历了股改上市的春天，到大规模经济刺激下高速发展的夏天，再进入高盈利、高增长的秋天，到今天经营环境发生深刻变化的冬天，其业务模式、经营模式面临着全面的挑战，成长方向同样也面对关键的抉择。内部生存环境日趋恶劣，如存贷款利差减少、金融风险增加、金融人才外流、金融脱媒加剧等，加大了商业银行的市场风险。外部宏观环境和竞争环境也使得银行业经营出现了较大问题，如经济下行，互联网金融的发展，利率市场化的加速，这同样迫使银行必须做出恰当的变革与调整以适应环境的变化，而这些调整的方式无一不与商业银行伦理行为相关。

　　目前商业银行对此已经有相当的危机感，业务上各家银行都在谋求自身生存和发展的道路，如积极发展互联网金融业务、建立社区银行、建立客户的大数据库以及通过移动金融获得社交属性等。但是从根本上说，这些经济行为离不开客户与员工的支持，也就是银行伦理行为在其中扮演了极其重要的角色。现有关于伦理行为的文献，大多关注于伦理行为对财务绩效、银行声誉、客户品牌忠诚度等影响，这些都是影响银行成长的关键因素，但缺乏伦理行为作用的分析，对银行经济行为、伦理行为以及银行成长之间的关系研究讨论很少。

　　对于伦理行为的作用，现有文献主要聚焦于伦理行为对财务绩效的影响。基于不同的角度分析，有三种不同的结论，即两者正相关、两者负相关以及两者无明显相关性。另外，文献还关注于伦理行为与银行声誉风险的关系，伦理行为与伦理消费者之间关系研究等。对于伦理行为与成长关系的研究，定性分析的方法集中于从利益相关者角度分析企业伦理与企业成长的关系，定量分析的方法集中于用线性的研究范式进行研究。可以发现目前文献中对伦理行为作用的探讨有明显的不足，没有形成统一的结论。第一，伦理行为与经营绩效的关系用线性相关的关系进行解释是否合理。第二，伦理行为、经济行为与银行成长三者之间的关系究竟如何。第三，银行要实现其成长目标，究竟需要什么样的条件。

现有研究存在一个问题，即忽略了银行成长的复杂性，专注于用线性思维模式进行因果关系研究。这种研究方式对于银行面临复杂的环境条件，成长中出现的螺旋式演进过程，无法进行很好的解释。因此，本书将自组织理论引入银行成长研究，用非线性的思维方式分析银行伦理行为在成长中的作用，能够更加科学地进行银行伦理行为与银行成长的相关研究，并详细地阐释伦理行为在银行成长中所起到的重要作用，为企业伦理理论、自组织理论、企业成长理论等相关理论做出一定的理论贡献。

为此，本书关注企业伦理最前沿的理论问题，从更加复杂的视角深入分析与探讨企业伦理相关问题。本书从利益相关者理论视角审视银行对各个利益相关者做出的伦理行为，从自组织的理论视角分析伦理行为在银行成长中的作用，由此形成一个较为全面和成熟的关于银行伦理行为的理论框架。本书将从以下四个方面进行展开。第一，本书基于利益相关者理论，分析了伦理行为在银行成长中的作用。银行伦理行为是银行伦理研究中最重要的研究内容，结合利益相关者理论，能够将银行伦理行为做最好的诠释。第二，本书对商业银行成长系统的自组织演化条件进行了分析，提出成长系统具有开放性、动态性、非线性、多样性和复杂性。本书继续分析了基于协同学的银行成长自组织演化动力机制，并构建了银行伦理行为、经济行为以及银行成长三者之间可能存在的协同模型。第三，本书从耗散结构与熵理论探讨了银行经济伦理行为的自组织演化对银行成长系统的影响。第四，本书分析了银行成长系统中可能存在的超循环现象，并对经济行为和伦理行为的超循环过程做出分析。

本书选择案例研究的方法来探索伦理行为在银行成长中的作用，主要是因为：第一，由于用非线性视角对伦理进行相关研究仍处于理论构建的初级阶段，因此决定了本书的研究不太适合采用先理论假设，后实证检验的定量研究方法，更适合用案例研究进行逻辑探索。第二，本书旨在探讨银行伦理行为在成长中的作用，而现有文献对伦理作用的研究方面存在着争议。因此本书需要考察银行做出伦理行为的真实原因和可能起到正面或负面的作用，而案例研究特别适合做探索性的研究，用调研访谈的方式能够了解银行的真实情况。第三，本书关注银行经济行为、伦理行为以及银行成长三者之间的关系，采用案例研究的方法，能够全面深入地考察事件的真实情况以及与环境之间的复杂关系。第四，本书选择多案例的研究设计，即在清楚界定研究问题和相关概念的基础上，从多个典型案例中总结并发现规律，通过归纳构建新的理论，或者拓展已有的研究。

本书采用理论抽样的方法，选择了五家典型银行作为样本进行研究。通过对银行的高层领导以及各个职能部门的中层领导进行深入访谈，从三个方面了解银行伦理行为、经济行为以及银行成长之间关系的相关内容。通过对案例银行进行组内比较、组间比较，然后进行组外案例银行的验证后，本书得到以下结论：

第一，本书发现银行伦理行为对经济行为有正向的影响作用。其中，不仅对经营绩效影响，还对银行管理水平提高产生直接的正向影响，甚至对银行的创新能力提升也能产生正向影响。另外银行成长对伦理行为有正向的促进作用，根据银行自身情况的不同，银行所做出的伦理行为也有所区别。除此之外，本书还发现银行成长系统、伦理行为系统，以及经济行为系统，共同形成功能—结构—涨落子系统之间的竞争与协同。经济行为系统出现微小的涨落可能导致银行出现自会聚型自组织过程。经济行为系统出现巨大涨落，可能导致银行出现自创生型自组织过程。

第二，银行由于外部宏观环境变化以及内部发展可能带来的不利影响而产生熵增。当银行经济行为与伦理行为与环境充分交互后，可能会输入负熵。当银行负熵流的输入达到一定的阈值，此时银行成长系统就形成了耗散结构。而耗散结构的持续，就必须使得银行不断输入负熵流。当负熵流的输入等于熵增时，则银行成长处于稳定的状态，一旦负熵流的输入小于熵增，则银行成长出现了瓶颈，成长出现了停滞或者倒退状态。然而，一旦银行成长的结果表现为社会性成长，则银行伦理行为可能实现其"自组织性"，转变为"伦理自组织行为"。要成为"伦理自组织行为"的银行，是以员工满意为条件而实现的。

第三，银行成长系统作为一个超循环组织系统，具有自我选择能力。在银行成长系统中，包含着经济行为与伦理行为两方面的活动，它们耦合在一起，互相依存，互相制约，相生相克。经济行为的目的是谋利，而伦理行为的目的是合德。经济行为是一种自觉行为，是银行生存的基本使命，而伦理行为是一种自律行为，是银行生存的最高使命。同时，两者又互为"催化"，经济行为为伦理行为提供经济支持，伦理行为为经济行为创造有利条件，这种互为催化的状态使得两者在更高层次上加速对方的发展。在实践中，银行经济行为的目的是满足绝大多数利益相关者的利益，即实施了伦理行为。银行伦理行为的目的是为了提高银行的绩效、改善银行的管理水平，即实施了经济行为。两者之间互动、互助和互补，促进银行的稳定成长。

本书的理论贡献主要包括以下四个方面：

第一，本书从自组织理论的角度，借鉴利益相关者理论深入分析了银行伦理行为在银行成长中的作用。一方面利益相关者理论能够很好地对银行伦理对象进行界定，将与利益相关者满足程度大小作为界定银行伦理行为维度对象的根本依据，明确银行伦理行为实现机制。另一方面本书从自组织理论的视角对伦理行为进行研究，因为银行成长系统本身就很复杂,受到多种因素的影响。本书的研究就是用复杂性思维方式去研究银行成长中的伦理问题,补充企业伦理理论研究方面的成果。

第二,企业面对的内、外部环境越来越复杂,线性思维中所表现的静态特征、还原思想和二维可逆路径已经和企业成长理论研究,以及实践经验相脱节,需要转为非线性思维范式,表现为动态特征、协同作用和超循环过程。本书采用的方法就是用非线性思维方法对银行成长、银行经济行为与银行伦理行为三者的关系进行研究,在一定程度上揭示银行成长规律,解释银行伦理行为的作用,为企业成长理论与企业伦理理论研究做出理论贡献。

第三,本书的理论基础是利益相关者理论,该理论用于银行伦理行为研究,能够在理论上开拓研究的深度和广度。通过本书的案例研究,较好地确定与银行紧密联系的利益相关者,即政府、社会、环境、员工、客户和股东。本书以自组织理论为研究视角,从协同理论、耗散结构理论与超循环理论对银行伦理行为、经济行为和银行成长进行研究,得出了三者协同关系,银行成长可能成为耗散结构,经济行为与伦理行为之间形成超循环三方面的结论。本书为利益相关者理论的理论探讨做出一定的贡献,补充了自组织理论在管理学上的理论探讨和实践应用。

第四,本书研究了经济行为与伦理行为的关系,从案例研究的结论中证实了两者之间有密不可分的联系。另外银行作为具有社会责任和社会契约精神的载体,必须如公民一样享有权利和承担义务,也就是为社会、环境和政府做出贡献。研究表明了银行为社会和政府做出了积极的贡献,但是在环境方面还有待提高。因此本书在功利主义理论与企业公民理论方面做出了一定理论贡献。

本书的研究结论对实践具有一定的指导意义,表现在以下四个方面:

第一,本书阐释了伦理行为对经济行为的积极作用,不仅能够帮助银行提升经济效益,还能够提高银行管理水平,甚至能够提高员工创新意识,形成全员创新的氛围。本书的研究表明了银行的社会性成长可能让银行伦理行为实现"自组织性"，而员工是其中最为核心的利益群体，满足他们正当的利益诉求，将可能使银行成长具有强大的驱动力。

第二，本书研究结论证实了内外环境变化对银行成长有极其重要的作用。经济行为与伦理行为只有与环境进行充分的交互才能输入影响银行成长的负熵流。因此结论表明，银行管理者必须充分考虑内、外界环境可能带来有利与不利因素，管理者必须要开阔视野，发现市场中可能存在的蓝海，让银行经济行为与伦理行为与环境充分交互，才能使得银行在未来的发展中立于不败之地。

第三，本书的研究结论可以为银行实现可持续成长的目标提供思路。管理者首先必须确定好银行发展的战略目标，属于哪一种成长结果，或哪几种成长结果，如规模性成长、竞争性成长、持续性成长、营利性成长或社会性成长。针对银行成长性结果，实施属于银行自身特点的伦理行为，这样才能有针对性地实现银行成长的结果目标。

第四，本书的研究结论告诉银行管理者做出经济行为时，先思考是否是以满足某些利益相关者利益而做出的，考虑其做出的必要性、可能性和重要性的结果。同时在做出伦理行为时，考虑该行为是否能够为银行增加经营绩效、提升银行管理水平或者提高其创新水平。

目　　录

图　目　录

表　目　录

1

1　绪　　论

1.1　研究背景

1.1.1　现实背景

埃德尔曼信任度调查报告于 2011 年和 2012 年分别做了两次对伦理方面的大样本调查，其中 2011 年的调查问题是"除了股东赢利之外，即使在损失企业自身利益的情况下，企业是否仍然应当为社会创造价值？"绝大部分的样本选择都是"是"。2012 年的调查报告显示，有 87% 的全球消费者赞同企业应当将利润与社会利益放到同等重要的位置上，只有 28% 的消费者认为企业在关注社会利益方面，表现尚可①。由此可以看出，包括中国在内的全世界企业家及消费者，都坚定地赞同企业承担社会责任的理念。企业作为社会的公民，所做出的伦理行为不能仅成为经济行为的附属品，更为重要的是，必须在企业成长与经济的发展中扮演极其重要的角色。

从 2007 年的美国金融危机，到 2010 年的欧债危机，其关键经济主体"伦理缺失"是导致危机产生的主要因素。正如 Gurria 所述，经济危

---

① Brauth, Peri. Redefining the Corporation's Role in Society［OL］. Purpose. edelman. com. December 21st, 2012.

机对金融市场的信心形成了巨大的打击,它是由一系列的严重过失所带来,其中企业伦理沦丧是关键的因素之一。① 贝纳多·科利克斯伯格提出了这些危机出现的主要伦理问题是公司治理失败、投机行为日益普遍、忽视对管理层的伦理教育,以及片面看待经济。对保护利益相关者利益的伦理认识严重不足,使得各方的经济行为都从自身的部门利益出发,而无法维护整体的利益格局。②

2008 年后的大规模经济金融刺激,使得商业银行进入蓬勃发展的最好阶段,2010 年后银行进入了持续高盈利的快速成长发展阶段。而到 2014 年初,商业银行的经营环境发生了深刻变化,业务模式和成长模式都面临全方位的挑战。中国的金融体制已经开始转型,如利率市场化进程的加速,金融脱媒的不断加剧,互联网金融的蓬勃发展,等等,体现了未来金融行业市场不仅仅是金融机构的竞争,还有金融产品的竞争,以及金融机构的自主定价。银行业面临前所未有的竞争压力,银行成长性也受到了严重制约。首先,随着利率市场化进程的不断推进,商业银行的传统经营模式和手段受到了严重的挑战。一是存款占社会资金的比重减少,二是利差的减少,三是金融风险的增加,四是金融人才外流的增加。其次,金融脱媒(技术脱媒、渠道脱媒、信息脱媒、客户关系脱媒等)也给商业银行带来了前所未有的压力,一方面给商业银行传统业务的总量和结构造成负面影响,另一方面加大了商业银行的市场风险,优质大企业客户贷款以及中小企业贷款被资本市场迅速分流。③ 最后,互联网金融的蓬勃发展,打破了融资市场被商业银行长期垄断的格

① Gurria. A, Business Ethics and OECD Principles: What Can Be Done to Avoid Another Crisis?[OL]. Europe an Business Ethics Forum, 2009, available at: www.oecd. org/document/3/0,3343,en _2649_201185_42033219_1_1_1_1,00.html.

② 贝纳多·科利克斯伯格. 重新思考经济学与伦理学的联系[J]. 中国软科学, 2013(3): 1-8.

③ 马晓霞. 金融脱媒趋势下商业银行发展对策研究[J]. 商业时代, 2013(27): 72-74.

局，拉低了金融业相关者进入的门槛，打破了商业银行优质对待大客户，冷漠对待普通老百姓的传统，引发了商业银行对服务方式创新、金融产品创新、打造新价值链的深刻变革，这些无一不和商业银行伦理行为相关。①

商业银行对此已经有相当的紧迫感。不论是国有商业银行，还是股份制商业银行，或者是城市商业银行及农村商业银行等，都在寻找各自生存和发展的道路。目前商业银行在大踏步进入互联网金融，通过业务创新实现更多的营利，或者寻找市场的蓝海，建立社区银行，通过移动金融获得社交属性等。但是在业务上的创新及寻找蓝海优势而获得的利益可能仅仅是短暂性的，很难将其转化为银行的核心竞争力，保持银行的可持续成长。这些优势的获得离不开员工对银行所做出的突出贡献，一方面员工为银行创造出更多的财富，另一方面让客户感受到银行对他们的优质服务而为银行创造更多的价值。追根溯源，这些都归根于银行伦理行为在其中所起到的关键作用。现有关于银行伦理行为的文献，大多关注于对财务绩效的作用，以及对银行声誉、客户品牌忠诚度等的影响，对伦理行为的作用分析还不够深入，对银行伦理行为、经济行为以及银行成长之间的关系研究比较有限。因此银行伦理行为在银行成长过程中究竟有何重要的作用，带着这个问题，本研究回顾并分析了相关的研究成果。

1.1.2 理论背景

随着银行成长面对越来越严峻的生存环境问题，不论是银行家还是学者，都对银行伦理行为或银行社会责任产生了较大兴趣，并关注于伦理行为或社会责任对银行发展所起到的重要作用。以国外商业银行的发展为例，一些国外商业银行就是依靠积极承担符合伦理道德的社会责

---

① 郑霄鹏，刘文栋. 互联网金融对商业银行的冲击及其对策[J]. 现代管理科学，2014(2)：78-80.

任，使得银行持续不断地繁荣和发展。正如摩根银行的创始人所述，我们之所以能够长盛不衰，就是因为我们一直对外诚信，对社会负责，从不操纵市场，也不赚不义之财。①

对银行伦理行为的作用，现有文献重点关注了银行伦理行为对财务绩效的影响。不同的学者基于不同的角度进行分析，得出三种不同的结论，即两者正相关、两者负相关及两者无明显相关性。另外文献还关注于伦理行为与声誉风险、社会绩效以及客户品牌忠诚度等关系研究。除此之外，文献还探讨了商业银行社会责任与可持续发展战略的关系，绿色金融、社会责任与商业银行的行为选择问题等。笔者发现这些文献对于伦理作用方面的研究有明显的不足，且存在各自一言堂的局面，并没有统一的结论。第一，伦理行为与经营绩效之间的关系用线性相关关系进行解释是否合理？这之间为什么有矛盾的结论出现？第二，伦理行为、经济行为对银行成长的作用，是否也是因果关系，或者是互为因果的关系？三者之间是否有研究者未发现的关系？第三，银行要实现其成长目标，必须具备什么样的条件？这些问题在目前的研究中并没有进行深入的分析与探讨。

现有的研究存在一个基本问题是：专注于用线性思维模式进行研究，建立因果关系去发现伦理行为所起到的重要作用，却忽视了银行成长的复杂性，以及伦理行为及经济行为在复杂环境条件下，是如何影响银行成长的。这些问题用线性的思维方式进行研究，可能得出的结论无法解释实践中银行成长的相关问题。基于此，本书将自组织理论引入银行成长的研究，用非线性的思维方式分析伦理行为在银行成长中的作用，更为科学地进行银行伦理行为的相关研究，并详细地阐释伦理行为在银行成长中所起到的关键性作用，为理论研究和银行的实践做出贡献。

---

① 朱文忠. 国外商业银行社会责任的良好表现与借鉴［J］. 国际经贸探索，2006(4)：75-79.

1.2 研究目的与意义

1.2.1 研究目的

本书关注于企业伦理最前沿的理论问题，希望在前人对企业伦理研究的基础上，推动企业伦理研究获得更进一步的理论发展，从更为复杂的视角深入地分析企业伦理相关问题。根据目前学界对于银行伦理的研究现状，需要对伦理行为概念和相关理论做出整理和分析，并且从利益相关者理论的视角审视银行对各个利益相关者所做出的伦理行为。另外，本书还从自组织理论视角分析伦理行为在银行成长中的作用，由此形成一个较为全面和成熟的关于银行伦理行为研究的理论框架。基于此目的，本书的研究将从以下三个方面进行展开。

第一，基于利益相关者理论，分析伦理行为、经济行为与银行成长间的关系。

企业伦理是在多门学科的基础上建立起来的一门学问，有较多的理论基础，并有较广泛的研究内容，如企业伦理氛围、企业伦理建设及企业伦理准则等。而银行伦理行为是银行伦理研究中最重要的研究内容之一，结合利益相关者理论，能够对银行伦理行为做最好的诠释。本书以银行伦理行为、经济行为以及银行成长作为研究对象，基于利益相关者理论及自组织理论方法，对三者之间关系做出分析，并归纳出可能存在的规律性的东西。

第二，从耗散结构理论与熵理论角度探讨伦理行为对银行成长的作用。

研究银行伦理行为有不同的视角，从复杂性科学的视角探索银行伦理行为的作用，将会大大增加研究的科学性，也将更为准确地把握伦理行为在银行成长中所起到的关键性作用。通过探讨经济行为和伦理行为与环境进行交互后，其行为所引起的熵值变化，进而发现它们对银行成

5

长产生的巨大作用，从而进一步揭示了银行伦理行为在银行成长中所呈现的重大意义。

第三，从超循环理论视角对经济行为与伦理行为做出分析。

银行作出经济行为究竟是何种目的，仅仅是为了盈利或者扩张？银行又为何做出伦理行为，是为了名誉或其他不可言说的目的？两者是互斥、相克的关系，还是互济、相生的关系？在现有的文献中，笔者将梳理出其中的相关研究，并用案例研究的方法进行分析，从超循环理论视角找出其中的规律，得出科学的研究结论。

1.2.2 理论意义

对于企业伦理的研究，大多聚焦于企业经营绩效的影响，对银行伦理研究也不例外。近年来，金融风险的扩大，银行间竞争愈发趋于激烈，各种金融衍生工具的出现以及宏观环境的变化，使得学者们对银行伦理的研究和实践愈发重视。本书研究的理论意义体现在以下四个方面：

第一，在学术研究中，对银行做出的各种伦理行为研究，过于关注经济绩效，这是功利和狭隘的观点，不符合我国甚至全球的可持续发展。这些伦理行为应该成为银行自律遵守的伦理规范和道德标准，是自发形成的，非法律的强制性，但又有舆论上或其他利益上的强制性。本书的研究关注的不仅仅是伦理行为与经济绩效的关系，更重要的是关注银行做出的经济行为与伦理行为之间，是否存在其他有待探索的关系。

第二，从利益相关者的角度对银行伦理行为进行研究，在理论上更具有研究价值。因为现实中银行在一个复杂多变的环境中生存，尽量满足各方相关利益群体的利益，实现彼此间的共赢，对银行的可持续成长具有非常重要的意义。因此应当全面研究银行对这些利益相关者之间的伦理行为，归纳出既有实践价值，又有理论贡献的学术成果。

第三，理论上涉及银行伦理、银行社会责任、银行成长方面的研究，绝大多数采用的都是线性研究范式。面对动态的和复杂的外部环境，以静态、还原及可逆为特征的线性思维方式对银行成长进行研究，已经难以解释银行实践中的问题，而需要向动态、协同、循环为特征的非线性范式转变。因此本书用非线性方法进行银行成长及银行伦理问题的研究，能够较好地揭示银行成长规律，发现银行伦理价值，也为银行成长与银行伦理方面的研究做出较好的理论贡献，同样还希望未来有更多的学者能够用非线性范式研究银行伦理与银行成长问题。

第四，国内对于企业伦理行为的研究大多数是表达个人的观点，用演绎的方式阐释企业伦理作用、发展及建设，较少地采用案例研究的方式进行研究。本书对 5 家银行进行调查研究，通过对一手资料的编码分析，来构建有关银行经济伦理行为与银行成长的理论模型。

因此，本书采用案例研究方法来进行探索性分析，从自组织理论的视角对银行经济伦理行为及银行成长进行研究，为企业伦理理论研究提供了一个新视角，丰富和推进企业伦理的理论研究。

1.2.3 实践意义

经济与伦理之间的关系一直是企业家们争论的焦点。银行如何将伦理当作银行发展的内在动力，如何提升产品与服务的伦理价值、建立伦理管理理念和形成高凝聚力的、向心力的伦理文化，如何融合员工、股东、客户、社会、政府和环境的共同利益，成为银行拥有持久竞争力的有力保证。本书从微观的角度研究了银行经济行为、伦理行为与银行成长之间的关系，用案例研究的方式告诉面临危机的银行业，伦理行为带来的不仅仅是银行创造的营利，而且还能够保证公共产品的生产和社会的供给，优化整个社会的财富分配，缩小贫富差距，实现人与人之间、人与企业之间、企业与社会之间的整体和谐。

"在商言商"的传统思想让银行家们习惯于将盈利当作银行存在最为重要的目的，而忽视伦理行为在银行发展中所起到的重要作用。现实中某些银行会为了自身的利益而做出损害他人利益的非伦理行为，严重地破坏了金融秩序，导致社会出现不公平。在国外，2012 年渣打银行的洗钱丑闻，让银行一天之内市值蒸发了 132 亿美元。巴莱克银行由于人为操纵伦敦同业拆借利率，而被英美金融监管部门罚款 4.52 亿美元。还有美国银行、花旗集团、富国银行等，在大量收回房屋抵押权的处置问题上，存在伪造文件、不准确和马虎等过失。这些丑闻让银行不仅损失惨重，而且使其声誉急剧下降，对银行成长产生了严重的后果。同时，中国银行的伦理缺失，也频频见诸报端。如中国银行内部员工的腐败问题，行长王雪冰做出未经授权的授信，以及刻意隐瞒的行为导致了银行的巨额损失；2014 年南京储户在中国银行苏州分行的 1 亿元存款不翼而飞，而中国银行对储户的态度是先刑事案件调查，再进行民事处理储户存款，对待客户的态度让客户心寒；2011 年中国工商银行江苏镇江扬中支行的营业部主任将储户的 900 万元盗转给他人，而工行居然认为这是个人行为，银行不需要为客户的损失承担责任，这是多么荒唐的做法。客户能够忍受银行一次、两次甚至三次的不伦理行为，绝对无法忍受再而三的不道德行为，最终银行将蒙受巨大的损失。本书的实践意义在于让某些还局限于"经济人"思想的银行家们警醒，目前银行的经营行为与方式已经发生重大的转变，银行不仅要关注自身的成长性，更要关注伦理行为带来的持续性，银行不但要大而强，更要久而长。

因此，通过本书的研究，深入科学地分析银行伦理行为在银行成长中的作用，一方面让银行管理者重视对各个利益相关者利益的满足，建立有着正确舆论导向的伦理立场和伦理规范，创造一个良好的伦理氛围和道德环境。另一方面，通过银行伦理行为去影响员工、客户以及相关利益者的感知，让他们做出同样的伦理行为。员工成为有道德的员工，客户成为伦理型客户，股东成为有伦理的股东，不以自己的得失为最重要的目标，使得员工、客户以及股东成为银行成长最有利的支持者，形成银行内在的核心竞争力。本书用案例分析方法提出的假设和验证的结果，能够为银行伦理实践提供较为具体，以及有针对性的建议和对策。

1.3　研究内容

1.3.1　研究对象及关键概念界定

本书从自组织理论视角研究银行伦理行为的作用，探讨银行经济行为、伦理行为与银行成长之间的关系，其中研究对象为中国情境下的5家商业银行。本书研究的主要概念及界定如下：

"银行经济行为"是指银行参与社会服务过程中，为达到一定的经济目的，实现其权利和义务所从事的各项经济活动，包括存贷款、中间业务、销售理财保险及基金类产品、提供咨询服务等。

"银行伦理行为"是指银行做出现阶段与我国伦理道德规范相适应的银行行为选择，包括持续回报股东、持续为客户创造价值、支持实体经济发展、为员工提供广阔的发展空间、积极支持公益事业、积极发展绿色金融活动等。

"银行成长"是指银行通过充分地挖掘、利用和整合内外部的经营资源所表现出的整体扩张的态势，包括银行的量成长、质成长和力成长三方面，最终实现银行的营利性成长、竞争性成长、结构性成长、社会性成长和持续性成长的战略目标。

"银行自组织"是指在没有特殊外部力量干预的条件下，银行子系统内部之间相互作用、相互影响，并在系统内外部矛盾的作用下，自行组织、自行演化、自行创生地从无序走向有序，从低序到高序，从一种有序到另一种有序，形成有序结构系统的演化过程。

本书对其他可能涉及的概念，将在具体的章节中进行界定。

1.3.2　研究问题

在阐述研究背景和研究意义的基础上，本书通过对银行的案例分析，从自组织理论视角探讨银行伦理行为在银行成长中的作用机制问题。本研究需要重点关注的问题有以下几个方面：

第一，银行所做出的经济行为和伦理行为有哪些？它们之间与银行成长的关系又是什么？在目前银行发展的不同阶段，银行的经济伦理行为又有什么样的变化？

本书旨在通过对案例银行从事的经济伦理行为活动以及银行成长进行识别和编码，来了解三者之间到底是线性关系结构，或是互为因果的关系，或是其他关系等。

第二，银行的经济伦理行为如何与环境进行交互？交互后它们又如何影响银行成长？银行的可持续成长又是如何实现的？

本书旨在通过对影响案例银行成长的有利与不利因素进行深入分析，来探讨银行经济伦理行为如何作用于银行成长，并通过访谈的方式了解银行所处的成长发展状态，分析银行的可持续成长要通过什么样的方式来实现。

第三，银行经济行为与伦理行为之间是完全对立、彼此相克的关系吗？它们之间是否还有未被发现的关系？

本书旨在通过对案例银行做出经济行为与伦理行为的目的进行探讨，来发现两者之间是如何相互作用，既相生又相克，彼此形成可能的超循环状态，并用跨案例比较的方式进行结论验证。

1.4　研究方法

由于用自组织理论对银行伦理行为进行相关研究仍处于理论构建的初级阶段，尤其是将银行经济行为、伦理行为与银行成长三者共同进行研究，其成果较少，也无法借鉴很多成熟的研究，因此本书的研究属于探索性研究。探索性研究的方法决定如果用大规模样本的问卷调查方式，先进行理论假设，而后用实证进行定量研究，在此处并不适合，用案例分析的质性研究方法进行探索性分析更为适合。

Yin(2009)①认为，案例研究特别适用于解决"怎么做和为什么"

---

① Yin. R. K. 2009, Case study research [M]. Thousand Oaks, CA: Sage.

（how and why）的问题，要找到两者之间作用的关系需要长时间跟踪案例的进展情况。Eisenhardt（1989）①认为应当从多个典型案例中去发现总结规律，并构建新理论。因此本书采用的是多案例研究方法，在对相关问题和概念进行清楚界定的基础上，拓展已有的研究，并探讨为什么伦理行为在银行成长中有非常重要的作用，它是如何影响银行经济行为以及银行成长的。因此本书适合用案例方法来进行分析研究。

1.5 研究创新点

作为 AMR 的资深主编，Whetten（1989）②提出了判断优秀学术成果的七条标准。根据此标准并结合现有的伦理相关文献，总结本书研究可能获得的创新点，体现在以下四个方面：

第一，选题角度的创新。

本书从自组织理论的视角进行银行伦理行为研究，分析伦理行为在银行成长中的作用，这在伦理学研究方面是学术前沿。本书研究伦理行为对经济行为的影响作用，银行成长对伦理行为的作用，银行成长耗散结构的形成，以及经济行为与伦理行为相互之间的关系等问题。这些问题对银行实践发展有较为重要的意义。

第二，理论方面的完善。

本书采用案例研究的方式，基于利益相关者理论，获得银行伦理行为需要满足的利益相关者群体目标，从整体上完善银行伦理行为的构成。本书从自组织理论视角对银行成长进行了相关研究，在一定程度上完善了利益相关者理论、企业伦理理论和企业成长理论，并扩展了自组织理论在管理学中的应用。

---

① Eisenhardt, K. M. Building Theories from Case Study Research [J]. Academy of Management Review, 14(4)：532-550.

② Whetten, D. A. What Constitutes a Theoretical Contribution? [J]. Academy of Management Review, 1989, 14：490-495.

11

第三，内容方面的创新。

本书用非线性思维方式对银行经济行为、伦理行为与银行成长三者的关系进行研究，突破以往文献中用线性思维方式进行伦理与成长之间研究的模式。本书的研究揭示了经济行为、伦理行为与银行成长之间的协同关系，用熵值变化作为判定银行成长是否成为耗散结构的黑箱所在，以及经济行为与伦理行为可能存在的超循环关系的依据。

第四，新概念及新观点的提出。

本书对四家银行案例进行对比，发现了以"做人"为企业价值观的银行，其伦理行为具有"自组织性"。基于此，本书提出了"伦理自组织行为"的概念，并做了阐释。另外根据这个概念，结合耗散结构理论，提出了银行实现基业长青可能的途径。

1.6　本章小结

本章从理论和实践的角度阐述了商业银行的伦理行为对企业成长的重要意义，对银行经济行为、伦理行为、银行成长和银行自组织的概念进行了界定，并提出了研究的问题。同时阐述了本书研究的主要内容及研究方法，为下面进一步深入研究做好准备。

2 文献综述

本章将对相关的各类参考文献进行综述。首先文献综述的工作开始于对关键词的文献检索，分别在中国知网、谷歌学术、维普期刊网以及 EBSCO 作为本书研究的主要文献检索工具和数据库平台。其次，本书的研究主要参考了国内外有较高影响力的学术期刊，国内期刊主要参考国家自然基金委认定的 30 种重要管理学类期刊，如《管理世界》《中国软科学》《管理工程学报》等，以及国内伦理学专业期刊，如《伦理学研究》。国外期刊主要参考 A 类以上的管理学期刊，如《美国管理学会学报》(*Academy of Management Journal*)和《管理科学季刊》(*Administrative Science Quarterly*)，以及国际上最具学术性的权威经济伦理学期刊，如美国经济伦理学会会刊《经济伦理学季刊》(*Business Ethics Quarterly*)和《经济伦理学杂志》(*Journal of Business Ethics*)等。

2.1 企业经济伦理行为研究综述

2.1.1 企业伦理的概念界定

1. 经济伦理的发展历程

最早的西方伦理思想体系的萌芽，可以追溯到亚里士多德时期，包括亚里士多德、柏拉图、康德等著名思想家所提出的伦理思想。除此之外，还有三大宗教传统教义，也有大量教徒经济行为规范。一直到 19 世纪晚期，经济组织的伦理问题才引起人们的关注，但讨论处于较为粗浅的层面。真正实现经济与伦理的联姻，还是斯密的《国富论》与《道德情操论》在经济理论中的伦理思考。斯密在《国富论》中用"经济人"的命题和"看不见的手"来描绘世俗的社会秩序，同时又把伦理剔除于这个社会秩序之外（亚当·斯密，1776）①。与之相反，斯密在《情操论》中把伦理行为的动机归于同情。在这个方面，斯密考察经济行为的伦理价值，不仅从动机考察，而且还包括过程来考察。除此之外，他所做的理论贡献还有对经济行为结果进行了伦理评价，提出的经济行为的伦理结果——利他（亚当·斯密，1759）②。由此可见，斯密是一个人性双元论者，他坚持在利己和利他的关系中，利己的基础上必须是利他，而且在自利的同时，符合道德规范的行为也是人性所必需的。

而后，资产阶级古典政治经济学杰出代表李嘉图，其经济理论研究中也蕴含着伦理判断，他倡导建立在功利原则基础上的经济自由主义价值取向，强调分配中的经济伦理（李嘉图，1817）③。而马尔萨斯（1820）④提出的人口经济伦理思想，阐释了人类要做到人类社会最基本的道德准则，即自我约束和自身生产。另外，西斯蒙第（1819）⑤则表达了工业时代中对劳动阶层的伦理关怀，反对利己主义，注重以人为本，反对自由放任的价值取向。他提倡政府干预，还强调了信任与道德的经济价值。最后，约翰·穆勒（1854）⑥对功利主义进行了继承和超

① 亚当·斯密. 国民财富的性质和原因的研究（上卷）[M]. 北京：商务印书馆，1974a.

② 亚当·斯密. 道德情操论[M]. 北京：中国社会科学出版社，1999.

③ 彼罗·斯拉法主编. 李嘉图著作和通信集（第 1 卷）[C]. 北京：商务印书馆，1965.

④ 马尔萨斯. 人口原理[M]. 北京：商务印书馆，1961.

⑤ 西斯蒙第. 政治经济学新原理[M]. 北京：商务印书馆，1964：48-52.

⑥ 约翰·斯图亚特·穆勒. 政治经济学原理（上卷）[M]. 北京：商务印书馆，1991a.

越，强调了公平的价值取向，并对经济自由主义做了人性化的分析。由上可知，古典经济学仍然保持有浓厚的伦理传统，基于当时的社会历史背景，论证市场经济制度的合理性。对企业经济行为的价值判断是经济学的主要任务。

在新古典经济学时期，英国著名经济学家阿弗里德·马歇尔(1907)①的经济学与伦理学的观点出现了"两难"局面。一方面，他强调经济学家不应该关注市场经济伦理和道德情操问题；另一方面，在他的理论体系中，功利主义的伦理标准和心理因素的分析方法也常常被应用。庇古(1920)②提出的福利经济学，描绘了经济制度的资源配置问题，以及社会经济福利问题。作为规范经济学，他始终把价值判断纳入经济学的体系当中，用是、非、善、恶的标准来判断经济行为是否合理。而后意大利经济学家帕累托提出的帕累托社会福利理论，研究如何达到社会福利的最大化，即"帕累托最优"，使得新福利经济学代替了旧福利经济学。

现代宏观经济学的开创者凯恩斯(1936)③也有其伦理关怀。他否认自由放任，提出了国家干预的观点，实际上是希望通过国家的财政政策来刺激消费和解决就业问题。另外他提出节俭既可能是美德，也可能是恶行，其中判断它的标准是看社会出现通货膨胀还是通货紧缩。对失业的伦理问题，凯恩斯则要求政府干预，扩大有效需求，实现充分就业。阿玛蒂亚·森(1987)④详细论证了社会发展是以人的自由不断增长为条件，以关注人的权利为出发点，讨论人的权利和社会平等问题，对社会底层命运的伦理关怀和对人道、正义、平等的呼唤。同时，他认为经济学贫困化的根源在于经济学与伦理学的分离。比如他试图通过世界上存在的饥荒现象，说明经济学中存在的伦理问题。他提出经济学研

① 马歇尔. 经济学原理(下卷)[M]. 北京：商务印书馆，1964b.
② 庇古. 福利经济学[M]. 北京：华夏出版社，2013：65-69.
③ 凯恩斯. 就业利息和货币通论[M]. 北京：商务印书馆，1997.
④ 阿玛蒂亚·森. 伦理学与经济学[M]. 北京：商务印书馆，2003.

究中不能忽略伦理，经济活动中离不开伦理关系，两者密不可分。

马克斯·韦伯于《新教伦理与资本主义精神》一书中，最早提出了企业伦理的概念，并详细阐述了资本主义精神、伦理以及经济的发展关系①。在20世纪60年代以前，美国企业界流行和信奉这样一句话："Business is business"，即"在商言商"，表明企业的行为无任何道德评价，也就是著名的"企业非道德神话"。然而这个神话由于20世纪中后期的一系列企业经营丑闻的披露和曝光而破灭，背后深层次的原因是社会生活迅速经济化，经济全球化的扩大和加速而导致企业盲目经营产生的恶性循环，受贿、商业欺诈、环境污染等现象不断涌现。为此，美国政府对企业经营中的伦理关系表现出极大的关注，颁布了著名的《对企业伦理及相应行动声明》(1962)。1974年，第一届企业伦理研讨会在美国召开，这标志着企业伦理学正式成立。20世纪80年代后，企业伦理学从美国扩展到了欧洲、亚洲、澳洲等地，学界兴起了一股研究企业伦理的热潮，许多大学开设了企业伦理学课程，建立了企业伦理学的研究机构。20世纪90年代，企业伦理学有了新的突破，各方面的教材、专著、工具书及14种企业伦理学的刊物相继出版。而后，企业伦理学研究从单向研究向跨学科研究转变，包括社会学、经济学、管理学、历史学、传播学等学科在内的新学科、新方法，源源不断地应用于企业伦理学，它开始成为一门成熟的边缘学科。

2. 企业伦理的定义

要理解企业伦理的概念，首先必须了解什么是伦理(Ethics)。伦理和道德，从西方的词源来说，含义完全相同，都是指人们应当如何的行为规范。但是在中国，伦理与道德却是整体与部分的关系，即伦理是整体，表示为人际行为事实如何的规律及其应该如何的规范；道德则是部

---

① 马克斯·韦伯. 理想国：新教伦理与资本主义精神［M］. 广西：广西师范大学出版社，2010：12-14.

分，表示为人际行为应该如何规范。根据王海明(1999)①对伦理的定义，伦理是具有社会效用的行为之事实。

对于企业伦理(Business Ethics)，学术界有多种译法，如商业伦理、经营伦理、管理伦理、贸易伦理等，现今大多数学者统译为"企业伦理"。它是应用伦理学及企业管理学的重要分支，是管理学与伦理学双向互动、相互交融的交叉学科，涉及心理学、博弈论、经济学等多学科领域。企业伦理的定义众说纷纭，美国学者 Lewis 对 254 种与企业伦理相关的教材、文章和著作进行分析调查发现，关于企业伦理的定义有308 种之多。刘易斯提出了企业伦理最具有普遍性定义，认为企业伦理不仅是企业的行为道德，而且还为员工的行为道德提供指南的规则、原则或标准(吴新文，1996)②。T. Sorell 将企业伦理学分为狭义和广义两种。狭义的伦理学涉及的是企业与消费者、员工、股东及竞争者等之间的伦理规范和伦理关系；广义的伦理学涉及的是企业与国家、政府、环境、政策等之间的伦理规范与伦理关系 (Sorell, 1994)③。French (1995)④则认为企业伦理学是通过激发道德想象、整合道德管理、强化道德评价、促进道德认同和培养道德推理能力，来实现化解和澄清经济利益与冲突的目的。George(1982)⑤从哲学的角度对企业活动进行系统研究，涉及分析和评价企业所处的总体政治经济体制、道德地位以及内部个人行为的伦理，目的是系统地把握经济领域中的道德问题。

国内学者对企业伦理也有自己的理解。如成中英(1991)⑥认为企

---

① 王海明. 伦理行为概念辩难[J]. 忻州师范学院学报，2004(5)：36-40.

② 吴新文. 国外企业伦理学：三十年透视[J]. 国外社会科学，1996(3)：15-21.

③ Sorell, Tom & Hendry, John. 1952-(1994), Business ethics[M]. Butterworth-Heinemann.

④ Warren A. French & John Granrose. Practical Business Ethics [M]. Prentice Hall, 1995.

⑤ Richard T. De George. Business Ethics[J]. New York, 1982.

⑥ 成中英. 文化·伦理与管理：中国现代化的哲学省思[M]. 贵州：贵州人民出版社，1991.

业伦理是任何生产机构以及商业团体用合法的手段从事经营应当遵守的伦理规则。李健(1994)①认为企业伦理存在于企业中所有道德现象，蕴含着道德意识、道德准则、道德活动的总和。李占祥(2000)②认为企业伦理是一种非正式规范，存在的目的是用来调整企业内外关系，约束人们的行为，使得企业有序、协调地健康发展，并实现社会伦理与企业性质的统一。王小锡(1997)③认为企业伦理等同于企业道德，是指企业在经济活动中表现出的价值取向和行为规范，目的是用于提高内部员工的素质和协调内外部的关系。

综上可知，学者们从不同的角度对企业伦理进行了定义。笔者认为企业伦理实际上是企业组织中关于人的伦理规范，从企业人隶属的具体组织和从事的具体职业来谈企业伦理。因此企业伦理隶属于企业这个营利组织，从事为他人提供产品和服务的职业企业人所表现的伦理观念和准则。这种伦理观念和准则可以分为三个层次：底层为交易型伦理，与伦理对象有直接交易关系的伦理形式，如对消费者、员工、竞争者、股东、债权人的伦理规范；中层为社会型伦理，对伦理对象有直接付出关系的伦理形式，如对社区、政府、环境、慈善组织的伦理规范；高层为全面型伦理，对所有利益相关群体的伦理规范，如图 2-1 所示。

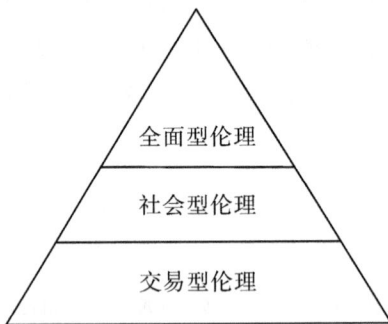

图 2-1　企业伦理三个层次

---

① 李健. 企业伦理论纲[J]. 陕西师范大学学报，1994(4)：108-114.
② 李占祥，杨杜. 矛盾管理学[M]. 北京：经济管理出版社，2000.
③ 王小锡. 关于我国经济伦理学之研究[J]. 哲学动态，1997(11)：23-27.

3. 企业伦理与企业文化的关系

《企业文化》一书的撰写者泰伦斯·狄尔和爱伦·肯尼迪（1983）①认为企业文化是企业成员所共享的价值观念，约束大家共同遵守的行为准则，其中组织的基本观念与信念，是构成企业文化的核心。《追求卓越》的撰写者彼得斯和沃特（1985）②认为企业文化是领导者倡导企业所有员工必须共同遵守的信念与价值观。这两本书都表明，企业文化的核心是企业的价值观，而企业伦理中的善恶观恰恰是价值观的中心内容，从这个角度可以看出企业伦理观是企业文化的核心。

企业伦理与企业文化之间又有明显的不同之处。首先，两者形成的时间不同。企业伦理较企业文化更早。由于 20 世纪中叶企业不道德行为的突显，使得企业伦理成为学者、政府以及企业家关注的焦点。而企业文化是在 20 世纪 80 年代后，日本企业的成功经营所掀起的企业文化研究热潮。其次，两者关注的焦点不同。企业伦理展现的是企业普遍的共性，社会对企业行为规定了共同的行为规范和准则。但这种普遍性又分很多层次，不能用一种标准来进行约束，企业文化凸显出企业的个性，并随着企业的发展不断变化。最后，两者研究的范围不同。企业伦理研究的范围不仅仅是企业内部伦理，同样还包括企业外部伦理，与环境进行相互作用与影响，而企业文化研究的范围主要是企业内部的价值观，要求内部员工的自我认可。

2.1.2 企业伦理行为的概念界定

1. 企业伦理行为的定义

对于伦理行为的概念，学者们众说纷纭，笔者从三个角度进行归纳

---

① 泰伦斯·狄尔，爱伦·肯尼迪. 企业文化[M]. 北京：长河出版社，1983.
② 托马斯·J. 彼得斯，小罗伯特·H. 沃特曼. 追求卓越[M]. 上海：上海翻译出版社，1985.

阐述。首先从哲学角度来看，王海明（2004）①认为伦理行为或道德行为是具有道德价值的，是可以进行道德评价的行为，是对其道德目的、社会发展、个人利益增加或损害的利害人己的行为。其次，从伦理决策角度来看，Rest 早在 1986 年，就构建了伦理决策四阶段的过程模型，这个过程由伦理感知、伦理判断、伦理意向以及伦理行为构成（Rest，1986）②。Velasquez 和 Rostankowski（1985）③认为人是受到自由意志支配的，有关给他人带来幸福或者伤害的伦理问题相关决策所产生的行为动机，即是伦理行为。吴红梅（2003）④认为在伦理行为和不伦理行为发生之前，一定存在一个看不见的决策过程，然后才会有有利于他人、社会或者有害于他人、社会的行为产生。最后，从文化角度来看，戴维·J. 弗里切（1999）⑤认为企业的共有价值观支持或不支持道德标准，组织文化就支持或不支持合乎伦理行为，也就是说企业文化是一种意义来源及行为控制机制。赵德志（2004）⑥认为企业文化对企业伦理产生了非常重要的影响和制约，一个有效整合价值观的企业文化，是企业整体行为是否合乎伦理的重要前提。一方面个人的伦理行为取决于是否认同企业的价值观，另一方面文化引导和塑造员工的伦理行为和意识。

综上可知，从广义上来看，任何企业都有其特定的伦理价值取向，也是一种利害人己的行为选择，这种伦理道德目标有各自不同的价值取向。从狭义上来说，企业伦理行为是社会发展到一定阶段，企业与社会

---

① 王海明. 伦理行为概念辩难[J]. 忻州师范学院学报，2004(5)：36-40.

② Rest J R. Moral Development：Advances in Research and Theory [M]. New York：Preager，1986.

③ Velasquez，M.，Rostankowski C，Ethics：Theory and Practice [M]. Englewood Cliffs：Prentice Hall，1985.

④ 吴红梅，刘洪. 西方伦理决策研究述评[J]. 外国经济与管理，2006(12)：48-55.

⑤ 戴维·J. 弗里切. 商业伦理学[M]. 北京：机械工业出版社，1999.

⑥ 赵德志. 企业文化与企业伦理[J]. 辽宁大学学报，2004(4)：126-129.

主体价值取向一致的一种伦理行为选择。本书所研究的企业伦理行为，即是现阶段与我国的伦理道德规范相适应的企业行为选择，银行所做出的伦理行为，包括持续回报股东、持续为客户创造价值、支持实体经济发展、为员工提供广阔的发展空间、积极支持公益事业、积极发展绿色金融活动等。

2. 企业伦理行为与企业社会责任行为的关系

西方企业实际上是将企业伦理与企业社会责任作为两个不同的事物进行处理，它们各自由不同的部门负责，并且有不同的权利范围及传递路线。两者的起源不同，涵盖范围不同，各自支撑的权利机构体系不同，以及从业人员的标准也不同(Hasnas John，1998)①。企业伦理行为与社会责任行为实际上是企业伦理与社会责任的行动上的表现，是企业将其伦理意识和责任意识付诸行动的表现，具有实践特性，厘清两者之间的关系需要了解企业伦理与社会责任之间的联系与区别。

毫无疑问，企业伦理与社会责任两者关系非常紧密。第一，企业社会责任在一定程度上就是宽泛意义上的企业伦理责任，表现的只是约束强度大小不同而已。正如 Carroll(1979)②认为，企业的社会责任是由其经济责任、法律责任、伦理责任和自由裁量的责任所构成。伦理责任和慈善责任是社会责任的核心，或者说伦理责任是最主要的社会责任(王玉珍，2005)③。罗宾斯(1997)④认为超越法律和经济要求，有利于对社会长远发展而承担的责任，才是企业的社会责任，企业承担的经济和法律责任，仅仅是履行了社会义务。从以上学者的观点可知，在提出社

---

① Hasnas. J. The Normative Theories of Business Ethics：A Guide for the Perplexed [J]. Business Ethics Quarterly，1998(8)：19-42.

② Arrol Archie B. Carroll. A three-dimensional Conceptual Model of Corporate Social Performance [J]. Academy of Management Review，1979(10)：497-505.

③ 王玉珍. 道德秩序的经济学分析：对利他行为的一个分析角度[M]. 北京：经济科学出版社，2005.

④ 斯蒂芬·P. 罗宾斯. 管理学[M]. 北京：中国人民大学，1997.

会责任概念之前，企业所承担的只是经济和法律责任，而忽视伦理责任。因此目前所提出的社会责任观更多的是从企业伦理责任出发而言的，也就是社会责任概念较企业伦理概念更加宽泛。第二，社会责任与企业伦理产生的时间不同。企业伦理是在 20 世纪 60 年代初美国出现的一系列企业经营丑闻，包括受贿、价格欺诈、环境污染等背景下产生，相当一部分管理者的道德沦丧引发社会对企业伦理的关注。而企业社会责任最早在 1916 年由莫里斯·克拉克发表的《改变中的经济责任的基础》一书中提出，此概念一经提出就引起了学术界的巨大争论。第三，企业社会责任大部分所表现出来的是法定责任，也就是底线责任，不能承担这种责任将使得企业无法生存，甚至会受到法律的制裁。而企业伦理更多的是一种道德约束，违反了将会受到舆论的批评和公众的谴责，当然对企业也会产生非常严重的后果。正如任正非所述，企业首要的目标是活下来，这就是企业最基本的责任，也就是企业在做出适当的经济行为后的结果。企业伦理更具有争议性，范围更为宽泛，但没有法律的强制性，只是企业的一种自律行为。从这一点来说，企业社会责任是企业的"实然"责任，而企业伦理更多地表现为企业的"应然"责任。

从以上分析可知，两者之间有很多的相似之处，如两者共同具有满足各个利益相关者利益的行为表现。但是两者也有区别，如企业的社会责任行为包含了企业适当的经济行为表现，而伦理行为在实施的过程中，需要消耗企业的资金，是经济行为的对立面。因为企业社会责任与企业伦理之间存在较多的联系，因此本书在进行企业伦理的研究方面，借鉴了与企业社会责任相关的各类文献作为参考。

2.2 企业伦理行为的理论基础

企业伦理有丰厚的理论基础，涉及如社会学、经济学、心理学等多个学科领域，因此本书主要阐释与企业伦理行为关系紧密的几种理论。

1. 利益相关者理论

利益相关者理论的产生，是对传统的主流企业理论"股东至上主义"的反思，及社会责任运动的回应，并逐渐成为社会责任研究的核心理论，同时也成了企业伦理研究的核心理论。对于利益相关者所指何人，学者之间有不同的看法。如最早弗里曼（2006）①认为利益相关者是那些受到公司目标实现影响的个人与团体，以及任何影响公司目标实现的个人和团体，其中包括了雇员、消费者、所有者、供应商、政府、环保主义者、竞争者等。Clarkson（1995）②将利益相关者区分为主要团体和次要团体。主要团体包括员工、股东、客户、供应商、投资者，还有政府及其他团体，没有他们企业就无法生存。而次要团体是指没有参与企业交易，对于企业生存不是起决定性作用的有关系或受企业影响的团体。这些定义清晰地说明了学者们考虑到企业与利益相关者之间的交互影响关系，对企业将会产生重大的影响。但是这些研究中并没有识别出重要性的排序，利益相关者管理中的管理情境，整体利益相关者管理模型以及利益相关者之间的关系如何影响企业（林曦，2010）③。

另外，从企业社会责任角度来看，在实际生活中传统企业伦理与利益相关者理论之间存在着冲突和矛盾。强调社会责任可能会导致企业利润的下降，而忽视社会责任，置利益相关者合理利益而不顾，则必然会威胁企业的生存和可持续发展。何杰（2010）④提出了基于企业契约理论对传统企业伦理与企业利益相关者理论进行整合与重构。他认为企业

---

①　R. 爱德华·弗里曼. 战略管理：利益相关者方法[M]. 上海：上海译文出版社，2006.

②　Clarkson，M. E. A Stakeholder Framework for Analyzing and Evaluating Corporate Social Performance[J]. Academy of Management Review，1995(20)：92-117.

③　林曦. 弗里曼利益相关者理论评述[J]. 商业研究，2010(8)：66-70.

④　何杰，曾朝夕. 企业利益相关者理论与传统企业理论的冲突与整合——一个企业社会责任基本分析框架的建立[J]. 管理世界，2010(12)：176-177.

社会责任行为的发生，取决于企业治理机制的存在，即协调和制衡企业不同利益主体间的利益冲突，和对显性契约的不完全、隐性契约的非强制性导致责任的推卸和逃避的制约与控制的治理。龚天平（2011）①基于利益相关者理论的研究，提出了企业与利益相关者之间是一种互惠互利、双方互求的平等关系，企业与利益相关者之间是信任伦理，企业尊重利益相关者的各种权利。张兆国（2011）②运用利益相关者理论，认为首先企业承担社会责任向社会传递了积极的信号，通过这种方式获得利益相关者的信赖和支持，实现企业的可持续发展。其次，企业承担社会责任是企业与各个利益相关者之间契约关系的体现，从而企业获得资源和支持，因此表现为一种交易实现机制。最后，企业承担社会责任也是一种价值创造机制，是既利他又利己的双赢活动，与企业追求利润最大化目标并不相悖。

综上所述，利益相关者理论对企业社会责任和企业伦理研究做出了突出的贡献。一方面，让研究者重新认识企业与社会之间的利益相关关系，并在新制度经济学的融合下，借鉴发展契约理论和产权理论，丰富了企业伦理理论基础。另一方面，对企业伦理的对象进行了重新界定，将与企业利益相关程度的大小，作为界定企业伦理行为维度对象的根本依据。除此之外，明确了与利益相关者的关系后，学术上促进了企业伦理相关的定量分析，并且明确了企业伦理行为实现的机制。从根本上说，就是企业应当与利益相关者共同治理企业，处理好企业与各个利益相关者之间的显性和隐性契约，从而实现多方共赢的局面。

2. 功利主义理论

功利主义发源于 18 世纪的道德哲学，不仅与经济学结合紧密，而

---

① 龚天平. 利益相关者理论的经济伦理意蕴[J]. 上海财经大学学报，2011（12）：19-33.

② 张兆国，梁志刚，尹开国. 利益相关者视角下企业社会责任问题研究[J]. 中国软科学，2012(2)：139-146.

且管理学也深受功利主义的影响。功利主义是一种后果论哲学，是一种结果主义，是与利己主义对立而出现的，因为功利主义主张总体利益的最大化。第一位提出完整功利主义的思想家是边沁(2000)①，他在《道德与立法原理导论》关于功利主义论断中最经典的话就是"最大多数人的最大快乐"，即功利主义称为最大福乐原理。穆勒(2007)②继承了边沁的功利主义思想，将功利与快乐、痛苦相联系，并把它引入了伦理学，同时坚持边沁的最大福乐原理，为功利与幸福之间搭建了桥梁。穆勒的功利主义把道德基础建立在良心之上的情感，这种道德感出于后天的学习而非先天性。穆勒认为只要行为本身合乎道德，就是"善"的行为，因为合乎伦理的行为不必存在高尚的动机，或者说大多数合乎伦理的行为并非出自高尚的动机。但是边沁和穆勒的功利主义思想存在着某种缺陷，如幸福是如何分配的，是总体幸福还是平均幸福，"最大多数"又包括哪些群体等。因此，作为企业价值决策伦理基础的功利主义有效性受到了学者们的质疑。

中国学者们对功利主义与伦理关系方面的研究也不尽相同。吕玉广(2009)③认为市场经济社会的道德基础是功利主义，政府制定的法律、法规是以功利主义思想为基础。同样，市场经济需要以功利主义思想作为基本的道德观来为政府服务。另外刘婵娟(2007)④基于功利主义解释，阐述了道德在市场经济中的必要性，提出以道德为前提所做出的经济行为，能够很好地降低经济活动中的交易成本，即道德有助于实现功利目标。从可持续发展的角度，王宗延(2002)⑤提出了合

① 边沁. 道德与立法原理导论[M]. 北京：商务印书馆，2000.
② 穆勒. 功利主义[M]. 北京：九州出版社，2007.
③ 吕玉广. "功利主义"道德观与市场经济制度的相适性分析[J]. 河南师范大学学报，2009(5)：24-26.
④ 刘婵娟. 论道德之于市场经济的必要性：基于功利主义的解释[J]. 马克思主义与现实，2007(4)：125-128.
⑤ 王宗延. 可持续发展与功利主义[J]. 中国人口、资源与环境，2002(6)：10-11.

理的功利主义价值观是坚持以人为本和尊重大自然相结合，节约和珍惜资源，合乎大自然规律而实现资源的永续利用。他认为要做到合理的功利主义道德评价，拓宽传统伦理学的范围，并且需要建立起生态伦理学。窦一炜(2005)①分析了功利主义在企业伦理方面的合理性和有效性，借用了 KMRW 声誉模型说明功利主义的完全可行性和合理性，从消费者的角度阐述了功利主义在其中起到的主导作用。因为从长期来看，企业、客户和社会总体利益相符，维护这种伦理是企业必需的任务。

综上所述，功利主义与伦理方面的联系非常紧密。从企业的角度，学者们的研究都倾向于功利主义的合理性，实现企业经济行为给各个利益相关者带来的总体利益最大化，这些都符合社会的伦理，同样也能实现个人、企业与社会的功利目标。

3. 企业公民理论

企业公民理论是在 20 世纪 50 年代末提出的，在 20 世纪 90 年代迅速流行，它从企业社会责任理论与社会契约理论中演化而来。企业公民理论认为企业作为社会重要组成部分之一，需要像公民一样享有各项民主、社会和政治权利，同时也应当承担相应的各项责任(Matten D & Crane A，2005)②。因此该视角下的研究者特别强调企业作为经济实体，在社会中应当承担和发挥类似于自然人的权利和义务。机构提出了相似的关于企业公民的观点，如世界经济论坛提出企业公民的定义是指企业必须处理好与社会、经济、环境以及各个利益相关者的关系，这种关系可以通过企业的社会投资、商业活动、慈善项目以及参与公共政策而实现。美国波士顿学院认为企业公民要素所包含的三个核心原则是利益最大化、危害最小化和对利益相关者负责。这两种对企业公民的定义

---

① 窦一炜. 浅谈功利主义合理性的经济学分析[J]. 中国软科学. 2005(1)：151-154.

② Matten D, Crane A. Corporate Citizenship: Toward an Extended Theoretical Conceptualization [J]. The Academy of Management Review. 2005, 30(1)：166-179.

都强调了处理好与利益相关者之间的关系。英国企业公民公司认为企业是社会的主要部分，是国家的公民，可以享受权利，同时必须承担责任，为社会发展做出贡献(龚天平，2010)①。

除了机构提出的企业公民观点，有一些学者提出了各自不同的企业公民研究阐释。如 Coombe(2001)②从"爱"的角度，认为企业公民是"爱"的一种表达，他考察了企业公民与文学作品中"爱"之间的关联，认为两者之间都包含了从关注自我利益到他人利益的转化。另外，Mirvis 和 Googins(2006)③从分阶段的角度进行思考，认为企业的最初阶段重点考虑股东利益，而后随着企业不断的成长壮大，逐步考虑社会以及环境责任。因此他们认为企业公民会随着企业的发展而不断地发展，呈现阶段性的结构。Zadek，Pruzan 与 Evans(1997)④从企业公民绩效的角度构建了企业公民基本原理三角模型，指出三种力量形成企业公民的绩效，分别是企业经理在理解外部环境的基础上存在协调的动力，道德价值的作用，以及社会压力促使企业改进社会与环境的绩效。

国内学者对企业公民也有自己的认识和理解，如张衔(2010)⑤认为与基于利益相关者理论的企业社会责任观相比，基于企业公民的社会责任观打破了前者过于狭隘的社会责任边界，对企业重新认识，将企业作为社会的一员来承担社会责任，更加强调了企业的伦理因素对企业履

---

① 龚天平. 企业公民、企业社会责任与企业伦理[J]. 河南社会科学，2010(7)：75-78.

② Coombe D. Corporate Citizenship [J]. Journal of Corporate Citizenship，2011(42)：92-102.

③ Mirvis P，Googins B. Stages of Corporate Citizenship [J]. California Management Review，2006(2)：1-20.

④ Zadek S，Pruzan P. Evans R，Building Corporate Accountability，Emerging Practices in Social and Ethical Accounting，Auditing and Report[J]. Citizenship Studies，1997(22)：329-352.

⑤ 张衔，肖斌. 企业社会责任的依据与维度[J]. 四川大学学报，2010(2)：85-90.

行社会责任内生性的影响。龚天平(2010)①将企业伦理作为企业公民概念的道德内涵，认为企业公民应该讲究企业伦理。企业作为一个公民既有自身的权力，又应当承担应尽的义务，这种责任和义务都具有道德属性。而李彦龙(2011)②将企业公民看作是一种人性假设，首先是经济人，然后是社会人，最后才是道德人。因此企业公民所应承担的社会责任首先是经济与法律责任，然后才是社会公益责任、道德和慈善责任。

从以上关于企业公民的研究分析可知，学者们对企业公民的研究，表明企业不仅具有工具价值，还有本质的内在价值，以及企业的伦理价值。企业公民实现的是权利与责任统一，不仅强调民主、平等、人道等价值观念，还强调公益性和奉献性，这使得企业公民的概念具有了道德内涵，也促使企业能够做出更多的伦理行为。

以上三种理论是本书的理论基础，其中利益相关者理论是本书研究伦理行为的理论视角，企业公民理论是本书研究伦理行为的理论根据，而功利主义理论是本书研究伦理行为的理论立场。企业作为一个功利主义组织，既要像公民一样要享受国家赋予的经济行为权利，还要承担起实践伦理行为的义务，即满足各个利益相关者利益的要求。

2.3   自组织理论视角下的企业成长研究综述

2.3.1   企业成长理论综述

企业成长理论最早起源于对大规模生产规律的研究，经过了100多年的发展，逐步涉及企业行为、企业组织结构、相关管理模式等研究领域，至今仍然是西方经济学与现代管理学所关注的重要课题之一。企业

---

① 龚天平. 企业公民、企业社会责任与企业伦理[J]. 河南社会科学，2010
(7)：75-78.
② 李彦龙. 企业社会责任的基本内涵、理论基础和责任边界[J]. 学术交流，
2011(2)：64-69.

成长理论的相关文献成果很多，在 Penrose 的经典著作《企业成长理论》之后，产生了一系列关于企业成长的理论成果。从钱德勒的现代工商企业成长论、马里斯的企业成长模型以及科斯的企业成长论，再到纳尔逊和温特的经济变迁演化理论、尼尔森和温特的演化经济学以及爱迪斯的企业生命周期理论等。本书仅从管理学的角度对企业成长理论进行梳理。

1. 基于资源的企业成长论

Penrose(1959)①被公认为是现代企业成长理论的奠基人，她将注意力集中在单个企业的内生长过程，以"不折不扣理论"来分析企业的成长过程。她认为企业内部所拥有的资源是决定企业能力的基础，从而决定了企业的成长速度、成长界限和成长方式，并建立起了一个"企业资源—企业能力—企业成长"的分析框架，开创了企业成长在管理学领域的先河。她还认为企业成长最重要的限制因素是稀缺的管理资源，因此增加资源是企业成长的前提，能否有效地利用现有资源是企业成长的关键。但是资源存在不平衡性、不可分性、能力和理性的有限性，企业总是存在着未被利用的各种资源，企业成长的实质也就是一个充分挖掘未利用的资源所表现出动态变化的过程。

20 世纪 90 年代，资源基础论的其他学者(Wemerfelt，1984；Barney，1991)认为很多有不同用途的资源组成的集合构成了企业，且新的投资活动与资源之间的专用性相关程度给予了企业最好的成长机会，其相关程度越高，成长性越好(Grant，1991)②。Wernerfelt(1984)③认为企业

---

① Penrose, Edith T. The Theory of the Growth of the Firm [M]. Oxford: Basil Blackwell Publisher, 1959.

② R G. Grant. The Resource-based Theory of Competitive Advantage Implications for Strategy Formulation [J]. California Management Review, 1991, 33(3): 114-135.

③ Wernerfelt B. A Resource-based View of the Firm [J]. Strategic Management Journals, 1984, 5(2): 171-180.

获得利润、超额收益以及保持其竞争优势的关键在于内部资源和企业的知识共享。Barney(1991)①则认为包括企业所拥有的能力、资产、信息、知识、组织过程等资源，只要有利于企业提高成长效率的决策，这些稀缺的、有价值的、难以模仿的资源都可以为企业带来持续性的竞争优势。Raubitschek 和 Helfat(2015)②则在 Barney 的基础上，将知识资源作为一个战略性的资源提到了一个更加显著的重要位置上，强调知识资源在企业成长中所起到的关键性作用。

国内学者在企业成长理论的研究中，也做出了突出贡献，其中最具有代表性的学者是杨杜。杨杜(1995)③提出企业成长的核心概念"经营资源"，使得学界对企业内部资源概念的阐释更加明确和严谨。关于构建经营资源的分析框架，杨杜构建的企业成长理论，具有里程碑式的成果。

最早杨杜分析企业成长是以时间为横轴，规模为纵轴，以规模性和持续性分析为主的两性模型。而后在《企业成长论》一书中，他提出了持续性、规模性和多样性的三性模型。通过分析技术和产品、经营制度、事业领域等变化，提出与规模经济、成长经济相并列的多样化经济概念。现代企业成长现象越来越复杂，理解企业成长的角度也应该相应地变得更加复杂。基于此，杨杜(2014)④在三性模型的基础上提出了八性模型，企业除了做久(持续性)、做大(规模性)、做强(营利性)和做多(多样性)的追求外，还有做新(变革性)、做局(竞争性)、做快(增长性)、做人(社会性)的追求。此时企业成长不仅仅是量成长与质成长结合的动态过程，还应该有利成长所带来的企业强势竞争性，成长

① Barney J. Firm Resources and Sustained Competitive Advantage [J]. Journal of Management, 1991, 17(1): 99-120.

② Helfat, C. E.. Raubitschek, C. E. Product Sequencing: Coevolution of Knowledge, Capabilities and Products [J]. Strategic Management Journal, 2015(21) 961-979.

③ 杨杜. 企业成长论[M]. 北京：中国人民出版社，1995.

④ 杨杜. 成长的逻辑[M]. 北京：经济管理出版社，2014.

的结果使得企业更大、更强、更多、更久、更好。杨杜博士构建的成长逻辑图如下图 2-2 所示。

经营资源	相对自己的变化		相对对手的变化	
	量的成长 增长性(做快)	质的成长 创新性(做新)	力的成长 竞争性(做局)	成长的结果
规模性(做大)	量的增减	组织变革	相对实力	规模性(更大)
盈利性(做强)	量的增减	组织变革	相对实力	盈利性(更强)
结构性(做多)	量的增减	组织变革	相对实力	结构性(更多)
持续性(做久)	量的增减	组织变革	相对实力	持续性(更久)
社会性(做人)	量的增减	组织变革	相对实力	社会性(更好)

以客户为中心

图 2-2　成长逻辑图

（资料来源：杨杜：《成长的逻辑》，经济管理出版社 2014 年版，第 267 页。）

资源观的企业成长理论研究者将企业成长看作是一个动态过程。企业的可持续成长依赖于通过强化创新、变革、管理等手段，通过充分地整合、积蓄、挖掘资源，不断地促进资源的增值而实现。但它存在一种隐含的假设，就是资源可以脱离人的活动而独立存在，可能会造成资源与资源配置者之间的分离。在企业实践中，资源能发挥多大的效用取决于使用它的人，其所作出的经济、伦理行为才能给资源带来最佳的配置，资源异质性的背后是人的异质性。

2. 基于生命周期的企业成长论

持有生命周期理论观点的学者们认为企业是一个有生命的生物集

体，会经历从生到死，由盛转衰的过程，企业成长符合生物学的成长曲线，许多学者从不同的角度对生命周期企业成长论进行了研究。Greiner (1972)①根据销售收入和员工人数在组织规模和年龄方面的不同表现，提出了企业成长的五阶段模型，即企业成长的创业、指令、分权、协调和合作五阶段。这个模型主要强调在企业成长的过程中，经营者的决策方式和管理机制会发生变化，而成长的每个阶段有其独特的管理方式，每一次的变革影响到企业能否摆脱危机，影响到企业的持续成长问题。Churchill 和 Lewis(1983)②采用企业规模和管理因素两个维度，提出了小企业成长的五阶段模型，分别是诞生期、存活期、成功期、起飞期和资源成熟期。这一模型呈现了企业四种典型特征，即"暂时或永久维持现状""持续增长""战略性转变"和"出售或破产"。每个阶段企业都面临两种选择，或者健康成长，或者失败经营。不少企业会在存活期、成功期和起飞期发生战略性转变（邬其爱，2002）③。Adizes（1988）④把企业成长过程分为十个阶段，分别是孕育期、婴儿期、学步期、青春期、盛年期、稳定期、贵族期、官僚化早期、官僚期和死亡期。这种健康的生命周期应该呈正态分布，每个阶段都可以用灵活性和可控性来实现。

国内学者对基于生命周期的成长理论也做了较为深入的研究，如陈佳贵(1995)⑤区分了大、中、小型企业，构建了孕育期、生存期、高速成长期、成熟期、衰退期及蜕变期的六阶段生命周期模型。该研究认

① Greiner L. E. Evolution and Revolution As Organizations Grow [J]. Harvard Business Review, 1972, 50(4): 37-46.

② Lewis, V. L.. Churchill, N. C. The Five Stages of Small Business Growth [J]. Harvard business review, 1983(3): 30-50.

③ 邬其爱，贾生华. 国外企业成长理论研究框架探析[J]. 外国经济与管理，2002(12): 2-23.

④ Adizes, I. How and Why Corporations Grow and Die and What to Do About It [M]. Prentice Hall, 1988.

⑤ 陈佳贵. 关于企业生命周期与企业蜕变的探讨[J]. 中国工业经济，1995(11): 5-13.

为企业具有一定的能动性，会超越生命的极限去延长企业的寿命。李业（2000）①则将销售额作为纵坐标，引入衰败机制建立企业生命周期模型，认为企业如果不能克服初生期的困境、成长期的管理落后、成熟期的不思进取和衰退期的活力丧失，必将走向衰亡，体现出企业成长的非线性特点。而其他学者基于企业生命周期理论研究企业在不同生命周期下的资金、管理、人力资源、经营特征的不同（单文等，2002②；章卫民等，2008③；林燕燕等，2010④；高中秋等，2010⑤；高松等，2011⑥），表现其多样化的生命周期理论研究。

总体来说，基于生命周期的企业成长理论假设，将企业成长从生理与心理上类比于人的发展历程，这种与生物世界的共鸣有一定创新性和独特性。但现实中的证据不能充分地解释企业成长方式上存在的重大差异，具有各自特点的复杂性成长方式才是企业成长的特征，这些特征都是不可预测的、各不相同的，以及复杂多变的。统一的成长模式很难找到，里面可能包含未知的，需要进一步探索的复杂性成长模式。

3. 基于演化经济学的企业成长论

20 世纪 80 年代，以《经济变迁的演化理论》为标志，Nelson 和 Winter 建立一个比较完整解释经济变迁的演化理论，特别提出了解释经

① 李业. 企业生命周期的修正模型及思考[J]. 南方经济，2000(2)：47-50.

② 单文，韩福荣. 三维空间企业生命周期模型[J]. 北京工业大学学报，2002(1)：117-120.

③ 章卫民，劳剑东，李湛. 科技型中小企业成长阶段分析及划分标准[J]. 企业管理，2008(5)：135-139.

④ 林燕燕，咸适，陈进. 企业生命周期与创新模式选择的博弈模型研究[J]. 科技进步与对策，2010(3)：67-70.

⑤ 高中秋，王雪峰，陈同扬. 基于企业生命周期的人力资源管理外包研究[J]. 科技管理研究，2010(20)：145-148.

⑥ 高松，庄阵，王华. 科技型中小企业生命周期各阶段经营特征研究[J]. 科研管理，2011(12)：119-121.

济变迁的基础是企业在变动的环境中如何运动。他们认为企业是一个永远处于搜寻新技术的"惯例"，并开创性地构建了一个关于企业能力和行为的动态演化模型。企业在环境的作用下，企业未来成长路径的选择由现有惯例或知识基础所决定。同时，这也决定了企业之间的竞争性行为结果。他们认为企业如果按惯例运行时，能够获得企业满意的手艺，则企业就不会成长，如果收益低于某一限度，企业将对惯例进行调整，从而引发企业成长（Nelson & Winter，1985）①。其他学者如 Carl（2000）②以电信和传媒产业为例，证明引入内部竞争的企业族群，与管理者的企业族群之间有着密切不可分的联系，即内部竞争激烈以及异质性表现明显的企业族群成长性。

我国学者吴晓翠（2005）③认为可以找到解决关于企业成长中"效率与适应悖论"的方法，她综合考察了网络联盟、柔性组织以及企业家精神等因素，得出了结论。刘巨钦（2008）④则认为企业集群的演进是一个自我成长过程，其成长和演进的方式具有路径依赖性和自我增强机制。但是起点是基于价值链而使得大量企业通过空间聚集进行企业间合作。庄亚明（2008）⑤运用现代生态学理论，提出企业成长能力的内在生态载体包括有关键种因子、冗余种因子和优势种因子，对企业的内生能力模型进行实证研究，分析促进企业可持续成长的相关策略。

① Nelson Richard R，Winter Sidney G. Evolutionary Theory of Economic Change[M]. Boston：Harvard University Press，1985.

② C. carl pegels，Yong. I Song and Baik Yang. Management Heterogeneity Competitive Interaction Groups and Firm Performance[J]. Strategic Management Journal，2000，21(9)：911-923.

③ 吴晓翠. 企业成长的一个悖论分析：效率与适应[J]. 商业研究，2005(17)：44-48.

④ 刘巨钦. 企业集群内生性成长的演进分析[J]. 湘潭大学学报，2008(1)：65-72.

⑤ 庄亚明，李金生，何建敏. 企业成长的内生能力模型与实证研究[J]. 科研管理，2008(9)：156-168.

4. 基于核心能力的企业成长论

学者们看到资源可以在市场交易中获得，而企业最有竞争优势的深层源头是如何开发、配置、利用和整合资源，由此产生了包括知识基础理论和核心竞争力能力理论为内容的核心能力论。以 Parahalad (1990)[①]为代表的学者建立了核心能力理论，认为核心能力是企业多方面资源、技能、技术的有机组合，而非企业资源。开拓新市场、决定产品的核心价值以及难以模仿性是核心能力给企业带来收益的关键性因素，因此它是企业成长的动力机制。Barney(1991)[②]指出实施竞争性战略的关键性资源无法通过市场公开获得，它一定是企业内部长期发展的结果。企业内部长期的资源和知识的积累形成企业动态生产成本优势，这个决定企业成长。由于核心能力会随着环境变化而发生本质的改变，Teece(1997)[③]提出了"动态能力"的观点，认为需要通过组织内外部资源以及技术进行整合、重构，来构建适应环境变化的动态能力。只有某些具有较强动态能力的企业，所形成企业持续性的竞争优势，是靠资源和能力不断积累而产生的。Jack A. N(2004)[④]研究认为企业成长过程中的路径选择包括了知识和资本两种要素，企业可以通过搜索选择方式，对成本收益进行比较后得到最优策略。

我国学者在核心能力研究方面也有一定的成果。邢建国(2003)[⑤]

---

① Parahalad, C. K. & G Hamel. The Core Competence of the Corporation [J]. Harvard Business Review, 1990, 68(3): 79-91.

② Barney J. Firm Resources and Sustained Competitive Advantage [J]. Journal of Management, 1991, 17(1): 99-120.

③ Teece, D. J, Pisano, G. Shuen, A. Dynamic Capabilities and Strategic Management[J]. University of California at Berkeley, Working Papers, 1997, 18(7): 509-533.

④ Jack A. Nickerson, Todd R. Zenger. A Knowledge-based Theory of the Firm: The Problem-Solving Perspective[J]. Organization Science, 2004, 15(6): 617-632.

⑤ 邢建国. 可持续成长型企业的基本约束条件及其战略重点[J]. 中国工业经济, 2003(11): 55-62.

提出要实现企业的可持续成长，就必须以不断变革和创新能力为依托，实现"代际推进"企业，其中企业可持续成长的基本约束条件包括企业价值观的重塑、战略资源的储备和知识资本积累的超前增长。陶长琪（2008）①将人力资本分为集约型和增量型，阐释了它们之间的相互转化过程，并运用新增长理论，通过对 IT 上市公司的实证研究，证明企业成长是人力资本多个维度共同博弈的结果。更为重要的是需要建立好彼此的协调机制，而这里的人力资本维度作为核心能力，主要包括企业技术创新能力、网络外部性强度、人力资本的集约性程度以及生产资源量对产出的弹性系数等。

5. 企业成长论评述

根据以上对企业成长论的评述，说明学术上对于企业成长的概念仍然存在着很大的分歧。过去认为企业成长就是企业增长，即销售额的增长、规模的增大、组织层级的扩张、员工人数的增长等，这可以看作企业量的成长。而后对企业成长的界定，不仅包括了规模的扩大，还包括企业素质的提高，即经营资源结构的改善、经营领域的扩展、环境适应能力的增强及创新能力的发展等，这可以看作企业质的成长。除此之外，还有学者认为企业成长应该包括竞争地位的强化、持续性的生存和市场占有率的提高等，这可以看作企业力的成长。因此本书所采用的是杨杜博士（2014）②提出的关于企业成长的三性成长模式，即量成长、质成长和力成长，用企业的增长性、创新性和竞争性三类指标进行衡量，而成长的结果表现为增值后的规模性、营利性、结构性、持续性和社会性五类。本书认为的企业成长是企业通过充分地挖掘、利用和整合内外部的经营资源所表现出的整体扩张的态势，包括企业的量成长、质成长和力成长三方面，最终实现企业做大、做强、做多、做久和做人的

① 陶长琪，徐晔. IT 企业的成长与人力资本效应：基于扩展的内生增长模型与实证研究[J]. 数量经济技术经济研究，2008(3)：114-125.
② 杨杜. 成长的逻辑[M]. 北京：经济管理出版社，2014.

战略目标。

尽管关于企业成长理论的流派很多，通过对代表性的文献进行梳理，本书发现企业成长的一般理念是国外研究主要关注的问题。他们更多地描述和辨认影响企业成长性的主要因素，而对它们如何通过企业资源整合，形成相互作用的协同效应研究较少。国内研究则侧重于企业成长的战略选择和案例的经验性描述，大多是从宏观的角度进行分析，而很少分析企业成长的微观层面。此外，复杂性科学研究方法在社会科学领域运用愈来愈广泛的背景下，对企业成长的探讨仍然是粗浅的，仍然有很强的"黑箱问题"需要被打开。目前学界对企业成长的规律性研究仍然较为弱化，学术上需要对此进行更为深入的研究，以完善企业成长理论的学术研究工作。

6. 商业银行成长

商业银行是经营货币、风险和信用的企业，虽然经营的对象比较特殊，但是仍然具有企业的所有本质属性。商业银行成长是一个量的增长、质的变化和力的变更的动态过程，是需要自动实现各个系统的配合和适应，也需要量、质和力的协同发展。银行在业务规模扩大、利润总额增长以及营业收入增加的同时，必须改变银行内部的组织架构、经营管理制度、业务流程、信息沟通渠道等方面，否则不成比例的增长将使得银行成长遭受严重的损失。

商业银行成长既包括了业务规模的扩大，如存款与贷款增大、资产与负债总额增加、中间业务收入增长等，还包括了银行营利能力、核心能力、市场影响力、社会责任、管理制度的改善和提高。前者是商业银行生存和发展的前提，后者是商业银行持续成长的保证。正如杨杜博士（2013）①对成长管理的评述：成长方向管理即选择正确的成长方向；成长危机管理即处理好危机并加强风险管理；成长速度管理即控制好成

---

① 杨杜. 现代管理理论[M]. 北京：经济管理出版社，2013.

长的速度；成长潜力管理即将"长个子"和"长脑子"并行。同样银行的持续成长需要把握好银行未来成长方向，控制好银行成长的速度，挖掘银行成长潜力，控制好银行成长风险。

2.3.2 自组织理论综述

1. 自组织内涵

20 世纪 70 年代，自然科学前沿出现了一批新兴学科，包括耗散结构理论(Dissipative Structure Theory)、协同学理论(Synergetic)、超循环理论(Hypercycle Theory)、突变论(Morphogenesis)等。它们的共同特征表现为都是非线性复杂系统，或者是非线性复杂的自组织形成过程。作为耗散结构论的创始人，普利高津(Prigogine，1977)[1]最早提出了"自组织"(Self-Organization)的概念，并用这个概念描述自发出现，或者形成有序结构的过程。协同理论的创始人哈肯(H. Haken，1983)[2]，从自组织产生动力的视角比较清晰地对自组织进行了定义，并获得自组织理论研究者的公认。他认为一个体系是自组织的条件是它在获得时间、空间或功能的结构过程中，没有外界的特定干涉(H. Haken，1988)[3]。此外，哲学上最早提出自组织概念的人是康德。他认为自组织是自然事物的各个部分，一方面由其他部分的作用而存在，另一方面又是为了其他部分或者整体而存在。同时，如物种起源、社会发展、生物进化等过程研究，不同学科对自组织的概念进行了相关学科阐释，具体如表 2-1所示。

---

① G. Nlicolis, I. Prigogine. Self-organization in Nonequilibrium Systems, From Dissipative Structures to Order through Fluctuations[M]. J. Wiley & Sons, 1977, p. 60.

② H. Haken. Synergetic an Introduction[M]. Springer Series, 1983.

③ H. Haken. Information and Self-organization：A Macroscopic Approach to Complex Systems[M]. Spring-Verlag, 1988.

表 2-1 不同领域对自组织的定义

不同的领域的观点	自组织的定义
热力学的观点	系统通过与外界交换物质、能量和信息，而不断地降低自身的熵含量，提高其有序度的过程
统计力学的观点	系统自发地从最可几状态向几率较低的方向迁移的过程
系统论的观点	系统在内在机制的驱动下，自行从简单向复杂、从粗糙向细致的方向发展，不断地提高自身的复杂度和精细度的过程
管理学的观点	它是一种有序结构，由组织元素自发生成，这个过程需要组织与环境进行不间断的能量、物质或信息的交换，但环境不对组织元素进行特定干预
哲学的观点	一个系统内部的各个部分相互依存，通过相互作用存在和成长，又通过相互作用而联结成整体
进化论的观点	系统在"遗传""变异"和"优胜劣汰"机制的作用下，其组织结构和运行模式不断地自我完善，从而不断提高自身对环境的适应能力的过程
结构论-泛进化理论的观点	一个开放系统的结构稳态从低层次系统向高层次系统的构造过程，因系统的物质、能量和信息的量度增加，而形成比如生物系统的分子系统、细胞系统到器官系统乃至生态系统的组织化度增加，基因数量和种类自组织化和基因时空表达调控等导致生物的进化与发育过程

（资料来源：作者根据文献整理）

综上所述，可以知道自组织所表现出的一个重要特征是一种自发性、自主性和从无序走向有序性。因此本书从管理的角度，将自组织定义为在没有特殊外部干预的条件下，子系统内部之间相互作用、相互影响，并在系统内外部矛盾的作用下，自行组织、自行演化、自行创生地从无序走向有序，从低级有序到高级有序，最终形成有序结构系统的演化过程。

2. 自组织理论概述

20世纪70年代出现的一批关于非平衡系统的自组织理论，使得人们的认识从平衡态到非平衡态、从线性到非线性、从混沌到有序、从简单到复杂、从量变到质变。科学家们在生物学、物理学、化学等学科发现了一系列崭新的现象和规律，并对自然学科、社会学科和哲学等领域产生了重大的影响。

耗散结构理论、协同论、超循环理论、突变论、混沌理论、分形理论构成了自组织理论体系。它揭示了子系统如何自行组织，实现从无序到有序，低级有序到高级有序的一般性规律，加深了人们对自然系统、生态系统、社会系统、经济管理系统的认识程度，也意味着人们能够从复杂性的角度来认识现实世界。在自组织理论体系中，耗散结构理论揭示了系统自组织演化的环境条件问题；协同学解决了自组织形成的动力学问题；超循环理论阐释了自组织结合形式，以及交叉作用于更大的循环链过程；突变论解决了系统自组织局部渐变到整体突变的途径问题；对于分形和混沌理论，则解决了自组织的时间复杂性和空间结构特性的图景问题(吴彤，2001)①。

3. 自组织理论框架

自组织理论形成了人们从自然科学中探索复杂系统的自组织演化前沿理论。根据吴彤的《自组织方法论研究》一书中的描述 (吴彤，2001)②，笔者将自组织的各个理论进行了归纳整理如表2-2所示。

---

① 吴彤. 自组织方法论研究[M]. 北京：清华大学出版社，2001.
② 吴彤. 自组织方法论研究[M]. 北京：清华大学出版社，2001.

表 2-2 自组织理论的研究内容及方法概要

自组织理论	主要研究内容	理论地位	方法概要	创立时间及学者
耗散结构理论	研究体系如何开放,开发尺度多大,如何创造条件走向自组织	创造条件方法论	创造条件使得体系开放,外部对体系的输入平权化,并使得输入达一定阈值; 经过外部物质、能量和信息输入的培训,是否使得内部存在差异,系统走向非线性和非平衡	1969 年普利高津
协同学	研究竞争、协同和支配,以及序参量等概念和原理	动力学方法论	了解系统的数量和性质及它们之间的关系,构建系统合作的桥梁; 了解体系的稳定性状况及发现不稳定性的处所; 寻找子系统运动中形成的序参量; 寻找和发现序参量的运动规律及寻找支配规律或役使规律	1969 年哈肯
超循环论	研究如何充分利用过程中的物质、能量和信息流的方法,如何有效展开事物之间相互作用以及结合成为更紧密的事物的方法	结合发展方法论	在系统的联系中构建循环耦合环节,构建因果关系链; 需找多种结合途径和结合点	1971 年艾根

自组织理论	主要研究内容	理论地位	方法概要	创立时间及学者
突变论	研究系统在其演化的可能路径方面所采取的方法论思想	演化途径方法论	观察事物运动的轨迹是否产生相互分离、突跳等现象；事物发展演化的临界点或临界区通过诱导事物的突变，或使得事物渐趋平稳，引导事物自组织演化	1972年托姆
分形理论	研究系统走向自组织过程中的复杂性结构过程，及从简单到复杂的自组织演化问题	结构方法论	通过系统不同层次的结构分析，寻找相似方面，重复相似性构造，使得某种特性贯穿系统各个层次	1973年曼德勃罗
混沌理论	研究系统走向自组织过程中的时间复杂性问题，或事物走向复杂性的时间演化特性	图景方法论	通过外推方法，逼近走向混沌的临界点或临界域，从而构建非混沌和混沌之间的世界	1975年约克

（资料来源：作者根据《自组织方法论研究》（吴彤著，清华大学出版社2001年版）一书整理。）

由上可知，自组织理论刻画了一个系统演化过程图。首先，物质、能量和信息流输入子系统中，当子系统处于一个开放状态且远离平衡时，子系统之间将产生非线性的相互作用。其次，随着子系统内外涨落的发生，必然产生子系统之间的协同效应，协同产生的慢变量支配着系统的集体行为，形成一个交叉作用和关联放大的循环链圈。最后，系统利用有效的物质、能量和信息流的输入，经过渐变和突变过程，系统实现从量变向质变的飞跃，系统从混沌走向有序。这时系统呈现在人们面前的是一个从简单到复杂、无序到有序、低级到高级的自然历史演化图景(沈小峰，1993)①。吴彤在国内首先提出了较为完整的自组织方法论体系图，并构建了自组织理论框架，如图2-3所示：

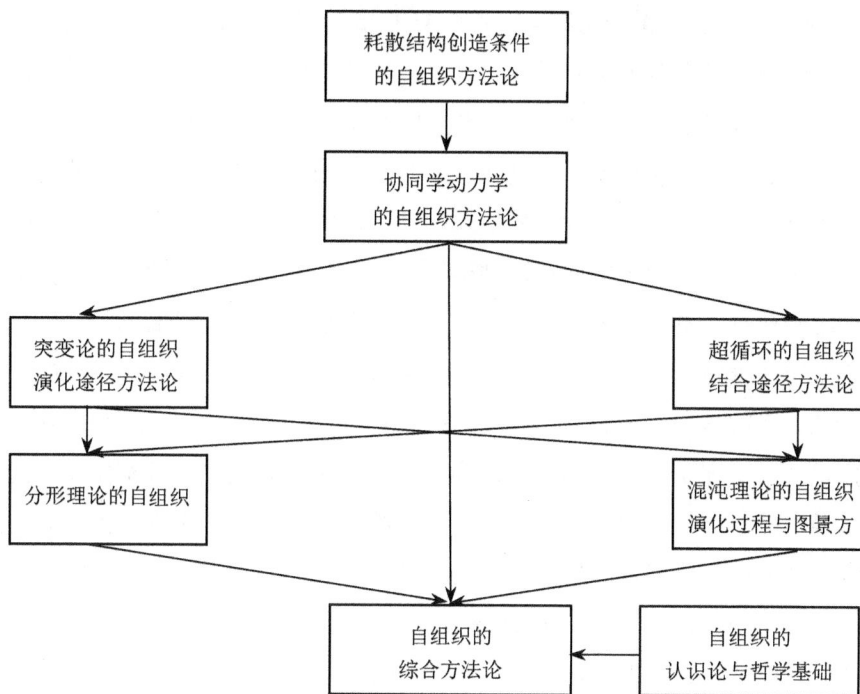

图2-3　各个自组织方法论关系

(资料来源：吴彤：《自组织方法论概论》，清华大学出版社2001年版，第22页。)

4. 本书所用的自组织理论及理论框架

(1)耗散结构理论

耗散结构理论是比利时自由大学化学家伊里亚·普利高津于1969

①　沈小峰，吴彤，曾国屏. 论系统的自组织演化[J]. 北京师范大学学报，1993(3)：79-88.

年提出的。他认为耗散结构论与热力学第一定律及统计力学揭示的孤立系统平衡态或近平衡态条件下的规律不同，它研究的是一个开放系统由混沌向有序转化的条件、机理及规律。普利高津把这种远离平衡态而形成的，需要耗散物质与能量的有序结构称为耗散结构。同时，许多体系的有序演化问题，都是他和其他学者运用稳定性的数学分析方法进行解决，他们还应用耗散结构解决其他领域的问题(Schieve & Allen，1982)①。

要判断研究对象是否满足出现类似耗散结构的自组织结构，满足条件的判据有以下几个方面：一是开放的系统，即系统与外界不断地进行物质、能量与信息交换，而判断系统开放性的关键在于找到系统的输入与输出；二是开放系统的外界输入达到一定的阈值，即输入达到一定的阈值之后，系统才可能向耗散结构转化；三是离平衡态，即系统的各个组成部分是否具有差异性，系统远离平衡态越远，所组成的各个部分之间差异性越强；四是非线性系统，以及满足两个条件，即组成系统的要素之间在数量上必须≥3，另外要素在性质上具有相当的差异性且互相独立；五是涨落现象的出现，因为有序结构必须通过涨落来实现，这能够触发耗散结构的出现；六是非稳定系统，即非稳定的出现是由外界的输入渐增引起，当这个输入达到一定的阈值后，非稳定性达到了临界状态，则系统跨过临界状态后即进入新的有序状态。因此，根据以上论述，可以寻找或者匹配满足以上条件的系统，是否成为一个耗散结构，或者向耗散结构转化。

由以上可知，耗散结构形成的过程就是系统的自组织过程，它解释了系统的非平衡不可逆性是组织性存在的源头，也是有序的源头，系统通过涨落才能达到有序。耗散结构理论科学地解释了不论是自然界，还是社会科学中，都经历了从简单到复杂、从低级到高级、从非生命到生命的演化过程，也解释了其他各个学科中出现自组织形式的原因。虽然

---

①　W. C. Schieve and Peter M. Allen edit. Self-organization and Dissipative Structures：Applications in the Physical and Social Sciences［M］. University of Texas Press，1982.

耗散结构的出现是无预定的、自组织的，但是在实际运用过程中，可以人为地创造出现耗散结构的条件，实现生命的进化、企业的成长或社会的发展。

（2）协同学

协同学由德国物理学家哈肯于1969年提出，他认为激光是一种典型的远离平衡态时，从无序转化为有序的物理现象，而且超导和铁磁物质也有类似的现象。他还认为系统从无序转向有序的关键在于系统内部各个子系统间通过非线性相互协同，并且在一定条件下，自发地产生在时间、空间以及功能上稳定的、有序的结构。

协同学最基本的概念主要有竞争、协同、序参量和支配。事物发展的不平衡性的根源就在于事物之间的竞争而导致系统内部或系统之间产生更大的不平衡性、差异性与非均匀性。按照哈肯的观点，协同是系统整体性、相关性的内在表现，是各个子系统相互协调、合作或同步的集体行为。伺服过程表现为系统内部大量子系统运动状态与序参量之间的相互作用过程。换句话说，就是大量子系统的相互作用产生序参量，而它们又伺服于序参量。而支配与快变量、慢变量相关，其中快变量是大量的，但是会很快消失，不会左右系统的演化，而慢变量是少数的，它主宰系统演化的命运，支配快变量的行为。

协同学是通过对激光的研究，发现其自组织现象，由慢变量为代表的系统序参量，通过各个子系统的协同和竞争而产生，同时又支配大量子系统。另外，此时的子系统一方面既伺服于序参量，另一方面又强化序参量自身。这两方面共同促进系统对序参量的进一步伺服，自组织由此形成。在整个社会大环境中，协同学同样可以运用到企业中，企业间的各个系统的发展演变也有其共同的规律。系统要素之间的协同作用，相互联系之间的非线性效应，可以反映系统发展的动态规律。Prahalad（2002）[1]指

①　C. K. Prahalad, M. S. Krishnan. The Dynamic Synchronization of Strategy and Information Technology [J]. MIT Sloan Management Review, 2002(6)：24-33.

出一个企业集团在其多元化的业务发展中，相互协作的子系统能够让公司产生的整体效益远大于各个独立部分效益总和，表述为"1+1＞2"。Chakravarthy & Lorange(1991)[1]认为协同是各个独立组成的部分所汇总后产生的共同效应，强调的是协同要素之间相互配合的重要性。

(3)超循环论

超循环论是德国学者艾根(1990)[2]吸收了进化论和自组织理论的思想，于1971年提出的。他认为进化的原理可以理解为在分子水平上的自组织，是具有一定普适性的自组织理论。超循环特征既存在非线性作用，又包括自复制、自进化以及自适应的特点。超循环组织要保持信息的稳定性，另外还要促使其不断进化。采取超循环组织形式的系统进化，一方面是由于超循环可以充分地聚合和利用能量来促进系统内部之间的协同、整合和非线性竞争；另一方面还因为系统可以通过"自复制"和"交叉复制"，选择对聚合有利的突变，从而使得系统向更加复杂的方面生长、优化和完善自身，形成新的稳定系统(沈小峰，1993)[3]。

艾根在观察了自然界中形形色色的循环现象后，尤其是与生物大分子自组织相关的生物化学的各式循环反应，建立起超循环理论，并将循环分为三个层次，分别是反应循环、催化循环和超循环(魏宏森，1991)[4]。反应循环是多步骤的反应过程，持续不断地进行着化学反应，且某种产物恰好是前者产物的反应物，在循环反应中处于较低级的组织形式。然则催化循环属于较高级的组织形式，催化循环最少存在一种中间物，能够对相互作用本身进行作用，另外这种中间物也是在反应自身的相互作用过程中产生的。超循环最少包括一个催化循环，通过催化作

---

① Chakravarthy, B. S. & Lorange, P. Managing the Strategy Process：A Framework for a Multibusiness Firm［M］. Prentice-Hall, Englewood Cliffe, 1991.

② 艾根，舒思特尔. 超循环论［M］. 上海：上海译文出版社，1990.

③ 沈小峰，吴彤，曾国屏. 论系统的自组织演化［J］. 北京师范大学学报，1993(3)：79-88.

④ 魏宏森，宋永华. 开创复杂性研究的新学科：系统科学纵览［M］. 成都：四川教育出版社，1991.

用将自复制及自催化单元连接起来，每个复制单元不仅仅能够指导自我复制，还能够对下一个中间物提供催化支持。除此之外，它包括了与异级单元的交叉催化作用。

超循环理论除了在物理、化学和生物学领域有广泛的应用之外，在其他学科领域也存在着大量的循环、超循环现象。熊彼特在 20 世纪初提出了一种增长式的创新循环，即创新—经济增长—模仿—经济衰退—新创新，这是经济进化的必然模式。没有这种循环，没有生产要素的重新组合，经济也就无法进步和发展。在管理领域中，罗宾斯（1997）①提出的反馈功能，交流网络在管理学中的控制职能方面具有重要的地位，这种交往信息的沟通和循环，也体现了超循环思想在管理学中的有效应用。成中英（1999）②利用《易经》构建了一个管理思想模式也是明显的超循环模式，如图 2-4 所示。

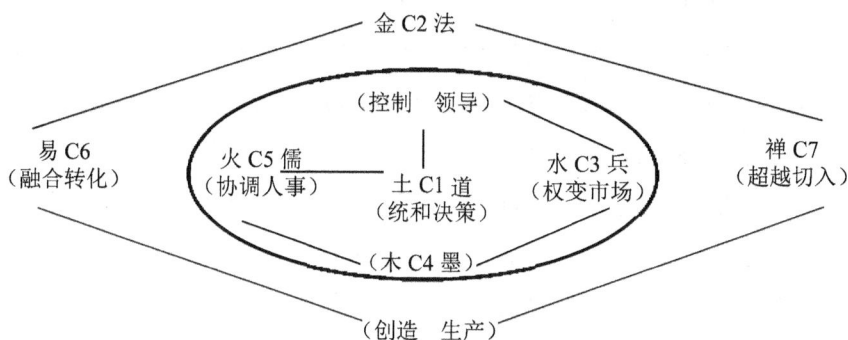

图 2-4　管理的超循环模式案例

（资料来源：成中英：《C 理论——中国管理哲学》，中国人民大学出版社 2006 年版，第 43 页。）

因此，超循环是一种非平衡结构，总在平衡与非平衡、稳定与不稳

---

① 张兆国，梁志刚，尹开国. 利益相关者视角下企业社会责任问题研究［J］. 中国软科学，2012（2）：139-146.

② 成中英. 理论：中国管理哲学［M］. 北京：中国人民大学出版社，2006.

定、协同与竞争的矛盾运动中演化，企业系统中的管理组织也在永恒中流动和循环中运动。这种循环不是简单的重复式循环，而是不可逆的、螺旋式上升的循环。

(4)本书的理论框架

综述以上自组织理论各个分支方法论，本书结合协同学、耗散结构理论以及超循环理论，构建一个适用于本书的自组织整体方法论框架。首先，系统要获得耗散结构，首先必须实现系统自组织演化的前提条件——充分开放。另外系统要远离平衡，两者之间是相互统一的存在。通过充分开放，系统与环境发生充分交换后，将获得远离平衡态的状态。相反，如果系统处在与平衡线性区域相近的位置，则两者的交换会减少，导致开放程度降低，此时系统趋于无组织。其次，系统内子系统之间的非线性相互作用，是系统自组织演化的内在动力，相互作用表现是矛盾双方的吸引和排斥、合作与竞争。系统的子系统或内部要素之间在非线性作用下会形成协同与关联，最终产生一种整体行为，这种相互作用才能使得系统的涨落得以放大并引起发展。再次，自组织理论的基本结论是通过涨落达到有序，可见涨落是自组织发生的诱因所在。系统偏离原始状态是通过涨落来进行，它不仅驱动了物质、能量和信息源源不断地输入各个子系统中，同时涨落还诱发序参量，使之成为支配力量。涨落既可能导致系统稳定性的破坏，从而导致系统的崩溃、解体，但是也可能使得系统从稳定到失稳，最终又达到新的稳定，建立起新的更高、更有序的结构过程。最后，自组织演化所表现出的组织形式是超循环组织形式。这里的循环是一种非平衡、非线性系统的自组织循环，是不可逆的循环形式，并具有自我选择能力。系统在自组织的演化过程中，其组织形式表现为从反应循环到催化循环，再到超循环的循环链耦合，这使得系统内的子系统通过竞争和协作的方式进行非线性的相互作用，使得自组织形成更为有序。

从以上分析可知，通过阐述自组织理论体系中的不同理论，可以了解到自组织运行以及演化的原理。本书通过分析耗散结构、协同学以及超循环理论，归纳出系统自组织方法论框架，这个框架可以解释系统较为完整的自组织运行机制以及演化规律。因此这个框架可以为本书深入研究企业成长规律，以及企业伦理行为作用机制提供了"骨架支撑"。

不可否认，本书的研究仅仅对自组织相关理论的部分内容进行了分析，自组织的其他理论，如突变论、分形理论、混沌论，才能构成完整的自组织理论框架。在未来研究中，笔者将尝试从不同的理论角度进行自组织研究，探寻自组织的演化规律，并运用到管理学科的各个不同方面。

5. 自组织理论视角下的企业成长研究综述

在对企业成长理论进行综述的过程中，笔者发现虽然学者们从不同的角度对企业成长源泉进行了研究，但他们存在一个共同的缺陷，就是大多数研究都侧重于对企业成长单一因素的分析，而忽视了企业成长系统是一个多种因素共同作用，各个子系统协同作用的结果。如从经济学视角出发的企业成长理论研究，重视分工、规模经济、企业边界扩张或范围经济对企业成长的影响，而忽视了环境、社会、自然如何实现协调一致的发展。从管理学视角出发的企业成长理论研究，侧重于企业资源、核心竞争力以及公司治理对企业成长的影响，但是又忽视了这些因素之间的交互影响作用。因此，这些研究缺陷导致了相关理论的解释能力的弱化。学者们需要找到影响企业成长的关键系统，以及这些系统之间的相互制约、相互依赖、相互作用的关系，才能使得企业在成长的过程中不断从无序走向有序，从低序走向高序的状态。而自组织理论的出现，为人们理解复杂的自然和社会现象提供了更为科学的方法论，国内不少研究者用自组织理论进行了企业成长方面的相关研究，并取得了一定的成果。

李森森等(2014)①梳理了不同成长理论的研究路径，揭示其内在

---

① 李森森，刘德胜. 企业成长理论新进展[J]. 山东大学学报，2014(1)：131-136.

的逻辑关系，阐释了企业成长理论未来的研究趋势是非线性范式将成为企业成长问题研究趋势的必然。他们还提出了企业成长是内、外生要素，以及两者之间以非线性方式相互作用和耦合，并通过自组织、自适应等方式，实现企业成长系统演进。范明等（2004）①建立了一个一般框架，从自组织角度对中国企业的可持续成长进行了深度剖析，提出构成企业可持续成长的四力维度结构，即产业力、制度力、技术力和市场力维度。企业可持续成长的自组织机理，表现为企业系统演化的不确定性、势函数、序参量以及非平衡相变。徐晔等（2010）②则以企业融合为纽带，利用了自组织理论的协同学思想，研究 IT 企业组织结构演变的自组织过程。他认为 IT 企业组织系统的变化过程表现为一个动态循环的自组织过程，其中每个循环体都包括了耗散结构阶段、协同机制阶段和协同竞争机制阶段。赵驰等（2011）③则基于自组织视角，对科技型中小企业成长进行了研究。他们构建科技型中小企业成长的自组织结构模型——尖点突变模型，得出了科技型中小企业有明显的自稳定和自重组成长的两阶段成长特征结论。另外"S"曲线是知识知本存量的运动轨迹，熵增与负熵决定了企业成长路径是否发生突变的边界条件。另外，曹洋等（2007）④用自组织理论研究民营科技企业的内生成长动力，以自组织系统的典型特征中的开放性、远离平衡态、序参量协同、超循环演化和调控突变为出发点，探讨企业的内生成长动力在企业成长中发挥了何种作用。还有一些学者从复杂性科学观的角度，对企业成长机制

---

① 范明，汤学俊. 企业可持续成长的自组织研究：一个一般框架及其对中国企业可持续成长的应用分析[J]. 管理世界，2004(10)：107-113.

② 徐晔，陶长琪. IT 企业的自组织协同机制研究[J]. 当代财经，2010(10)：68-76.

③ 赵驰，周勤. 基于自组织视角的科技型中小企业成长研究[J]. 软科学，2011(10)：94-100.

④ 曹洋，云涛，陈士骏等. 基于自组织理论的民营科技企业内生成长动力研究[J]. 中国科技论坛，2007(1)：37-41.

进行了研究（韩志丽，2006①；刘洪等，2007②；安强身等，2011③；陈士俊等，2004④）。

从国内的文献梳理可知，越来越多的学者开始倾向于用复杂性的思维方式来研究企业成长，并从不同角度得到了一定的理论成果。但是由于复杂性科学在 20 世纪 90 年代后进入中国学者的视野，研究的深度还远远不够，而企业成长系统受到多种因素的影响，其中环境因素影响尤为突出。正如 Holland（2000）⑤所言，"适应性造就复杂性"，企业为了适应环境的复杂性，而使得企业内部的各个因素相互作用，从而导致了企业在其成长过程中的复杂性。复杂性的存在要求学者们不能简单地从线性角度进行分析，时间与空间的对称性已经被打破，企业类似于具有生命功能特征的生物体，必须用更加复杂的思维去认识企业的成长问题，用非线性的方法去分析企业成长的规律，才是更为科学的研究方法。

2.4　企业伦理行为研究现状

1. 利益相关者视角的企业伦理行为研究

基于利益相关者视角的企业伦理研究，中外学者都给予了高度重

---

① 韩志丽. 基于复杂性科学观的高科技企业成长机制研究[J]. 科技进步与对策，2006（12）：36-38.

② 刘洪，周玲. 成长性企业的复杂适应性分析[J]. 中国软科学，2007（12）：130-140.

③ 安强身，张守凤. 复杂性科学视角下的中小企业成长力研究[J]. 现代经济探讨，2011（7）：54-58.

④ 陈士俊，柳洲. 复杂性科学视角下的高技术企业成长机制研究论纲[J]. 科学学与科学技术管理，2004（3）：115-119.

⑤ 约翰·H·霍兰. 隐秩序：适应性造就复杂性[M]. 上海：上海科技教育出版社，2011.

视，并发表了一系列有价值的成果。首先，Longo（2005）①以意大利中小企业为研究对象，分析了利益相关者不同类型对象的期望，目的是更容易识别、开发和传播适当的方法来创造社会价值。他建立了一个利益相关者的价值量表，如表2-3所示。

表 2-3　利益相关者价值量表 1

利益相关者	不同类型的期望
员工	工作的健康和安全 员工技能的提高 员工的福利满意程度和工作质量 社会公平
供应商	商家与供应商之间的良好伙伴关系 供应商可供选择和分析系统
客户	产品质量 使用产品的安全性 消费者保护 产品信息透明
社区	为社区创造价值 环境保护与安全

（资料来源：Longo，2005：31）

Papasolomou（2005）②对塞浦路斯企业发放了4000份调查问卷，形成对利益相关者的社会责任行为表，结果显示地方企业最主要满足对员

---

① Longo M，Mura M，Bonoli A. Corporate Social Responsibility and Corporate Performance：The Case of Italian SMEs［J］. Corporate Governance，2005，5（4）：28-42.

② Papasolomou-Doukakis I，Krambia-Kapardis M，Katsioloudes M. Corporate Social Responsibility：The Way Forward? Maybe Not！：A Preliminary Study in Cyprus［J］. European Business Review，2005，17（3）：263-279.

工和客户的责任和义务。员工是企业最为关键的利益相关者，两者的共生关系要求企业必须对员工担负起社会责任。客户是企业生存的基础，必须依赖客户才能发展，因此企业对客户也采取了符合伦理要求的社会责任。具体的行为如表 2-4 所示。

表 2-4　利益相关者价值量表 2

利益相关者	对利益相关者的社会责任行为
员工	提供如家般的工作环境；采取负责的人力资源管理政策；为员工提供合理的薪酬和福利；采取对员工开放和灵活的交流方式；对员工的发展继续投资；员工有自由表达观点的权利并没有被解雇的危险；除了法定工作日，提供员工的子女托管、产假及陪产假；就业招聘的差异性并雇佣少数族裔人士、妇女及伤残人士；实施和开展事故保障项目；鼓励员工参与社会活动；鼓励员工在工作地汇报演讲；保障员工公平性和尊重他人
客户	尊重客户的权利；提供高质量的产品和服务；提供真实、诚实和有用的信息；产品和服务安全并便于他们的使用；避免误导性和错误性广告；提供的产品和服务安全可靠；避免使用欺骗性和操纵性的促销手段；避免带有剥削性目的的操作产品的获得；避免价格的波动

（资料来源：Papasolomou，2005：274）

　　进入互联网时代后，信息技术的出现导致了利益相关者对信息的获得性、可靠性、透明性大大增加，也使得他们对伦理的要求不断提高。不少学者从消费者的角度做了深入研究。如 Murray（1997）①的研究表明

---

　　① Murray K B, Vogel C M. Using a Hierarchy-of-Effects Approach to Gauge the Effectiveness of Corporate Social Responsibility to Generate Goodwill Toward the Firm: Financial Versus Nonfinancial Impacts［J］. Journal of Business Research, 1997, 38(2): 141-159.

消费者在一个企业履行好社会责任后，会更加愿意购买该企业的产品。Rawwas(2005)①则认为伦理问题对客户的消费模式、消费水平、消费质量以及未来消费发展方向产生重大影响。Chan(2008)②同样也认为消费已经不仅仅是一种经济现象，更是一种文化伦理现象。消费者不仅满足于产品的质量，而且还看重企业的形象。消费者产生的这种伦理需求，对企业运营产生了巨大影响。同时随着这种消费者的伦理意识增强，也就成了伦理型消费者，他们更愿意购买符合伦理规范的企业产品（邓新明等，2011)③。Mohr(2005)④的研究同样也表明了负责任的企业会增加消费者对它的积极评价，并自愿增加其购买意愿，而违反伦理行为的企业则会降低消费者购买的意愿。

此外，其他学者还研究了企业所实施的各种针对利益相关者的不同伦理行为。其中对客户的伦理行为包括披露产品和服务可能有潜在的危险、避免误导性和虚假的广告、避免使用欺诈手段获取高额利润、避免价格垄断、提供高性价比的产品和服务等；对员工的伦理行为主要有良好的工作环境、良好的职业发展规划、良好的福利薪酬待遇、完善的员工培训制度等；对社会的伦理行为包括建立企业与社区之间互惠互利的关系、开展各式各样的社会活动、助力社会相关事业发展等；对股东的伦理行为包括为股东创造良好的投资回报、建立与股东间的诚信合作共赢的关系等；对环保的伦理行为有注重环境保护、开展绿色公益活动等；对政府的伦理行为有支援灾区及其他公益活动、积极发展企业来完

---

① Rawwas M Y A, Swaidan Z, Oyman M. Consumer Ethics：A Cross-Cultural Study of the Ethical Beliefs of Turkish and American Consumers [J]. Journal of Business Ethics，2005，57(2)：183-195.

② Chan R Y K, Wong Y H, Leung T K P. Applying Ethical Concepts to the Study of "Green" Consumer Behavior：An Analysis of Chinese Consumers' Intentions to Bring their Own Shopping Bags [J]. Journal of Business Ethics，2008，79(4)：469-481.

③ 邓新明，田志龙，刘国华等. 中国情景下企业伦理行为的消费者响应研究 [J]. 中国软科学，2011(2)：132-153.

④ Mohr L A, Webb D J. The Effects of Corporate Social Responsibility and Price on Consumer Responses[J]. Journal of Consumer Affairs，2005，39(1)：121-147.

成更多的税收上缴等(Viswesvaran，1998①；余澳等，2014②)。

从利益相关者角度来研究企业伦理，不仅从理论上开拓了研究的广度和深度，同时还具有积极的实践意义，企业必须同各个利益相关者一起，共同实现彼此的共赢、共荣、共存、共享。因此，本书将利益相关者作为至关重要的研究对象，通过案例研究的方式，找出企业对利益相关者的伦理立场、伦理决策、伦理规范以及伦理行为，分析企业伦理如何对企业成长产生深刻的影响。

2. 经营绩效与企业伦理行为关系研究

借鉴企业社会责任的相关研究，学者们对企业社会责任与经营绩效的关系研究有较大的分歧，一共有三方面的观点。一是企业社会责任与经营绩效有正向关系，二是企业社会责任与经营绩效是反向关系，三是企业社会责任与经营绩效不相关。如 Griffin 和 Mahon(1997)③分析了国外学者从 1972 年到 1997 年所发表有关社会责任的论文。结果发现 33 篇文章认为社会责任有积极作用，9 篇文章认为没有明显相关作用，19 篇文章认为有消极作用。

持第一种观点的学者，认为社会责任可以增强企业异质化竞争优势，并能够提升企业的经济绩效。Freeman 从利益相关者角度分析，认为潜在的经济利益是企业做出社会责任的目的，并且得到了 Donaldaon，Fombrun 和 Preston 等学者的支持。在实证研究文献方面，Freeman(1990)④

---

① Viswesvaran C, Deshpande S P, Joseph J. Job Satisfaction As a Function of Top Management Support for Ethical Behavior：A Study of Indian Managers［J］. Journal of Business Ethics，1998，17(4)：365-371.

② 余澳，朱方明，钟芮琦. 论企业社会责任的性质与边界［J］. 四川大学学报，2014(2)：78-84.

③ Griffin J. Mahon John. The Corporate Social Performance and Corporate Financial Debate：25 Years of Incomparable Research［J］. Business and Society，1997(36)：5-31.

④ Freeman R E, Evan W. Corporate Governance：A Stakeholder Interpretation［J］. Journal of Behavioral Economics，1990(19)：337-360.

认为从长期来看，社会业绩如果能够较好地符合商业法规的要求，其社会责任与经营绩效呈现正相关的关系。Steiger(1990)①采用了差异化的样本进行了实证研究和排除，发现了企业社会责任与当年和第二年的销售增长正相关，这表明企业在履行社会责任后，能够获得短期利益。Waddock 和 Graves(1997)②的研究成果也显示了企业承担的社会责任与企业过去的经济绩效以及未来的经济绩效都是正相关的关系，也就是说企业社会责任能够增加经营绩效。

持第二种观点的学者认为企业在有限的资源条件下，目的就是为了获得核心利润，任何不能够产生经济绩效的行为都不利于企业成长。Ingram(1980)③等发现企业履行了社会责任后，明显提升了财务绩效的风险和难度，企业不仅增加了相应的成本，还使得企业处于竞争的劣势当中。另外，Ullmann(1985)④和 Aupperle et al.(1985)⑤都提出了如果企业履行社会责任，一定会耗费大量的企业资源，并且也无法弥补这种损耗，导致企业最终处于不利的竞争地位。

持第三种观点的学者认为企业最重要的是在法律和道德约束的基础上获得更多的利益，无需承担额外的任务，因而表现为社会责任与企业经济绩效不相关。如 Abbott 和 Monson(1979)⑥采用每股股价变化和投

① Steiger J H. Structural Model Evaluation and Modification: An Interval Estimation Approach [J]. Multivariate Behavioral Research, 1990(25): 173-180.

② Sandra A. Waddock, Samuel B. Graves. The Corporate Social Performance-Financial Performance Link [J]. Strategic Management Journal, 1997(18): 303-319.

③ Ingram, Robert W., Katherine B. Frazier. Environmental Performance and Corporate Disclosure[J]. Journal of Accounting Research, 1980(18): 614-622.

④ Ullmann, Arieh. Data in Search of a Theory: A Critical Examination of the Relationship Among Social Performance, Social Disclosure, and Economic Performance[J]. Academy of Management Review, 1985(10): 540-577.

⑤ Aupperle, Kenneth E., Archie B. Carroll ect. An Empirical Investigation of the Relationship Between Corporate Social Responsibility and Profitability [J]. Academy of Management Journal, 1985(28): 446-463.

⑥ WF Abbott, RJ Monsen. On the Measurement of Corporate Social Responsibility: Self-Reported Disclosures As a Method of Measuring Corporate Social Involvement[J]. Academy of Management Journal, 1979(22): 501-515.

资者的股利收益测量公司的价值，发现企业社会责任与投资者收益、企业长期盈利能力不构成因果关系。Mc Williams（2000）①等利用上市公司股票，用数学回归模型的方法对企业社会责任和经济绩效的关系进行了实证分析，发现两者之间也没有必然的联系。

综上所述，学者们都聚焦于企业社会责任或企业伦理与企业经营绩效之间的关系，但在现实中，企业伦理的重要性并不仅仅体现在企业的经营绩效上。正如Kline（2012）②所述，大多数学者都希望企业做出的伦理行为能够带来好的结果，并研究很多有关企业伦理与经营绩效之间的关系，得出相应的结论。但是企业伦理不应该与经营绩效有必然的联系，或者可能还存在着间接的联系。因此企业伦理如果不能够给企业带来盈利，是否企业还需要做出伦理行为或者企业伦理是否能在企业长远的发展中起关键性的作用。可以看到企业伦理的重要性仅仅用伦理行为与企业经营绩效的关系去进行衡量，这是片面的、不完整的和有失公允的，应该从多视角进行研究才能够真正把握企业做出伦理行为的意义所在。

3. 企业成长与企业伦理行为关系研究

国内外研究企业伦理与企业成长，以及企业社会责任与企业成长的文献并不多，国外研究大多集中在企业社会责任对公司绩效、社会声誉的影响方面，而国内的研究集中在企业社会责任与企业价值、企业形象、企业竞争力与企业经营绩效等方面。近几年国内的研究者开始关注企业伦理与企业成长间的关系。

① McWilliams, A., and D. Siegel. Corporate Social Responsibility and Financial Performance: Correlation or Misspecification? [J]. Strategic Management Journal, 2000 (21): 603-609.

② Kline W. Hume's Theory of Business Ethics Revisited [J]. Journal of Business ethics, 2012(1): 163-174.

　　林力(2006)①分析了企业伦理与企业成长间的关系，指出企业必须要承担责任，处理好企业与外部利益相关者的关系，分清正当与不正当、合理与不合理的伦理道德界限，要求企业实现经济效益、社会效益和环境效益的三者共赢关系。万友根(2006)②对企业利益最大化进行了伦理解读，认为道德是确保经济活动有效性，并实现企业利益最大化的关键性要素，强调了企业在成长发展过程中的道德建设的重要性。企业必须与利益相关者实现双赢的结局，用法律约束和道德自律来规范企业，实现管理的"道"以伦理的"德"为基础进行管理。林丽萍等(2014)③则研究了社会责任对企业成长性的作用，建构了社会责任对企业成长性作用机理模型，提出了企业履行社会责任是其提高成长性，实现企业可持续发展的必经之路。陈凌等(2008)④分析了中国家族企业成长与社会责任的关系，以家族企业关系网络为例，分析家族社会责任与企业持续成长之间的关系，指出了国内外家族企业财富能够延续下去，其共同点就是重视社会责任。以上学者对企业成长与企业伦理的关系，或企业成长与企业社会责任的关系研究都是定性的描述，并未做出更为深入和科学的实证研究或案例研究，但他们提出的观点在一定程度上仍有借鉴意义。

　　在定量或案例研究方面，部分学者也做出了一定的学术成果。陈宏辉等(2009)⑤从利益相关者角度出发，用319份问卷进行实证研究，并以动态视角考察企业成长与企业社会责任之间的关系。研究结论表明了企业对社会责任的认知，在企业处于不同规模以及不同的生命周期时，

---

　　① 林力. 企业伦理与企业成长[J]. 中国建材, 2006(8)：66-68.

　　② 万友根. 企业利益最大化的伦理释读[J]. 求索, 2006(1)：165-167.

　　③ 林丽萍, 罗莹. 论社会责任对企业成长性的作用机理[J]. 财会通讯, 2014(5)：86-89.

　　④ 陈凌, 鲁莉劼, 朱建安. 中国家族企业成长与社会责任[J]. 管理世界, 2008(12)：160-164.

　　⑤ 陈宏辉, 王江艳. 企业成长过程中的社会责任认知与行动战略[J]. 商业经济与管理, 2009(1)：51-58.

有明显的差异性，并且也采取不同的行动来承担社会责任。文章还强调了不能强求企业承担等量的社会责任，否则将会阻碍企业对社会责任采取的实际行动，影响实际效果。杨小娟等（2010）①则研究了创业期中小企业社会责任与成长性的关系，用结构方程模型分析了两者之间的关系，指出了企业的经济责任与企业发展的表现为正相关，法律责任与资金周转能力负相关，可持续发展责任和资金周转能力正相关等结果。刘振等（2014）②基于 SCSR（战略企业社会责任），对社会企业成长进行研究，选取四家典型的企业进行探索性研究，用案例研究的方式提出相应的命题和假设，并构建了社会企业成长的初步模型。

以上关于企业社会责任与企业成长关系的案例研究或实证研究，采用的都是线性的研究范式。由于内、外部环境的作用，企业在成长过程中一定会呈现出大量非线性现象，而纯粹的线性研究往往无法揭示企业成长的本质所在。本书所采用的非线性方法寻找企业成长的规律，在一定程度上为企业成长研究提供了新的方法和路径。

4. 自组织理论视角下的企业伦理行为研究

在自组织理论的视角下研究企业伦理及企业社会责任的文章很少，所做出的成果都是定性的分析。王义银（2004）③等从熵定律出发，应用了耗散结构理论和系统论，探讨创建一种熵减机制，也就是道德的序化结构对管理理论进行创新。他提出道德序化的主体是企业，序化的场所是市场，序化的强制是法律，序化的条件是非平衡。贾生华等（2007）④对

---

① 杨小娟，何朝晖. 创业期中小企业社会责任与成长性关系[J]. 系统工程，2010(6)：106-110.

② 刘振，张广琦，杨俊. 基于 SCSR 的社会企业成长研究[J]. 现代管理科学，2014(7)：85-99.

③ 王义银，段兴民. 道德序化：企业管理理论创新的主题[J]. 科研管理，2004(1)：72-76.

④ 邬其爱，贾生华. 国外企业成长理论研究框架探析[J]. 外国经济与管理，2002(12)：2-23.

企业社会责任的研究应该从单一视角转向协同视角，也就是把 CSR 问题看作是全局性的社会问题，通过政府、企业和社会的互动与合作，达到共赢与和谐的局面。田超等（2009）①则基于耗散结构理论，对企业社会责任进行了研究，提出外界环境的变化会使得企业与环境的交互从原始的非平衡状态而形成有序的结构。企业作为自组织系统，应当加强社会责任管理，提高管理负熵值，以获得可持续发展。魏东等（2010）②借用了生物隐喻和系统论的研究分析方法，提出企业社会责任的自组织演化的三大机制，即变异-搜寻机制、选择机制和适应性学习机制，勾画了企业社会责任的内在机理和图景。范阳东（2013）③从自组织视角出发，认为企业应该以耗散结构与突变为基础，以竞争与协同为动力，以超循环、超系统为方向，构建企业社会责任的自组织机制，提高其动态适应和协同能力，促进企业与社会的共赢。

从以上观点可以看出，国内的学者虽然从自组织视角进行了一定的研究，但是有几个缺陷。一是这些研究中从自组织视角出发，仅仅是一种定性研究，提出企业可能应该通过熵值减少而获得企业耗散结构的出现，并没有深入研究如何获得熵值的减少，如何使得企业成长成为耗散结构。二是这些研究仅仅提出方向性的建议，没有构建可能存在的模型来探讨自组织视角下的伦理行为或企业社会责任，模型的构建才是理论形成的关键。三是对伦理行为认识有偏差，道德的序化需要法律的强制手段，而伦理行为应该是一种自律行为，即自发做出的一种行为活动，而不是采用强制手段做出的行为。触犯法律的行为不是伦理行为，而是非伦理行为，不在本书的讨论范围之内。

---

① 田超，干胜道. 基于耗散结构理论的企业社会责任研究［J］. 现代管理科学，2009（11）：43-45.

② 魏东，岳杰. 自组织理论视角下的企业环境责任研究［J］. 科学与管理，2010（4）：26-29.

③ 范阳东. 自组织视野下的企业社会责任［J］. 企业经济，2013（9）：37-43.

2.5 商业银行成长与伦理研究综述

2.5.1 商业银行成长研究评述

关于商业银行成长的研究，国内的学者用实证的方法，研究了商业银行成长动力机制、成长驱动因素、差异化成长模式以及持续创新与成长关联性研究等。首先，郭涛（2011）①从影响城市商业银行成长动力变量出发进行了实证研究，这些变量包括区位优势、政府影响、市场竞争创新能力及管理能力等，提出了城市商业银行成长是由内在动力和外部推力共同作用的结果，并进一步揭示了成长驱动因素与成长性各维度之间的相互关系以及作用路径。赵明元等（2011）②利用持续创新理论体系，对银行创新对其成长影响机制进行了研究，用回归的方法发现银行如果坚持持续创新，则会快速成长，否则当银行创新不具备时间上的持续性，成长就无法达到股东和社会的要求。此外郭涛（2011）③还对城市商业银行差异化成长模式进行了实证研究，发现了区位优势和创新能力对城市商业银行差异化成长起到了正向的影响，而资本约束和市场竞争对城市商业银行选择差异化的成长模式起到了负面的影响。

另外，不少学者关心商业银行成长过程中的难题以及未来可能出现的问题，从理论的角度提出了自己的见解。马芝蕾（2000）④提出股份制商业银行存在经营规模小、经营区域狭窄、人员素质偏低、资产较少等问题。在受到 WTO 冲击后，股份制商业银行应当实现观念变革、优

---

① 郭涛. 城市商业银行成长动力机制研究［J］. 山东社会科学，2011（10）：165-168.

② 赵明元，向刚，段云龙. 我国商业银行持续创新和成长关联性研究［J］. 经济问题探索，2011（8）：7-11.

③ 郭涛. 城商行差异化成长模式研究［J］. 山东大学学报，2011（6）：72-75.

④ 马芝蕾. 股份制商业银行发展中的难题与对策［J］. 山西财经大学学报，2000（10）：73-77.

化资产、控制风险和提高效率的方式来实现未来银行的可持续发展。葛兆强(2006)①则对资本约束、风险管理与商业银行成长的关系进行研究，提出突破银行成长的瓶颈，需要建立完善的银行治理结构和风险管理体系，提高风险量化与衡量技术，并积极推进经营战略转型。郭友(2011)②提出了"更有内涵的发展"战略，推进银行的增长方式转变，由粗放式经营向集约化经营转变，以利差为主的盈利模式向多元化的盈利模式转变。另外，对大、中、小各个不同的客户群体进行均衡配置，提升自身的议价能力，实现精细化的管理，树立良好的品牌策略。

2.5.2 商业银行伦理研究评述

我国商业银行伦理建设或者社会责任建设远远落后于国外的商业银行，越来越多的国外商业银行已经将社会责任列入了银行的战略目标管理。大部分的国外商业银行都加入了国际社会责任机构，按照国际标准开展业务活动，每年对外公布社会责任报告。例如，2003年，来自7个国家的10家银行宣布加入了"赤道原则"(Equator Principles)。这个原则是一套管理和开发项目融资有关的社会环保问题的自愿指导原则。到2009年10月底，已经有67家财务金融机构采用了这个原则。我国的兴业银行也于2008年成为了中国首家"赤道银行"，表明中国商业银行已经开始认识到履行社会责任的重要性。杜朝运等(2014)③以兴业银行为例，对商业银行的社会责任、声誉溢出以及市场效应做了深入研究，发现A股市场对商业银行社会责任事件会作出有效的市场反应，并产生较好的声誉溢出效应。唐芹、孙红梅就商业银行社会责任对财务绩效的影响做了实证研究，发现银行对股东、员工、社区的责任都会对

① 葛兆强. 资本约束、风险管理与商业银行成长[J]. 金融论坛，2006(2)：10-15.

② 郭友. 商业银行成长与转型[J]. 中国金融，2011(4)：58-60.

③ 杜朝运，马彧菲. 商业银行社会责任、声誉溢出与市场效应：基于中国首家赤道银行的案例研究[J]. 投资研究，2014(4)：74-86.

财务绩效产生显著的积极影响(唐芹等，2013①；孙红梅等，2013②)。李尧、贾其容则分析了商业银行履行社会责任与顾客的品牌忠诚之间的关系，认为银行履行社会责任能够与顾客忠诚、价值创造形成一个良性循环，从而实现银行的可持续成长(李尧，2012③；贾其容，2013④)。

2.5.3 小结

从以上对商业银行成长的综述可以看出，目前学界对商业银行成长和伦理方面的研究，仍然局限于从实践中出现的问题找寻理论上的解决方式，或者用线性的思维模式去分析影响银行成长的因素，缺乏将银行伦理、经营绩效与银行成长共同研究的整体性思维方式。

2.6 企业伦理行为研究评述

企业伦理已经越来越受到管理者和学者们的关注，戴木才(2001)⑤认为 20 世纪八九十年代以来，将管理学和伦理学的结合，是企业界以及学术界普遍重视的管理活动的一个新课题，从对物的管理上升到对人性和道德性的研究，是管理思想的深刻变革。虽然国内外的专家学者们对企业伦理的研究和讨论并不如企业社会责任来得更广泛和深入，但是正如周祖城(2014)⑥的研究所认为，企业伦理责任在企业社会责任中

---

① 唐芹，郑少锋. 商业银行社会责任对财务绩效影响研究[J]. 会计之友，2013(8)：25-28.

② 孙红梅，王雪. 商业银行社会责任与财务绩效[J]. 金融论坛，2013(7)：13-18.

③ 李尧. 商业银行社会责任、顾客忠诚与价值创造[J]. 浙江金融，2012(11)：13-15.

④ 贾其容. 商业银行履行社会责任与顾客对品牌的忠诚[J]. 金融论坛，2013(3)：55-59.

⑤ 戴木才. 管理的伦理法则[M]. 南昌：江西人民出版社，2001.

⑥ 周祖城. 论企业伦理责任在企业社会责任中的核心地位[J]. 管理学报，2014(11)：1663-1670.

居于核心地位，他将企业社会责任定义为企业应当合乎伦理地对待利益相关者和社会。他还提出了将企业社会责任、利益相关者、企业伦理以及企业可持续发展结合起来，才能更加全面深刻地理解企业对社会的责任。本书正是基于此理解，对企业的伦理行为、经济行为以及企业成长的关系做出更为深刻和科学的研究。

1. 企业伦理行为研究的成果

与本书相关的企业伦理行为研究成果，可以从四个方面进行综述：

第一，从利益相关者的角度，学者们对此有大量的学术成果，分别从对客户、员工、股东、供应商、社区、政府以及环境等方面展开研究（Viswesvaran，1998[1]；Longo，2005[2]；Papasolomou，2005[3]）。另外还有不少学者从消费者的角度进行研究，讨论企业伦理行为对消费者的影响，并可能产生的伦理型消费者现象（Rawwas，2005[4]；Mohr，2005[5]；Chan，2008[6]）。但这些研究大多数都是进行思辨性的分析，较少针对企业进行案例方面的质性研究，因此并没有对企业伦理行为作用做出深

[1] Viswesvaran C, Deshpande S P, Joseph J, Job Satisfaction As a Function of Top Management Support for Ethical Behavior：A Study of Indian Managers [J]. Journal of Business Ethics，1998，17(4)：365-371.

[2] Longo M, Mura M, Bonoli A. Corporate Social Responsibility and Corporate Performance：the Case of Italian SMEs [J]. Corporate Governance，2005，5(4)：28-42.

[3] Papasolomou-Doukakis I, Krambia-Kapardis M, Katsioloudes M. Corporate Social Responsibility：the Way Forward? Maybe Not !：A Preliminary Study in Cyprus [J]. European Business Review，2005，17(3)：263-279.

[4] Rawwas M Y A, Swaidan Z, Oyman M. Consumer Ethics：A Cross-Cultural Study of the Ethical Beliefs of Turkish and American Consumers [J]. Journal of Business Ethics，2005，57(2)：183-195.

[5] 邓新明，田志龙，刘国华等. 中国情景下企业伦理行为的消费者响应研究 [J]. 中国软科学，2011(2)：132-153.

[6] Chan R Y K, Wong Y H, Leung T K P. Applying Ethical Concepts to the Study of "Green" Consumer Behavior：An Analysis of Chinese Consumers' Intentions to Bring their Own Shopping Bags [J]. Journal of Business Ethics，2008，79(4)：469-481.

刻的阐释。

第二，学者们对企业伦理与经营绩效的关系研究成果颇丰，但是成果因受研究者角度、研究背景、研究对象以及研究地域等方面的影响而不同，使得两者之间的关系到目前为止仍是众说纷纭，并没有一个确切的答案。大多数学者对企业伦理与经营绩效的关系研究结论是正相关（Steiger，1990①；Waddock & Graves，1997②），部分学者的研究成果是负相关（Ingram，1980③；Ullmann，1985④），还有少数学者的研究成果是无相关性。（Abbott & Monson，1992⑤；Mc Williams，2000⑥）。这些研究将视线聚焦于经营绩效，是因为企业作为功利性的组织，必须以经营绩效作为企业成长的命脉，但是却忽视了企业作为社会的一分子，并不是完全为了生存而活着，活下来仅仅是基础。仅用线性思维的方式关注企业伦理对经营绩效的作用，无法打开多视角看待企业伦理在企业成长中作用的思维框架，也无法了解企业伦理还能对其他什么变量产生影响。

第三，对于企业伦理与企业成长的关系研究，成果并不多。随着学者们以及企业管理者对企业伦理及企业社会责任的重视，近几年也有不

① Steiger J H. Structural Model Evaluation and Modification：An Interval Estimation Approach［J］. Multivariate Behavioral Research，1990(25)：173-180.

② Sandra A. Waddock，Samuel B. Graves. The Corporate Social Performance-Financial Performance Link［J］. Strategic Management Journal，1997(18)：303-319.

③ Ingram，Robert W.，Katherine B. Frazier. Environmental Performance and Corporate Disclosure［J］. Journal of Accounting Research，1980(18)：614-622.

④ Ullmann，Arieh. Data in Search of a Theory：A Critical Examination of the Relationship Among Social Performance，Social Disclosure，and Economic Performance［J］. Academy of Management Review，1985(10)：540-577.

⑤ Aupperle，Kenneth E.，Archie B. Carroll ect. An Empirical Investigation of the Relationship Between Corporate Social Responsibility and Profitability［J］. Academy of Management Journal，1985(28)：446-463.

⑥ WF Abbott，RJ Monsen. On the Measurement of Corporate Social Responsibility：Self-Reported Disclosures As a Method of Measuring Corporate Social Involvement［J］. Academy of Management Journal，1979(22)：501-515.

少文献关注于这类研究，不论在定量和定性上，都有一些成果。定性分析的成果多用演绎的方法进行分析研究，缺乏一定的科学性，而定量分析的成果采用的仍是因果分析的研究范式，面对复杂的企业成长环境不能够较好地解释企业伦理在企业成长中所起到的作用，同样缺乏一定的科学性。

第四，对自组织视角下的企业伦理研究，成果更少。主要成果还是集中于定性地提出企业作为自组织系统，熵值的减少可能带来企业耗散结构的形成。另外研究的视角也从单一视角转向了协同视角，提出了环境对企业社会责任的重要性。但是这些定性研究并没有深入地探讨熵值的变化如何影响企业成长成为耗散结构，也没有建立相关模型，对伦理行为认识有所偏差，认为伦理行为的有序需要法律的强制手段。

2. 企业伦理行为研究的不足

现有的研究对企业伦理行为作用的讨论存在差异性的解释，实践中出现的现象在理论中也难以找到解释的方法。

第一，目前学者们对企业成长、企业伦理、经营绩效方面的研究，绝大多数仍是线性的思维模式，找到三者之间的因果关系并进行实证。但是在企业实践中，其结果是复杂的，企业伦理行为对企业成长与企业经营绩效可能有正向作用，也可能有反向作用，有时也没有作用。现有的文献中已经有学者提出了用非线性思维方式进行分析（李森森，2014）①，指出用非线性范式分析企业成长问题是未来研究的趋势必然，但作者并未用案例或实证做出更为科学性的研究。因此本书的研究在这方面的尝试能够在一定程度上填补理论研究的空白。

第二，从彭罗斯的企业成长理论开始，至今有大量的研究文献对此进行了分析，研究绝大多数都集中在探讨企业经济行为与企业成长的关

---

① 李森森，刘德胜. 企业成长理论新进展[J]. 山东大学学报，2014（1）：131-136.

系、企业伦理行为与企业成长的关系，以及企业经济行为与企业伦理行为之间的相关关系的二维研究范式，而未能将三者之间的关系做一个深入的探讨。本书的研究从整体性的角度，对三者的关系进行深入分析，从研究中获知三者之间到底是何种关系，从而归纳出伦理行为在企业成长中的作用。

第三，从自组织角度分析企业伦理行为，学者们还没有深入探讨伦理行为如何与环境交互而实现企业成长的耗散结构，也没有在企业伦理理论方面提出新的观点和新的理论。企业伦理的有序需要法律的强制才能实现吗？笔者认为伦理行为作为一种自律性的行为，在某些情境下，企业会自主、自发、自控地产生伦理行为，并自组织地形成对各个利益相关者利益的满足。

第四，面对金融脱媒，利率市场化进程不断深入以及互联网金融的兴起所带来的巨大压力，商业银行成长将面临巨大的压力。通过对银行高管的调研，笔者发现目前商业银行高管对银行成长的认识多集中在技术层面和制度层面的改造和创新，有时还拘泥于落后的观念，而忽视商业银行伦理行为或承担社会责任所带来的深刻作用。学者们已经对此进行关注和研究，但是对伦理行为作用研究依然说不清、道不明，并没有做出更为科学的分析和归纳。

综上，对银行成长与伦理行为的研究用线性思维方式来进行明显不够科学，对银行伦理行为作用机制研究存在明显的不足，需要进一步建立在自组织理论分析基础上的伦理行为与银行成长的相关模型，探讨其作用机制。

2.7　本章小结

本章首先对企业经济伦理行为研究进行了综述，对企业伦理、企业伦理行为等相关概念进行了界定，之后提出了企业伦理行为的理论基础。另外，本章还对自组织理论视角下的企业成长进行了综述，包括对企业成长理论及自组织理论相关内容进行综述。最后，本章就目前企业伦理行为研究现状及商业银行的成长与伦理研究进行综述，并阐释了企业伦理行为的研究评述，说明文献研究中的不足，以及本书研究的必要性和对目前理论发展的贡献。在下一章中，笔者将通过理论框架分析演绎出企业经济伦理行为相关的概念模型。

3 理论框架

3.1 商业银行成长系统的自组织演化条件

一般系统具有功能性、目的性、整体性等特征，而银行系统除了具有以上特征外，还具有复杂系统的特性，如结构复杂、形式复杂、环境复杂和行为复杂等特征。作为一个动态开放系统，银行系统是由自然、社会、经济、政治复合而成的系统，具备自组织能力和信息反馈能力。银行成长系统，和其他的系统一样，是一个由各种非线性作用和正负反馈结构相互"耦合"，并交织在一起的复杂系统，其特征表现为：

1. 银行成长的开放性

银行成长系统是开放性的系统，是因为它会受到政治、经济、文化等社会因素以及地理位置因素的影响和制约。银行成长系统一方面从环境中获取信息，吸收能量。另一方面经过系统内部的处理后，再向环境系统输出新的信息，并释放新能量，此时系统获得一种新的有序结构，这种结构的系统是与外界交换物质、能量和信息产生的。如银行受到政府的各项支持、银行竞争者带来的压力，经济环境的上下行，等等，都是影响银行成长的关键性因素。银行成长系统复杂性的重要表现，在于银行成长系统与外部环境相互关系所表现出的复杂性。

2. 银行成长的动态性

银行系统内部力量也在不断地发生变化，这主要来自银行成本与效益的比较。银行服务的价值创新、产品的技术创新、互联网金融产生的价值创新等行为，会使得银行不断获得更多的盈利，这必将促使成本与效益之间持续的变动，使得系统保持远离平衡的态势。此时银行成长系统可能会产生分叉、突变、混沌等奇异状态，表现出多样性、自组织性、创新性等系统行为，系统成为一个动态变化的动力学系统。因此银行成长中也就出现其成长速度的快慢、规模的大小、结构的变化、利润的高低、时间的长短、创新的强弱等动态变化。

3. 银行成长的非线性

非线性意味着无穷的多样性、非均匀性、创新性、差异性、奇异性（苗东升，2000）①。由于银行经济行为与伦理行为都在不断地变化发展，因此存在很大的不确定性和内部随机性。银行成长在两者的作用下，一方面存在自我强化和自我稳定的机制，在稳定中前进；另一方面也存在着与环境交互而产生的行为过程。银行经济行为存在不同程度的涨落，不断地通过各种非线性作用机制，伴随着银行做出恰当的伦理行为，最终导致突变的发生，产生新的成长空间。此时所呈现出的是一种非线性复杂作用过程，其中的作用机制和过程并不是简单的叠加，而是彼此间共同作用的结果。

4. 银行成长组元的复杂性

与一般系统相比，银行成长系统中，人的参与是两者最大的不同之处。银行做出各种不同的经济行为和伦理行为，都取决于人的选择、比较、决策，通过人与人之间、人与银行之间、银行与银行之间、银行与

---

① 苗东升. 论复杂性[J]. 自然辩证法通讯，2000(6)：89-91.

政府之间的博弈而最终确定，这取决于人的有限理性以及可能存在的非理性能力。这种有限理性和非理性，是一种非常复杂的状态，包含了人的思想、意志、偏好、价值观等，这也就使得银行在其成长过程中，系统呈现出显著的复杂性。

5. 银行成长的多样性

银行系统是由有着不同层次、不同结构、不同类型、不同背景的组元相互作用而成的，表现出组元间复杂的多样性和其间互相存在的广泛联系。银行在成长过程中的各个组元之间共同发展、共同演化、共同进步，并通过不断学习使得银行的制度结构、企业文化和组织功能获得进一步完善，银行成长因此也具有了不同目标、不同结构、不同类型的成长方向。有的银行将成长定位于规模更大、利润更多、速度更快，有的银行将目标定位于时间更长、创新更强、服务更优，甚至还有银行设定标准更高、慈善更全等不同的成长目标，从中可以发现银行成长具有多样性。

3.2 基于协同学的银行成长自组织演化动力机制

哈肯(1984)①认为，一个系统中的各个子系统在一定条件下所形成的相互作用和协作，将使得这个系统形成有一定功能的自组织结构，包括时间结构、空间结构和时间—空间结构，成为新的有序状态。显然，由新结构代替旧结构的质变行为，是协同学的基本结论。协同学有三个核心概念，分别是相变、涨落与序参量，它们在银行的自组织成长系统中起着非常重要的作用。

3.2.1 银行成长系统是从无序到有序的相变过程系统

协同学中，"相变"所表示的意义是构成系统的各个子系统之间所

① 哈肯. 协同学引论[M]. 北京：原子能出版社，1984.

具有不同聚集状态之间的转变。当系统突然发生相变时，则称为系统的"突变"，这既是一种临界现象，也是普遍存在的一种现象。

从协同学的角度来看，影响银行成长的两个子系统之间，既存在彼此各自独立的运动趋势，又存在互相联系、互相影响的整体化运动趋势，两者是竞争与合作的关系。一方面，银行要成长，其首要任务是活下来，不可避免其经济行为表现为一致性的逐利行为，功利主义色彩浓厚，这也是银行初期成长必须要经历的阶段。但银行做出经济行为的同时，部分或可能全部地做出银行伦理行为，即满足客户、股东与员工的相关利益。这三个利益相关者的利益如果得不到满足，银行就无法继续做出更多的经济行为。另一方面，银行有别于工业企业，具有更强的社会属性，必然使得银行在满足客户、股东与员工利益的同时，需要满足包括政府、社会与环境在内的相关利益者的利益。此时银行在做出经济行为的同时，也必须通过满足客户、股东、员工、政府、社会和环境的需求，来实现银行成长。从对立的角度来说，银行做出伦理行为，在一定程度上可能要损害银行的经济利益，这与银行的逐利目标背道而驰，两者在这方面相克。然而从统一的角度上来看，银行做出伦理行为，短期有经济利益的损失，但是从长期来看，可能带来员工、客户和股东的忠诚，政府政策的扶持，以及银行的知名度、美誉度的提高，从而为银行带来更多的经济利益，两者在这方面相生。

从自组织的角度来看，银行成长系统是一个复杂系统，是自组织与他组织的统一。苗东升(2000)①认为现实世界中没有纯粹的自组织与他组织，而是两者的统一。银行的他组织力表现为银行成长是在外部环境特定约束和限制下进行的活动，而银行的自组织力则表现为银行的技术及创新产品需要遵循物质运动的客观规律，有着自发性和不可预测性。从短时间来看，银行经济行为是一个有计划的行为，所以银行成长的演化过程都是他组织。但在足够长的时间尺度上，银行成长演化过程

---

① 苗东升. 论复杂性[J]. 自然辩证法通讯，2000(6)：89-91.

都是自组织的，充满各种自发性，以及很多无法预料的新现象、新模式以及新动向。例如目前银行面对着宏观环境变化的压力，经济上行时，其经济行为能够给银行带来丰厚的利润，银行加速成长。然而遇到经济下行时，银行面对坏账增多，贷款谨慎等多方面的制约，自发调整经济行为，从而影响银行成长。同理，银行伦理行为在短期内也是它组织的活动，但从长期来看，银行伦理行为同时又是银行在成长过程中所完成的一个自组织过程，满足银行各个利益相关体的诉求，实现各方的共赢。例如目前互联网金融的发展，使得一些小规模的商业银行压力倍增，根据银行自身的情况自发进行调整，银行做出对社会方面的伦理行为相对更趋于弱化。

银行经济行为与伦理行为相对杂乱无章的独立运动状态，以及两者之间表现出协同合作的有序状态，可以看作是银行成长系统中不同的聚集状态，即为"相"。成长系统从无序走向有序的演化最基本的相变过程就是前者向后者的转变，并且渐进地进入临界状态，在某一时刻积累到一定程度，从相变转化为突变，从而使得成长系统发生质的飞跃。

3.2.2 涨落是银行成长系统形成有序结构的动力

涨落是一种系统宏观量瞬时值偏离平均值的起伏现象，是相对于系统宏观平衡状态的波动或者偏离。只要是系统，就必然有涨落现象，但其时间的出现、尺度的大小、作用的范围和成长的方向则是随机的。银行经济行为系统，必然会随着外部环境条件的随机波动，内部可能产生的各种局部耦合，而发生变动。传统的思维方式对涨落出现有畏惧感，总是设法消除涨落。而对于远离平衡且开放的经济行为系统，涨落起着关键性的作用，这是成长系统演化的内部诱因。也就是说必须通过经济行为系统的涨落来实现有序的银行成长系统。无涨落的系统也就无法认知新的有序结构，无法形成序参量，也不可能产生系统的进化与发展。

自组织的基本原理之一，就是通过涨落来实现有序，其主要内容是远离平衡态的开放系统，随着外界条件或者内部因素变化，达到一定临界值，由随机涨落而触发突变，从而自发地形成新的宏观有序功能与结构，并且不断地进行优化(吴怀林等，2006)①。普里戈金人认为通过涨落达到有序，一方面是远离平衡态的非线性的微涨落，另一方面是扩展到整个系统的涨落，即巨涨落，只有这样的涨落才对系统的演化有决定性的作用(谭长贵，2004)②。但是涨落并不是越大越好，涨落过大，则可能导致系统产生的新质不稳定，此时涨落既是建设者和引导者，又是破坏者和干扰者。通过改变系统的均值来使得系统产生新的有序结构，也就是系统的外界输入需要达到一定的阈值，涨落才可能不断放大到巨涨落而实现有序。银行经济行为系统涨落放大机制可以用图3-1表示。

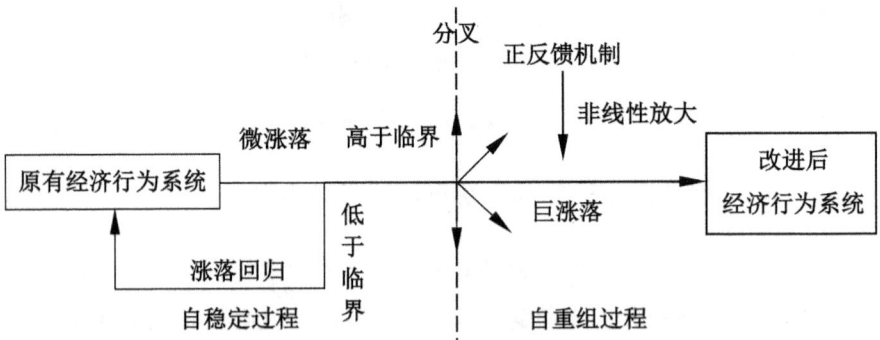

图 3-1 经济行为系统涨落放大机制

(资料来源：作者根据马晓苗(2009)模型整理。)

当银行经济行为系统处于不同的状态时，涨落所起的作用各不相

---

① 吴怀林，张保伟. 对涨落有序律的辩证理解[J]. 系统科学学报，2006(3)：15-18.

② 谭长贵. 关于系统有序演化机制问题的再认识[J]. 学术研究，2004(5)：40-45.

同，可能是稳定态的维持者，抑或是稳定态的破坏者，还有可能是建立新稳定态的建设者。受到内外部环境的影响，或者银行内部出现的危机，系统偏离稳定态，涨落能够使系统很快恢复到原来的状态。但是当这个量度超越了临界值，此时涨落推动系统失稳，则涨落充当了破坏者。现实中金融危机的爆发，可能使得银行业经济行为产生巨大的涨落，无法度过危机的银行将无法摆脱破产的命运。但是如果系统通过涨落寻找到了新结构的创立，在分叉点上实现了对称破缺的选择，从而使得银行经济行为走向更为优越的状态，涨落在此时则充当了建设者的角色。图中可知低于临界的涨落，原有经济行为系统通过涨落回归实现其自稳定，而高于临界的涨落，则通过正反馈机制进行重组革新，巨涨落带来的非线性放大结果是实现新经济行为系统的产生，实现其自重组。

可以看出，涨落在经济行为系统中的演变只起到了一种触发的作用，在临界状态下的涨落，每一次都代表依次发展的可能性，代表新结构胚芽，或继续成长，或失稳衰退。只有有利于银行成长系统自身发展的涨落才可能被选中，只有符合动力学性质的涨落才能得到经济行为系统的响应，将系统内的正反馈机制放大，从而波及整个系统。不利于银行成长系统发展的涨落则被负反馈机制衰减革除。除此之外，微涨落也可能导致新的有序结构形成。微涨落是外界温和的输入，对系统扰动相对较小，往往选择渐变的方式形成新的有序结构，其形成的难度更大，实现的可能性更小，但是不代表微涨落不能改变现有的有序结构。如现实中一些不被人看好的某些技术更新或金融产品创新等活动，在短期内产生的是弱效果甚至是负效果，其微涨落不被人看好。但在长期来看可能导致巨涨落，如互联网金融的兴起，未来可能将深刻地改变银行业的成长速度、成长模式以及成长结构。

3.2.3 银行成长过程中的序参量作用

哈肯借用了物理学、热力学的绝热方法，将协同学进行了简化研究，并提出序参量这一重要概念。他认为如果参量在系统演化的过程中，从无到有，并反映新结构的有序程度，指示新结构的形成，因此它是为描述系统整体行为而引入的宏观参量（谭长贵，2004）①。协同学的两个中心概念，分别是序参量和伺服概念。一方面，序参量的产生是由大量子系统的相互作用而成，也就是序参量是系统内大量子系统相互协同和竞争的结果；另一方面，大量子系统又伺服于序参量，也就是序参量起着主宰整个系统，役使或支配子系统的演化过程。因此，整个系统运动过程就是子系统之间通过彼此的相互协同、竞争和作用，产生序参量后，又通过序参量反过来支配子系统的过程。

协同学认为系统演化中有多种状态变量，分为快变量和慢变量。其中快变量随时间变化很快，以指数的形式快速衰减，而慢变量随时间变化很慢，达到新的稳定态的弛豫时间很长，甚至趋于无穷大（吴彤，2001）②。在系统平稳发展时期，两者起的作用差别很小。但是当系统接近临界点时，绝大多数的快变量还没来得及影响或支配系统就被消灭或转变了，而极少数的慢变量则变化缓慢，有机会支配和影响系统，也就成为影响系统的序参量。序参量是一定条件下子系统之间的竞争作用和协同作用而产生的，反过来又支配各个子系统；序参量在子系统的伺服下得到强化，又促进子系统对序参量进一步伺服，自组织系统也就形成了。因此不同序参量通过彼此的相互协作、相互竞争、相互作用及相互依存，使得系统的自组织演化成不同的组织形式（曾国屏，1996）③。

3.2.4 银行成长系统协同动力机制模型

普利高津用功能、结构、涨落的三角循环转化关系形象地描述了复杂系统内部竞争和协调的自组织机制。在此基础上，本书将用银行的经

---

① 谭长贵. 关于系统有序演化机制问题的再认识[J]. 学术研究，2004(5)：40-45.

② 吴彤. 自组织方法论研究[M]. 北京：清华大学出版社，2001.

③ 曾国屏. 竞争和协同：系统发展的动力和源泉[J]. 系统辩证学学报，1996(3)：7-11.

济伦理行为来描述银行成长的自组织管理模式，并建立银行成长系统协同动力机制模型，以探讨伦理行为在成长系统中所起到的关键性作用。根据银行运营的基本规律，本书对系统协同自组织管理模式提出如下假设。

H_1：银行以追求持续发展作为其终极目标，即通过银行伦理行为来满足客户、员工、股东、政府、社会和环境的利益诉求作为银行重要结构序参量。

H_2：作业系统、市场系统与管理系统是银行可能出现涨落现象中的核心涨落序参量。

H_3：增长性、结构性和创新性的子系统是银行成长众多构成要素或子系统中的关键功能序参量。

基于以上假设，参照杨杜教授提出的八性模型，本书认为银行协同自组织管理模式可以概括为满足客户、股东、员工、政府、环境与社会的关键功能，作为结构序参量，在不断与外界进行物质、能量和信息充分交换后，其经济行为引发的作业、市场和管理系统发生核心涨落现象。在竞争、协同等机制作用下，进行自创生型或自会聚型自组织过程，完成自我调整和自我适应，消除涨落现象，使得银行呈现新的平衡状态，最终实现银行持续成长的功能。其转化关系如图3-2所示。

由图可知，银行的协同自组织管理模式是银行系统结构、涨落、功能以及其涵盖的要素或子系统之间，相互之间协同、均衡和博弈的过程。首先，功能序参量反映的是银行量成长序参量、质成长序参量和力成长序参量，是由经济行为系统与伦理行为系统通过相互竞争与相互协同作用而产生。两个系统共同伺服于这三种序参量，其结果可以实现银行的战略层面的目标。每个银行在其发展的不同阶段，会确定其不同成长战略目标，如社会性成长目标、结构性成长目标、规模性成长目标、持续性成长目标以及营利性成长目标。同时，这三种序参量又役使或支配经济行为系统与伦理行为系统，序参量在经济伦理行为系统的伺服下得到强化，又促进这两种系统对序参量的进一步伺服，整个银行成长系

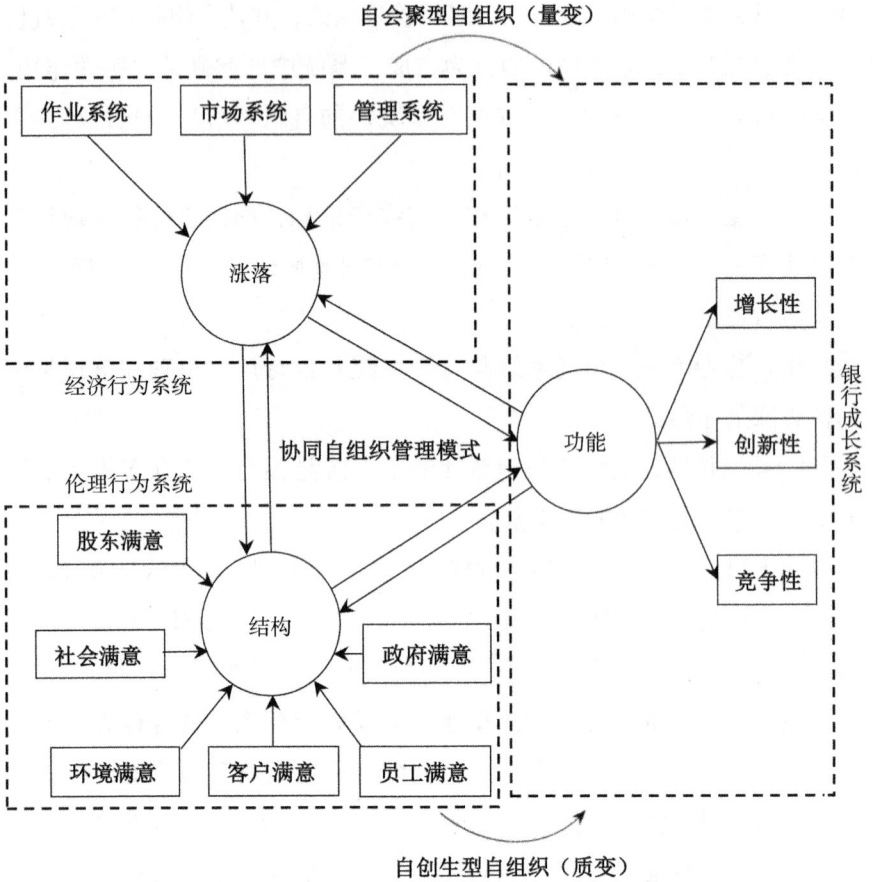

图 3-2 银行成长系统协同动力机制模型

自会聚型自组织（量变）

作业系统　市场系统　管理系统

涨落

经济行为系统

协同自组织管理模式

伦理行为系统

股东满意

社会满意

结构

政府满意

环境满意　客户满意　员工满意

功能

增长性

创新性

竞争性

银行成长系统

自创生型自组织（质变）

图 3-2　银行成长系统协同动力机制模型

统在这种循环作用下自发组织起来。其次，涨落可以看作功能派生出来的战术层面目标、操作层面目标与现实中指标间差异性的外在表现，是为了实现结构的手段和途径。最后，结构及其要素或者子系统则可以看作是不同时段消除涨落现象，实现功能的途径和方法。三者互相协同，互为因果，彼此影响。

3.2.5　银行成长系统自组织管理模式运行过程

作为耗散结构的银行成长系统，在自组织管理过程中，必然呈现不断往复、螺旋上升的演化特点。管理过程从增长性成长、创新性成长及竞争性成长三个子系统目标出发，银行根据现实运行中的作业、管理以及市场系统的涨落现象，自发、自动、自律、自主地对满足政府、客户、员工、社会、环境、股东利益等子系统，在此过程中不断进行调整，形成功能—结构—涨落子系统之间的竞争与协同。因此银行伦理行为作为一种自律行为，受到银行成长系统以及经济行为系统的约束。例如，银行做出经济行为是为了让银行有能力做出伦理行为，满足各个利益相关者的利益。同时，银行伦理行为是为了让各个利益相关者尽心竭力地帮助银行更好地完成经济行为，两者对银行成长都有促进作用，共同让银行成长飞跃到一个新的阶段，并有能力完成更多的伦理行为与经济行为。

由于环境变化因素的影响或其他因素的影响，银行经济行为子系统出现微小的涨落，银行通过对满足利益相关者利益的子系统进行一定的调整，将会形成两者的竞争与协同，这就是自会聚型的自组织过程。这个过程促使涨落自行衰减、消失，保持银行原有的有序结构稳定，或者可能在保持有序结构稳定性的前提下，实现涨落—结构进一步优化。例如银行遇到政策的调整，央行规定增加银行存款准备金，紧缩银根，在经济行为上表现为可用于贷款的现金流动性减少，获取的利润也将随之减少，此时银行可能会相应减少股东的分红，或采取其他弥补银行损失的措施，直至消除涨落波动在可接受的范围内。但是，当出现了巨涨落，且银行成长远离平衡态时，这种涨落无法通过结构性的微调进行自我修复，银行就必须对整个结构子系统进行大的调整，形成竞争与协同，使得结构—涨落—功能达到新的平衡，这就是自创生型自组织过程，此时银行可能会进入新的成长阶段。例如银行面临经济下行的危机，部分银行由于不能通过大调整导致成长停滞甚至衰退，还有部分银行能够在危机中发现机遇，在困难中另辟蹊径，通过对伦理行为各个子系统的调整，和员工、股东共生死、同命运，更好地服务于客户，找到新的银行发展方向，实现银行成长的新跨越。

因此，银行协同自组织管理过程实际上就是通过"自会聚"和"自创生"的竞争和协同过程，以及系统进入临界点而产生突变过程，实现银行从某种成长水平向更高成长水平的跃迁。其中对于银行成长系统子系统来说，最为重要的是需要寻找到影响其成长的关键序参量。

3.3 银行成长系统的耗散结构与熵理论

3.3.1 银行成长系统可能是一个耗散结构

把熵理论运用到管理领域后，被称为"管理熵"，这是热力学中的熵，分子运动论中的熵和信息论的熵在银行的集中体现。管理熵增加表示银行的有效能量递减，无效能量递增，此时银行从有序转为无序发展，管理绩效不断降低。银行成长中的效率递减规律表现为银行熵的不断增加，其原因是有效能量逐渐减少，而无效能量不断增加，同时这也是一个不可逆的过程。这个规律的存在，其主要原因在于成长和管理过程可能会遭遇到若干不确定性、互相影响、互相作用不良要素的控制，从而稳定地表现出这样一个趋势和规律（任佩瑜等，2001）[①]。银行成长熵增或负熵的输入主要可能由以下因素所造成，包括政策因素、技术因素、金融创新因素、组织结构因素、信息渠道因素、环境变化因素、文化影响因素和人的心理特征因素等。其计算公式为：

$$S = - \sum_{i=1}^{n} P_i \log_2 P_i$$

其中，S 为银行管理熵；P_i 是子因素 X_i 出现的概率，且 $P_i \geq 0$ 和 $\sum_{i=1}^{n} P_i = 1$。当银行熵值越大，表明银行成长混乱无序；反之，则表明银行成长正常有序。

---

① 任佩瑜，张莉. 基于复杂性科学的管理熵、管理耗散结构理论及其在企业组织与决策中的作用[J]. 管理世界，2001(6)：142-147.

普里戈金明确指出系统远离平衡和非线性可能是使得系统产生有序结构的根源所在，稳定性、有序和耗散之间存在着高度非平衡的联系和作用，因此他和同事们将这种浮现在热力学分支不稳定性之上的有序结构，准确地定义为"耗散结构"（Nicolis & Prigogine，1977）①。现实成长中的银行可能成为一个具有耗散结构的复杂组织，是因为它的成长受到熵值的制约。银行必须从外部的社会环境与自然环境获得各种相关资源，包括资金、技术、知识和信息等，并进行加工、整合、分配等工作，得到社会所需的金融产品或服务，才能保障银行的可持续成长。一方面，银行成长规模的扩大将可能使其无序性增强，此时如果外部环境交换产生的负熵流少于银行内部产生的熵增，则银行的总熵增加，银行可能会出现成长的瓶颈。相反，如果外部环境交换产生的负熵流多于银行内部产生的熵增，则银行的总熵减少，输入的负熵流达到一定的阈值，银行将形成新的有序结构，银行成长可能成为一个耗散结构。因此成长耗散结构就是银行组织系统在成长耗散过程中形成的自组织和自适应状态。

银行成长系统要成为耗散结构必须具备以下前提条件：

1. 系统的开放性

成长系统是一个开放的复杂系统，必须不断地和外界环境进行物质、能量与信息进行交换，这样才能形成秩序，才具有其动态特征。孤立的系统将使得物质从高能区向低能区转化，系统从有序变为无序。只有开放的系统才能让系统从外部补充物质、信息与能量，即输入负熵，抵消内部产生的熵增，使得系统从无序转为有序。判断成长系统的开放性，只需要了解系统是否有输入和输出即可。现实中可以通过银行对内部、外部环境变化所做出的反应加以判定，如银行面对互联网金融和利

---

① Nicolis，Prigogine. Self-organization in Nonequilibrium System，from Dissipative Structures to Order through Fluctuations［M］. New York：Wiley，1977.

率市场化压力，采用何种应对措施。

2. 一定阈值的输入

耗散结构的形成不是一定的输入和输出就能实现的，只有外部环境条件变化时，输入达到一定阈值，且引起内部的各个子系统非线性相对运动与协同，成长系统才可能向耗散结构转化。这里的非线性机制是指事物要素之间以立体网络的形式存在，形成相互独立，但又相互联系、相互作用、相互影响的机制。如技术的更替、市场的转变、政策的变更等，都将引起银行内部的调整，在输入负熵流后，使得银行自发适应。

3. 输入的平权化

外部输入信息、物质与能量到系统的各个部分必须要平均地进行输入，且不能仅针对系统的某一个特定部分进行输入。如影响银行成长系统的经济行为与伦理行为，如果对经济行为做重大的调整，而较少地对伦理行为做出变动，则可能无法实现银行耗散结构的形成。

4. 涨落引发系统出现耗散结构

耗散结构出现的触发器是涨落，但是只有涨落出现在系统远离平衡态的区域时，才能起到触发器的作用。判断系统是否远离平衡态，可以研究系统的组成部分是否均匀，系统远离平衡态的条件就是子系统必须有较大差异性。银行经济行为能够引发成长系统出现涨落，这种涨落是永恒的，而银行经济行为与伦理行为是否具有差异性是判断成长系统是否在远离平衡态区域的标准。

5. 系统的非稳定性

涨落的出现和远离平衡态都实现了系统的非稳定性，而非线性则反映了体系内部的非稳定性。系统的非稳定性通过外界输入的不断增多而实现，在达到一定的阈值时，系统实现临界状态，再多一点的输入，系统将立刻从无序状态跃迁到有序状态。经济伦理行为之间存在着非线性的相互作用，通过两者之间的协同和蜕变，使得银行获得更多的负熵来促使银行管理效率的提高和有序的成长。

耗散结构的出现是无预定的，并且是自组织的（吴彤，2001）①。对于银行成长系统的意义来说，可以创造出现耗散结构的条件，一旦条件成熟，则耗散结构的出现就成为必然。

3.3.2 银行成长系统的熵变分析

1. 银行成长系统的熵增原理

"熵"概念是克劳修斯在 1965 年用宏观分析法，在假设的"热量不能自动地由低温传到高温物体"的公理基础上，首次引入的。把熵概念应用于绝热或孤立的系统获得了熵增加原理，也就是绝热或孤立系统的熵永远不会减少。这个原理指明了一切与热现象相关的宏观过程，都是按照自发方向进行的（李慧娟，2004）②。熵作为系统的有序度衡量的函数，在银行成长这个复杂的系统中，同样有丰富的内涵。熵是银行成长系统状态空间元素复杂程度的表述，其熵值受到各种复杂因素的综合影响。熵还是银行成长系统无序或混乱程度、不确定性以及能量衰减程度的度量。

熵增加原理被普朗克描述为，在任何自然的过程中，只要是参与这个过程的物体，其熵的总和永远是增加的。如果将其用于银行成长中，成长系统的熵增可表述为：一个理想封闭的银行成长系统中，其内部的状态总是朝着熵值最大的平衡态变化发展，内部差异不断减小，失去其组织和结构方面的变化。银行成为孤立系统或开放系统，其熵增的表现不尽相同。当银行在孤立封闭的系统运行，内部发生相互碰撞、冲突及

---

① 吴彤. 自组织方法论研究[M]. 北京：清华大学出版社，2001.

② 李慧娟. 克劳修斯熵与玻耳兹曼熵的统一性[J]. 山东农业大学学报，2004(3)：433-435.

摩擦，这些状态使得银行不断产生熵增，降低银行的管理效率，而制度的落后和管理效率的低下又加剧了系统内部的熵增的形成。在开放的银行中，虽然与外界进行了物质、能量与信息交换，如果不输入或者过度输入，则同样可能使得银行产生损耗，出现资源无法合理配置、人员工作效率低下、资金周转不灵等问题，从而使得银行成长系统产生熵增，最终导致银行系统走向无序、混乱甚至倒闭。

2. 银行成长系统的熵流

银行成长系统作为一个多层次、多因素的巨大复杂系统，具有生物、自然和社会特性，并在其成长过程中，受到各种因素的交互影响，成为一个从孕育、创立、发展、成熟、变异、衰退、再变异的动态复杂过程，使得银行成长充满了不确定性和混沌。对于开放的银行成长系统来说，存在三种熵变，即熵增、负熵及总熵。熵增度量系统混乱程度的尺度，负熵度量有序程度的尺度，其熵运动表现为三种情况，并决定银行未来成长的三种发展趋势。

第一种情况表现为当银行从外界环境获取负熵流，或从内部产生成长负熵流，如能持久抵消银行的熵增，则呈现总熵为负的情况，银行会出现耗散状态，实现从低层次的有序向高层次的有序跃迁，使得银行保持与环境的适应性，实现其快速持续的成长。第二种情况表现为银行引入的负熵和内部产生的负熵之和，持久地与银行系统的熵增相平衡，则总熵不变，银行进入稳定的成熟期。第三种情况表现为当银行增加的负熵不足以抵消银行内部产生的熵增，则总熵值增加，银行从有序变为无序，系统各项功能恶化。此时银行引进负熵的同时，熵增不断扩大，进一步导致成长系统熵值增加，成长系统状况更加恶化，银行停止成长或负成长，银行进入衰退期，甚至解体。用计算公式表示为：

$$dS = dS_e + dS_i$$

其中，dS 为总熵值的变化；dS_e 为银行与外部交换的熵流的变化，或为正，或为负；dS_i 为系统内部熵的变化。银行要实现健康成长，就必须努力降低银行的熵值，同时通过观察熵值的变化，判断银行的经营活动是否良好，从另一个角度还可以判断银行是否具有耗散结构。

3. 自组织与熵值关系

(1)熵增与自组织的负向关系

银行成长过程中产生的熵，具有自发增加的特性，其熵增产生的原因在于系统内产生的矛盾与冲突，表现为无序性的增加。根据熵增原理，孤立系统的熵永远不会减少，这意味着系统的无效程度越来越深。另外事物在外界条件的约束下，总是呈现最大自由，也就是自发达到最复杂和最无序的状态。此时熵的增加，使得系统从有序变为无序，系统的自组织机制无法形成，熵增负向作用于系统的自组织。

(2)负熵与自组织的正向关系

银行成长系统必须是一个开放的系统，这是因为只有开放的系统才能不断地从外界输入物质、信息和能量，使得系统从外界输入负熵，用来抵消系统内的熵增或与环境交换后可能产生的熵增。此时银行成长系统在负熵的作用下，达到一定的阈值后，从无序状态转变为有序结构，并使其不断进化。因此负熵的出现有助于银行成长系统自组织的形成，并正向作用于银行成长系统。

(3)总熵与自组织既相辅又相克的关系

负熵与熵增相互抵消与作用，形成成长系统的总熵。当足够大的负熵输入系统后，抵消内部所有的熵增，总熵 $dS < 0$，则总熵与自组织是相辅的关系；当系统的开放性不够，或者本身系统就是一个孤立的系统，则总熵 $dS > 0$，此时总熵与自组织是相克关系。由此可以看出成长系统不断寻求最大负熵的过程就是成长系统的自组织过程。综上所述，自组织机制的形成，既依赖于负熵的增加，又受制于熵的扩张，其过程为开放性→负熵(熵增)↔耗散结构→自组织。

因此，整个成长系统的自组织产生过程是：成为开放系统，创造条件输入物质、信息与能量，产生系统成长的负熵流，自组织得以形成；

激励成长系统内部的子系统非线性相互作用，产生更多的负熵流，子系统之间通过竞争与协同产生新的模式与功能，成长系统上升为一个新的阶段；子系统之间的循环耦合，实现从渐变到突变的变化过程，成长系统继续维持自组织形式并演化为多种不同的成长模式，将系统演化推进到更大的可能空间，形成系统有序演化的发展趋势。

3.3.3　银行经济伦理行为的自组织演化对成长系统影响分析

从银行经济行为与伦理行为的角度进行分析，两者均与银行的内外部环境有着密切的联系。由于社会及自然环境的变化比较复杂，对两者将产生不同的作用，使得银行经济行为与伦理行为均可能为银行成长带来负熵的增加或熵增的出现。首先，银行经济行为的出发点和内在动力是追求自身利益和效用的最大化，因此银行的产品销售、金融服务、投融资、银行并购及各种中间业务活动等金融活动都属于银行经济行为。银行经济行为与外界环境，以及内部环境充分交互后，可能产生大部分的负熵或小部分的熵增，总体可能实现银行的增长性成长及竞争性成长，而自我封闭的银行经济行为，将不可避免地产生熵增。如现实中银行封闭式地进行产品、服务开发创新，创新后发现该产品无法落地，无法为客户带来利益或为银行带来价值，最终导致创新失败，说明该产品的创新成为银行成长出现熵增的原因。

其次，银行伦理行为可能实现银行各个利益相关者利益的满足，因此伦理行为都将围绕着客户、股东、员工、社会、环境和政府等利益相关者来进行。同样，伦理行为在与内、外部环境充分交互后，可能产生大部分的负熵与小部分的熵增，作用于银行的创新性成长和竞争性成长。毋庸置疑，封闭式的银行伦理行为将给银行带来熵增，加剧银行成长的无序性。现实中如果银行无节制地参与社会慈善捐助活动，无目的地提高储户的银行存款利率及降低企业的贷款利率，或者过度为股东分配红利等行为，将给银行成长带来极大的不利影响。

最后，银行在成长的过程中，经济伦理行为与社会、自然环境之间的交互作用，所带来的管理效率提高有一个时滞现象。在负熵的作用下，银行的增长性成长由一系列的曲线构成。如果银行输入的负熵一直大于熵增，虽然在一段时间内，银行管理效率下降，成长过程出现了一定时间段的无序状态，但银行可能通过制度的不断完善、信息渠道的疏通以及创新氛围的形成等改进措施，又将促使银行管理效率提高，成长到一个新的阶段，过程如图3-3所示。

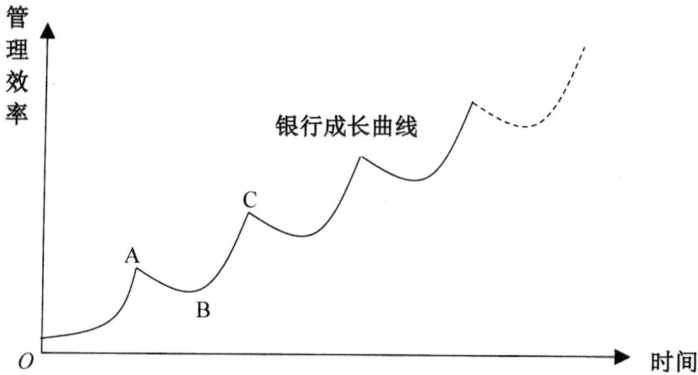

图3-3　增长性银行成长图

银行的熵值增加揭示了组织内部效率递减规律，证明了银行成长最终将从有序走向无序，但成长耗散结构正好相反，它解释了银行成长从无序走向有序的趋势。银行成长速度的快慢、规模的大小、创新的强弱等等，都是由熵增和成长耗散结构在银行发展过程中力量的对比而决定。当成长耗散结构起作用时，银行管理效率提高，银行成长有序进行；当熵值不断增加，银行管理效率降低，成长从有序变为无序，如图AB段所示。如果此时银行充分从环境汲取物质、信息和能量，做出有利于银行的经济伦理行为时，使得银行输入的负熵值增加，超越熵增的增加，并达到一定的阈值后，此时银行管理效率提高，银行成长成为具有耗散结构的系统，并产生自组织现象。银行将继续成长并发展到一个新阶段，最终出现银行的量、质和力的成长，分别对应组织的增长性、创新性和竞争性，成长的结果根据银行成长的不同价值观与个性，表现为可能出现的成长规模性、营利性、结构性、持续性和社会性（杨杜，2014）①，见图 3-4。

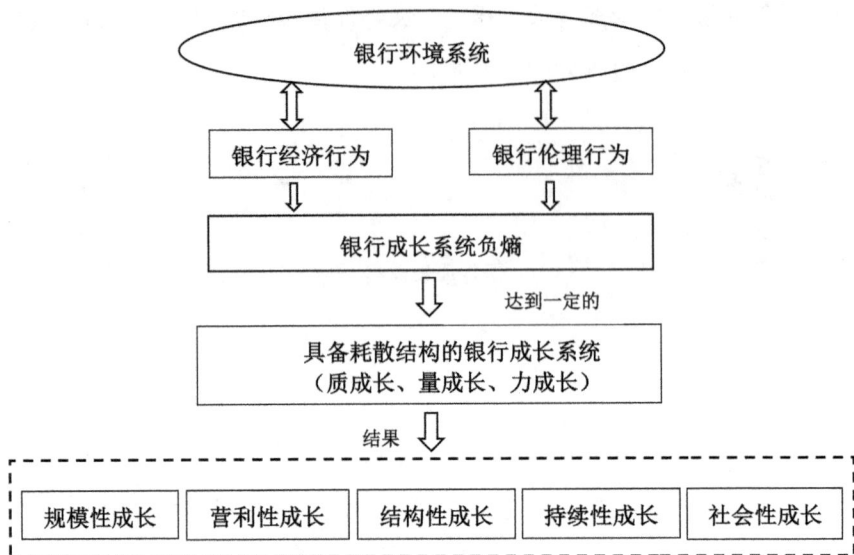

图 3-4　具备耗散结构的银行成长系统模型图

因此熵值变化、成长耗散结构与银行成长之间在环境的作用下存在着非线性的互相依存、互相制约、此消彼长的复杂矛盾关系，与银行的经济伦理行为共同构成具有耗散结构的银行成长模型。

3.4　银行经济伦理行为的超循环机理

曼弗雷德·艾根于 1970 年，结合了生物学、信息论、自组织理论、进化论以及非平衡热力学等学科进展，提出了超循环理论，它是对分子

---

① 杨杜. 成长的逻辑［M］. 北京：经济管理出版社，2014.

生物进化进行研究的一种自组织理论，并且为生命信息的起源提供了新思路，推动了非平衡系统自组织理论的发展（沈小峰等，1989）①。艾根提出的超循环理论，是一种具有一定普适性的自组织理论，它来自对生物进化演变激励的研究成果。该理论指出生命存在新陈代谢、自我复制和突变性三个特征，并且在外部环境和随机干扰作用下，生命从低级向高级依次进行反应循环、催化循环和超循环的周而复始运动。从企业的角度上来看，企业系统是一个开放的复杂系统，可以被看作是一个生命系统。企业系统由研发子系统、生产子系统、营销子系统、人力资源子系统、后勤服务子系统等整合而成，因此它与生命系统具有超循环结构一样，也是以超循环结构的形式演化和发展的。从银行的角度上来看，银行成长系统同样也是一个开放的复杂系统，从宏观上来说，它由经济行为系统和伦理行为系统共同作用而成，而这两种系统也同样是以超循环结构的形式演化和发展的。

1. 超循环的含义

要理解超循环的概念，首先必须对循环、反应循环、催化循环等概念进行了解。

（1）循环

循环通常来说就是事物周而复始的运动。循环是各门学科都关心的问题，如生物学中的生化循环，天文学中的日食、月食等，生理学中的血液循环，大自然中的氮循环、水循环等。将循环概念做简明的解释：如果 A 与 B，A 作用于 B，则有 A→B，而 B 也作用于 A，则有 B→A，那么从整体上来说，A 和 B 之间相互作用而形成了"封闭环"，即循环（魏宏森等，1991）②。

---

① 沈小峰，曾国屏. 超循环论的哲学问题［J］. 中国社会科学，1989（4）：185-194.

② 魏宏森，宋永华等. 开创复杂性研究的新学科：系统科学纵览［M］. 成都：四川教育出版社，1991.

（2）反应循环

反应循环是指一组相互关联的多步骤化学反应序列持续不断的反应过程。它是一种较低级的组织形式，且每一步的某种产物恰好是先前一步的反应物，而简单的反应循环是通过酶催化产生的循环，可以表示如下：

$$S \xrightarrow{E} P$$

式中酶 E 和底物 S 结合成为中间复合物 ES，再逐步转变为 EP，最后 EP 释放出产物 P 和 E，E 再参加下一轮循环，见图 3-5：

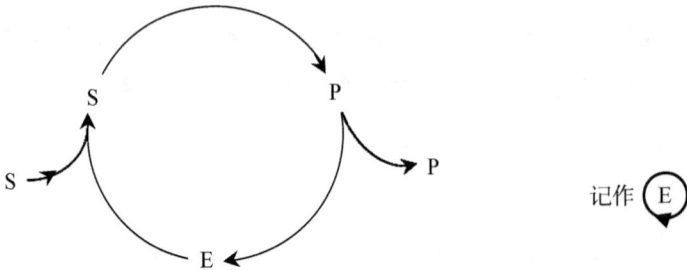

图 3-5 银行经济行为各个子系统反应循环图

银行经济行为将由其各个子系统来完成，包括有创新、营销、服务、人力资源等子系统，而每一个子系统相当于一个反应循环。服务子系统中，底物 S 对应于输入的资金、技术等，酶 E 对应于员工、设备等，ES 为中间复合物，并逐渐转变为 EP，EP 最后释放出产物 P 和 E，产物 P 就是提供的服务或产品，然后 E 继续参加下一轮循环。由此可知，银行成长过程中存在反应循环。

（3）催化循环

催化循环是以反应循环为亚单元，并将各个亚单元联系在一起构成反应循环的循环，它是比反应循环高一级的组织形式，见图 3-6。通常来说，反应循环只要有一个中间产物可以催化已产生的催化剂，成为催化循环，简单可以表示如下：

$$X \xrightarrow{\text{I}_i} I$$

式中 X 是原物质，I_i 是某种信息载体，I 是生成物，也是自催化剂。

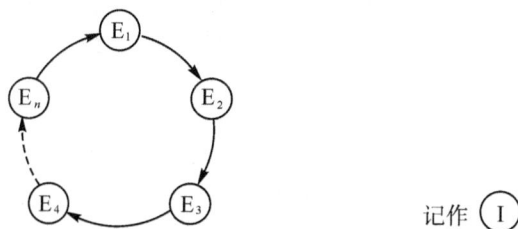

记作 ⓘ

图 3-6 银行经济行为各个子系统催化循环图

在银行各个子系统中，银行伦理行为将产生某种中间产物，对每一个反应循环起到催化的作用。比如在银行服务子系统中，银行对员工做出的伦理行为，如工作环境的改善、薪资福利的提升等，都可能会改善员工的工作效率、激发员工的工作激情，或者提升员工的创新能力等，这些行为将使得银行工作绩效有较大的改变。此时反应循环形成互相催化的作用，构成催化循环，由此可见银行成长过程存在着催化循环。

（4）超循环

催化循环作为亚单元，通过功能循环联系起来，就构成了超循环。它是一种高级循环形式，是催化循环之上的循环，具体来说就是通过催化功能把自复制单元或自催化单元的功能耦合而连接起来的循环形式。作为一个整体，超循环组织是一个具有进行自我选择能力的组织，因此它所表现的特征是自我再生、自我复制、自我选择和自我优化，从而向更高的复杂性有序状态进化。总之，反应循环表现出自我再生的特点，催化剂经过一个循环后，又再生出来；催化循环表现出自我复制的特点，产物自身作为催化剂，又指导反应物再生出产物；而超循环则更加复杂，存在非线性作用，意味着自复制、自进化和自适应的特征（沈小峰，1989①；吴彤，2001②）。图 3-7 反映了反应循环、催化循环和超循环的三者等级关系：

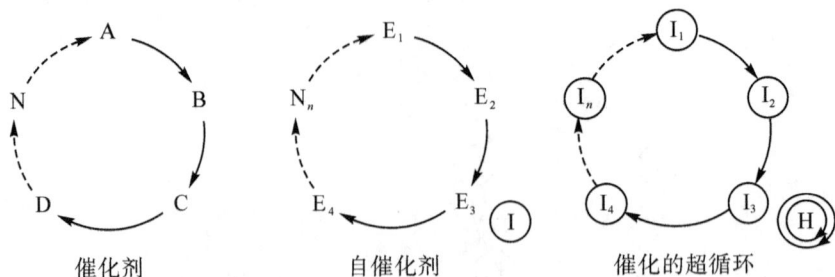

图 3-7 三种循环的等级关系

  银行作为一个整体组织，其超循环组织同样具有自我选择的能力，并不要求所有的亚单元具备自我复制或催化剂功能。只要循环系统中有一个环节是自复制单元，该系统就能表现出超循环特征。比如银行在每个不同阶段的成长过程中，充斥着经济行为和伦理行为两个方面的活动，它们耦合在一起，互相依存，互相制约，存在相生相克的关系。一方面，两种行为互为排斥，经济行为的最终目的是"谋利"，获取更多的财富；而伦理行为的最终目的是"合德"，在损失一部分财富的同时，可能收获了其他的东西，例如公司的美誉度、知名度，员工、客户的忠诚度等。经济行为是一种自觉行为，是银行存在于社会的基本使命，而伦理行为是一种自律行为，是银行存在于社会的最高使命。另一方面，两种行为互为对方的"催化剂"。经济行为带来的显性财富为银行伦理行为提供经济保障和物质支持，伦理行为带来的隐性财富又为银行未来的经济行为创造有利的条件。经济行为与伦理行为的耦合，使得双方都

---

① 沈小峰，曾国屏. 超循环论的哲学问题［J］. 中国社会科学，1989（4）：185-194.

② 吴彤. 自组织方法论研究［M］. 北京：清华大学出版社，2001.

能够获得对方的支持，从而在更高层次上加速对方的发展，使得银行成长迈向新的台阶。因此银行成长系统是由催化循环相互作用耦合成的反应循环，即存在超循环。银行成长的超循环系统并不是周而复始地在原地运动，也不是在同一个过程的简单重复，它表现出的是一种由简单到复杂，由低级到高级螺旋式的发展，在发展中循环，在循环中发展。

2. 银行成长系统的超循环

由上面的分析可知，实现银行可持续成长的经济行为系统与伦理行为系统有着密不可分的关系，它们相互作用共同形成了反应循环、催化循环和超循环，可以将其看作是二元超循环组织。本书用 I_1、I_2 分别代表银行经济行为与伦理行为，E_1、E_2 分别代表银行实施经济行为和伦理行为后的结果，那么在经济伦理行为之间，会因为结果的不同而产生矛盾、竞争与冲突，从而形成一种超循环。四种可能出现的情况如图 3-8 所示：

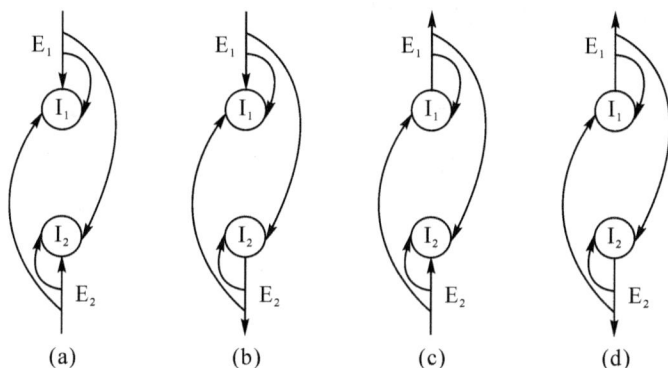

图 3-8 银行成长超循环结构模型图

（资料来源：魏宏森、宋永华：《开创复杂性研究的新学科：系统科学纵览》，四川教育出版社 1991 年版，第 365 页。）

图（a）表示，银行存在的价值仅仅是为了营利，其经济行为仅仅关注于物质的获取，即获得丰厚的利润，更多的财富，对于各个利益相关者的要求视而不见；银行做出的伦理行为是不惜代价地满足各个利益相关者的要求，对银行是否能够盈利，盈利后的财富如何分配漠不关心。在现实中，银行经济行为和伦理行为系统中的各个子系统（各职能部门）各自为政，只为自己的部门谋取利益。这种作用的结果将导致经济行为系统和伦理行为系统产生激烈的竞争。同时受到领导者的价值观影响，最终的结果是只有一方处于优势，而另一方处于劣势，银行成长因此受到限制。

图（b）表示，银行经济行为与伦理行为的目标都定位于物质的获取，银行做出的伦理行为带有强烈的功利色彩，银行将处于无道德的危险边缘。如现实中银行满足政府的要求所作出的伦理行为，其根本是为了从政府获得更多的利益；其做各种公益活动的目的并非取之于民，用之于民，而是企图通过提高银行的知名度与美誉度让银行获得更多的物质利益等。功利性太强的伦理行为将使得民众不再信任银行，此时的伦理行为也将变质，成为非伦理行为，进而银行成为不道德的银行，失去客户、员工以及其他利益相关者的信任，最终银行成长受到限制。

图（c）表示，银行经济行为与伦理行为的目标都定位于道德的要求，不关注银行的生存发展，银行将处于经济崩溃的边缘。在现实中，银行可能用经济行为所创造的盈利，过多地满足各利益相关者，如做出超出银行自身发展能力的公益事业，或者分配过多的红利给股东，或者为员工提供过多的培训等。这些都将使得银行不堪重负，无法使银行扩大规模或维持现有的盈利水平，从而导致银行面临破产的风险，银行成长仍然受到很大的限制。

图（d）表示，银行经济行为的目标利于银行满足各个利益相关者利益，银行伦理行为的目标利于提高银行的盈利水平与管理水平，两者成为一个互动、互助、互补的过程，双方以超循环的方式稳定而和谐的共存。现实中银行所做出的各种经济行为，都是以客户为中心，充分满足员工的各种需求为目的而进行，每年给予股东合理的红利回报，做出支持环境保护的经济行为，形成做公益事业的行为习惯，并一定程度上为政府解决各种问题等。而伦理行为在一定程度上能够为企业创造更多的价值，这种自律行为以客户利益为中心，同时客户能够通过口碑传播为银行带来更多的客户；以员工利益为出发点，员工对银行的忠诚将使得员工与银行同呼吸，共命运；以股东利益为手段，吸引更多的投资者进行投资，获取更多的利润；以响应社会公益事业、满足政府合理利益以及支持并倡导环境保护为形式，从中获得更多的社会和群众的认同、认可和认知，通过提升银行的信誉、美誉、赞誉而获得更多的经济利益。

一个稳定和谐的银行成长系统，应当是银行经济行为与伦理行为互相支持、补充、互助与协同的系统，是维护银行整体利益前提下的协同式竞争，激励两者之间和谐发展并形成超循环效应，实现银行的稳定成长。

3.5 本章小结

本章首先分析了商业银行成长系统的自组织的演化条件，包括银行成长的开放性、动态性、非线性、复杂性以及多样性。而后，在分析银行成长过程中，从无序到有序的相变过程更替，基于协同学及自组织理论的角度，参照杨杜教授提出的八性模型，构建出银行成长系统协同动力机制模型，分析了银行成长系统自组织管理模式运行的过程。此外，本章还分析了银行成长系统所具备的耗散结构，并对银行成长系统进行了熵变分析，构建了具备耗散结构的银行成长系统模型图。最后，本章基于银行成长的超循环结构模型，对银行经济伦理行为的超循环过程进行了机理分析。在下一章中，笔者将对案例研究方法进行深刻探讨，说明案例研究的问题、抽样、路径，以及数据收集的过程及结果，并解释研究的信度与效度。

4 案例研究方法

本章内容主要阐述案例研究的问题、方法、路径，以及案例理论抽样的依据，如何收集案例数据，以确保研究的信度与效度。过去三十年，越来越多的案例研究文章发表在管理学权威期刊上，对于定性研究学者来说，他们中的大多数都以案例研究作为"选择的方法"（Dubois & Araujo，2004）①。在案例研究的实践中，许多学者讨论了不同的案例研究方法，如 Glaser 和 Strauss(1967)②提出了扎根理论，Yin(1984)③描述了案例研究的设计，Miles 和 Huberman(1984)④整理了一系列分析定性数据的过程，Eisenhardt(1989)⑤从案例研究中建立理论等。除此之外，其他学者从不同角度描述了他们各自关于案例研究的观点（Cutler，2004⑥；

---

① Dubois, A., & Araujo, L. Research Methods in Industrial Marketing Studies, in Rethinking Marketing: Developing a New Understanding of Markets, Hakan Håkansson. Wiley, Chichester: Debbie Harrison & Alexandra Waluszewskieds, 2004.

② Glaser, B., & Strauss, A. The Discovery of Grounded Theory: Strategies of Qualitative Research[M]. London: Wiedenfeld and Nicholson, 1967.

③ Yin, R. K. Case Study Research [M]. Beverly Hills, CA: Sage Publications, 1984.

④ Miles, M., & Huberman, A. M. Qualitative Data Analysis [M]. Beverly Hills, CA: Sage Publications, 1984.

⑤ Eisenhardt, K. M. Building Theories from Case Study Research [J]. Academy of Management Review, 1989a, 14(4), 532-550.

⑥ Andrew Cutler. Methodical Failure: The Use of Case Study Method by Public Relations Researchers [J]. Public Relations Review, 2004(30): 365-375.

Flyvbjerg，2006①；Eisenhardt & Graebner，2007②；Jaspers，2007③）。学者们的案例研究方法各有千秋，但是在进行规范性的案例研究方面缺乏一致性。大多数学者都认同 Yin 和 Eisenhardt 的案例研究方法是最流行的方法，但是这两种方法同样有很大的区别，甚至在某些时候是矛盾的。例如 Yin 利用案例研究作为现有理论框架的解释性说明而不是建立新理论，而 Eisenhardt 则正好相反；Eisenhardt 严格地进行扎根理论研究，在案例研究中不做文献综述也没有先前的结构框架模型做参考，而 Yin 则更为开放和弹性化。因此为了找到一个科学性更强的案例研究范式，笔者曾经通过对国际管理权威期刊 AMJ 与 ASQ 相关案例研究的 19 篇年度获奖最佳论文进行了综述（其中 AMJ 共 10 篇，ASQ 共 9 篇，从获奖最佳论文评选第一年开始），发现了案例研究的一些规律性东西，并将它应用于本书的研究中。

4.1 案例研究问题

本研究关注的核心问题是伦理行为在银行成长中的作用机制，基本思路是对伦理行为、经济行为与银行成长三者之间的关系进行探讨，发现伦理行为在其中到底起到了什么样的作用。因此，本书需要解决以下几个问题。

第一，银行经济行为与伦理行为主要表现在哪些方面？两者之间的关系是什么？是线性关系，还是非线性关系？

第二，经济行为、伦理行为在不同的银行成长阶段又有什么样的变化？三者之间又存在什么样的关系？

第三，影响银行成长的不利因素与有利因素是什么？经济行为与伦

---

① Bent Flyvbjerg. Five Misunderstandings about Case-study Research［J］. Qualitative Inquiry，2006，12(2)：219-245.

② Eisenhardt, K. M., & Graebner, M. E. Theory Building from Cases：Opportunities and Challenges. Academy of Management Journal［J］. 2006，50(1)：25-32.

③ Ferdinand Jaspers. Case Study Research：Some Other Applications Besides Theory Building［J］. Journal of Purchasing & Supply Management，2007(13)：210-212.

理行为是如何影响银行的量成长（增长性）、质成长（创新性）和力成长（竞争性）这三个方面响的？

第四，银行做出经济行为与伦理行为的初衷是什么，做出该行为的目的又是什么？

为此，本书需要重点探讨以下几个问题：

第一，本书需要探索银行做出的经济行为类型与伦理行为类型分别包含了哪些，以及两者之间的关系。

第二，本书需要通过研究不同银行成长阶段，其做出的经济行为与伦理行为有何不同，从而判断三者之间的相关关系。

第三，本书需要找出影响银行成长的熵增与负熵包含了哪些，从而判断银行目前处于什么样的状态。

第四，本书需要研究经济行为与伦理行为对银行的增长性、竞争性和创新性的影响程度，特别需要对伦理行为在银行成长过程中的作用进行深入研究，从而得出伦理行为是否在银行成长中有着重要作用。

第五，本书需要挖掘出银行做出经济行为与伦理行为的本质想法，探索两者之间是否存在超循环关系。

4.2　案例研究方法

本节将对案例研究方法的选择进行探讨。根据本书所关注的问题，本研究采用多案例比较的研究方法以及跨案例研究的方法。本研究选择案例研究的方法来发现伦理行为在银行成长中的作用，主要是基于以下几个方面的原因：

第一，案例研究的方法适用于研究成果较少的早期阶段，或者从另一个崭新的理论视角对主题进行研究（Eisenhardt，1989）[1]。由于从非线性视角对伦理行为进行相关研究仍处于理论构建的初级阶段，尤其是对银行成长过程中伦理行为作用问题的研究比较缺乏，没有很多相对成

---

[1]　Eisenhardt, K. M. Building Theories from Case Study Research [J]. Academy of Management Review, 1989a, 14(4), 532-550.

熟并可借鉴的研究。因此本研究更适合用案例研究进行逻辑探索，不适合采用先理论假设，后实证检验的定量研究方法进行研究。

第二，本书旨在探讨银行伦理行为在成长中的作用，而现有文献在伦理作用的定量研究方面存在着争议，特别是采用问卷调研的方式了解伦理对经营绩效的作用有三种不同的解释方式（Marc et al，2003）①。因此，本书需要考察银行做出伦理行为的真实原因和可能起到的正面或负面的作用，而案例研究则特别适用于做探索性的研究（Marshall & Rossman，1995②；Yin，2003③）。更重要的是，本书需要从不同的职能部门的角度来深入了解银行做出的伦理行为现状，用调研访谈的方式来了解银行的真实情况。

第三，本书关注银行经济行为、伦理行为以及银行成长三者之间的关系，因此需要对银行的内外部情况进行深入细致的考察和分析，所涉及的影响因素和作用方式也非常复杂。采用案例研究的方法，能够全面深入地考察事件的真实情况以及与环境的复杂关系，通过分析影响经济伦理行为和银行成长的因素，以及三者之间相互作用的关系，来建立经验现象的理论解释（Benbasat et al，1987）④。

第四，本书采用了多案例的研究设计，即在清楚界定研究问题和相关概念的基础上，从多个典型案例中总结、发现规律，拓展已有的研究或构建新的理论（Eisenhardt，1989）⑤。本书还采用了多案例比较研究方法，目的是通过对多个案例的比较，确保案例材料能够很好地支持研究结论，提高研究的内部效度。同时，将案例研究结论进行复制逻辑的

---

① Marc, O., & Frank. L. S., & Sara. L. R. Corporate Social and Financial Performance：A Meta-Analysis [J]. Organization Studies, 2003, 24(3)：403-411.

② Marshall, C., Rossman, G. B. Designing Qualitative Research [M]. Sage, 1995.

③ Yin, R. K. Case Study Research：Design and Method (3rd edition) [M]. Thousand Oaks, CA：Sage, 2003.

④ Benbasat, I., Goldstein, D. K., & Mead, M. The Case Research Strategy in Studies of Information Systems[J]. MIS Quarterly, 1987(11)：369-385.

⑤ Eisenhardt, K. M. Building Theories from Case Study Research [J]. Academy of Management Review, 1989a, 14(4), 532-550.

方法(Yin, 2003)①，提高研究结论的普适程度，即外部效度。因此，采用多案例研究可以发现和探索新的理论，并提供一般性、一致性以及准确性的结论(Eisenhardt, 1989)②。

总之，本书采用多案例设计的研究方法来探讨伦理行为的作用，通过结构化和多样化的视角进行数据分析，提高发现可靠、准确理论的可能性，也增加了从数据中发现问题的新机会。

4.3　案例研究路径

本书的研究路径如图 4-1 所示：

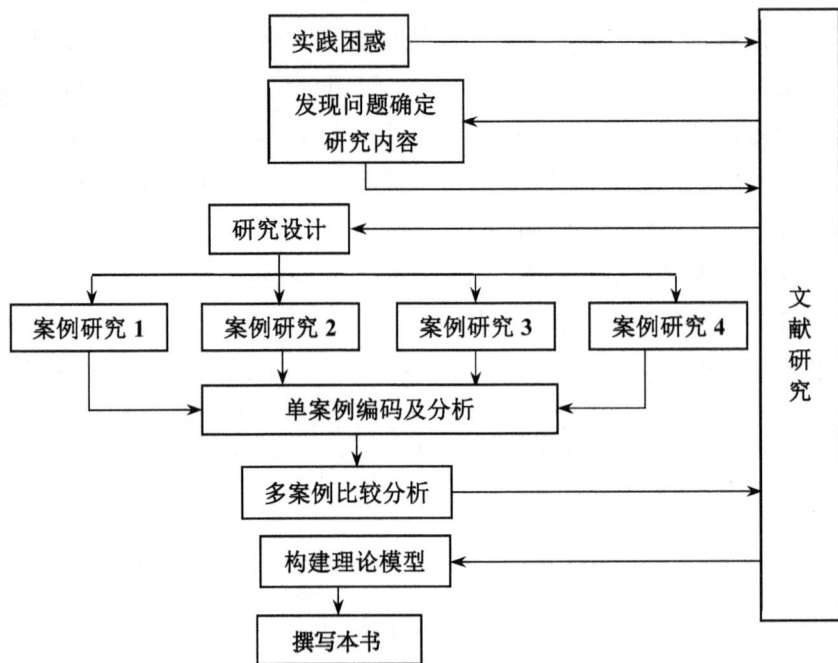

图 4-1　本书研究的技术路径图

---

① Yin, R. K. Case Study Research: Design and Method (3rd edition) [M]. Thousand Oaks, CA: Sage, 2003.

② Eisenhardt, K. M. Building Theories from Case Study Research [J]. Academy of Management Review, 1989a, 14(4), 532-550.

1. 文献研究

针对现实中银行成长中存在的各种实践问题，本书首先进行了文献研究。文献研究的基本目的包括三方面的内容：首先，回顾了经济伦理的发展历程，再对伦理行为的理论基础做了阐述，而后对企业成长、自组织理论、企业伦理行为三方面内容进行了综述，探讨了现有研究的不足。本书发现，目前学者们在对企业成长、企业伦理以及经济绩效方面的研究，绝大多数都是用线性思维模式进行，对它们之间可能存在的因果关系进行实证研究。遗憾的是，这些研究都忽视了企业成长系统是一个非常复杂的系统，受到很多因素的影响。用线性的思维方式讨论企业成长是片面的，也无法解释为什么有些银行虽然规模不大，但是成长非常迅速，而另外一些银行却受到了成长的困扰。其次，在文献中寻找思路，本书回顾了关于企业伦理方面的相关研究成果，发现了少量用非线性思维方式进行研究的文章，这成了本书的参考资料，也是本书研究思路的来源所在。最后，本书从自组织理论角度出发进行研究，将利益相关者理论、功利主义理论和企业公民理论作为解释银行经济行为模式、伦理行为模式、成长模式的基础。因此，本书重点考察银行伦理行为在银行成长过程中的作用，并兼顾考察经济行为在银行成长过程中的作用。

2. 访谈调研

本书在文献回顾的基础上，确定了访谈提纲。本书涉及研究三个系统的变量，分别是银行经济行为系统、银行伦理行为系统以及银行成长系统。本书在访谈提纲形成之前，与海南省银行协会常务副会长进行过深入的交流，并在形成过程中及后续的修改过程中不断进行沟通，形成本书最终的访谈提纲。因为银行和普通的企业有一定的区别，必须深入了解银行的高层人员才能为本研究的科学性提供好的建议和帮助。

本书以成立年限、银行的性质、数据的可得性为标准，以理论抽样的方式调研了5家银行，包括成都农商行、南充商业银行成都分行、宁夏银行、石嘴山银行以及中国农业银行湖北省分行。

3. 数据编码

本书进行了数据编码过程，目的是为了提炼概念，并为案例的分析比较提供理论依据。

本书在整理访谈记录的基础上，对数据进行了编码，而编码的过程并未选择扎根理论的方法（Glaser & Struss，1967）①，即要求相关研究人员没有任何的基本判断而从案例中发现和构建理论。本书借鉴了Strauss（1990）②的方法，即首先进行文献回顾，并演绎出概念模型，接着对样本进行选择和对数据进行编码，并在数据分析的过程中，不断通过文献对比来发现和构建新理论。这种研究方法和笔者对获奖文章进行研究的方法不谋而合。笔者对19篇文章的研究发现，有14篇文章采用的方法是首先从文献综述中找到研究中的缺陷，然后提出问题，最后通过正确的案例选择解决问题，其中Henderson在ASQ上发表的文章是这种研究方法的典型代表（Henderson & Clark，1990）③。因此本书也采用这种思路来对案例进行研究。

对于数据编码，19篇文章中有11篇应用了这种方法进行研究，本书同样也采用了该方法。首先本书进行了开放式编码，主要是为了提炼和理解数据。在此基础上，本书进行了聚焦式编码，对前面的编码结果进行归类。最后本书进行了选择性编码，目的是为了将编码的结果理论化。

4. 多案例比较研究

本书通过多案例比较，跨案例研究，发现现有理论解释的不足，从

① Glaser, B., & Strauss, A. The Discovery of Grounded Theory: Strategies of Qualitative Research[M]. London: Wiedenfeld and Nicholson, 1967.

② Benbasat, I., Goldstein, D. K., & Mead, M. The Case Research Strategy in Studies of Information Systems[J]. MIS Quarterly, 1987(11): 369-385.

③ Henderson, R. M., & Clark, K. B. Architectural Innovation: The Reconfiguration of Existing Product Technologies and the Failure of Established Firms [J]. Administrative Science Quarterly, 1990(35): 9-30.

而构建经济伦理行为与成长之间关系的模型，对伦理行为在成长中的作用进行理论解释。首先本书对样本企业进行分类，区分中小股份制商业银行、国有商业银行以及大型股份制商业银行。然后分析中小股份制商业银行的编码数据，并归纳出相关结论。其中对四家不同的中小股份制商业银行进行不同地区的两两对比，找出它们的共性与个性，探索银行伦理行为在成长过程中的作用。最后用中国农业银行湖北省分行进行案例验证，得出研究结果在国有股份制商业银行是否同样适用的结论。在此基础上，将结论与文献的理论观点进行比较，得出新的观点，并总结研究命题。

本书是通过三角验证方法进行案例的收集及数据的整理，然后进行撰写案例研究报告的工作。首先对单个案例进行独立研究后，再进行组内案例对比、组间案例对比，以及最后的案例验证工作。跨案例的对比分析，重点在于与之前文献综述所述的文献进行对比分析，并在研究过程中出现的新概念再增加对文献的阅读，进行往返不断深入的迭代研究。这一点符合 Eisenhardt(1989)[1]提出的研究方法，与现有文献对比，能够提高研究结论的有效性、普适性与可靠性。如果研究结论与现有文献存在着矛盾，则意味着建立新理论的机会(叶康涛，2006)[2]。

在构建最终理论模型并形成基本命题后，撰写本书。

4.4 案例理论抽样

4.4.1 案例选择

从笔者对 19 篇论文的研究来看，多案例研究是最佳论文中应用最

---

[1] Eisenhardt, K. M. Building Theories from Case Study Research [J]. Academy of Management Review, 1989a, 14(4), 532-550.

[2] 叶康涛. 案例研究：从个案分析到理论创建——中国第一届管理案例学术研讨会综述[J]. 管理世界，2006(2)：139-143.

广泛的方法，因为它更适合发展和建立理论，19篇文章中有16篇运用了多案例研究。另外案例的选择方面，理论抽样成为绝大多数案例研究者使用的方法，原因在于案例的理论抽样方法能够复制先前案例的发现或发展新的理论，以及为填补理论的空白及两种相反的分类方式提供案例支持，由于理论抽样的目的就是为了选择具有复制性或拓展新兴理论的案例(Eisenhardt，1989)①。因此本书同样采用了理论抽样的方式寻找样本企业，其基本原则如下：

第一，案例的选取是由研究问题所决定的，本书探讨银行成长过程中伦理行为的作用。根据银行的实践活动，伦理行为在银行的初创期，相对来说较少，这是因为初创期银行首要目标是活下来，银行高层最为关注的是银行最基本的生存问题。当银行有了一定的发展，随着经济实力的提升，银行将更为关注其社会功能，为了银行的长远发展将不断做出社会性的伦理行为。所以银行经营时间越长，则对伦理行为的认识可能越强，做出的伦理行为可能越多，案例数据则越可靠。因此本书需要寻找创立时间较长的银行，即创立时间超过15年的银行。

第二，本书首先选取了中小型股份制商业银行作为理论抽样银行做探索性研究，建立并分析模型。为了提高研究结果的可靠性，本书对大型股份制国有商业银行做了验证性分析。因此理论抽样的范围既包括了中小型股份制商业银行，还包括有国有商业银行，地域选择在中国的西南地区、西北地区和中部地区。这些案例对象能够在行业内、地区内有一定的代表性，能够代表广泛的同类型银行活动，如银川的两家商业银行是宁夏最具代表性的两家银行，也是在当地发展最好的两家银行。而成都两家商业银行是成都发展速度较快的银行，在成都也具有很高的知名度。

第三，本书所选择案例的复制法则包括逐项复制(Literal Replication)

---

① Eisenhardt, K. M. Building Theories from Case Study Research [J]. Academy of Management Review, 1989a, 14(4), 532-550.

以及差别复制(Theoretical replication)。首先,逐项复制是对被选取的案例可能会与已有的案例产生相同的发现,相当于进行了研究发现的验证过程。其次,差别复制则可能产生被选取的案例与之前研究不同的结果,从新的发现中实现完善理论构建的目的。因此,本书将4家中小股份制商业银行作为逐项复制的典型,1家国有大型股份制商业银行作为差别复制的典型,这样可以验证单案例研究中结论的特殊性或普适性。

第四,案例银行的数据可得性和真实性。本书从不同层次的组织成员获取数据来保证研究的信度和效度,访谈的员工只涉及银行的中、高级管理人员,而不涉及银行的基层员工。为了获得更加准确、全面的银行数据,笔者访谈了银行不同职能部门的中层管理人员及个别高层管理人员,这对于数据的获得有较高要求。因此本书联合了宁夏回族自治区的企业联合会,以项目研究的方式进行了中、高层人员的访谈,以确保被访谈者能够真实表达内心所想,并愿意参与调研访谈。

4.4.2　案例银行的基本信息

根据上述案例选择标准,本书共挑选了5家案例银行进行调研活动,这些银行的基本信息如下:

表 4-1　案例银行的基本信息

银行名称	性质	创立时间 （总行）	员工规模 （全行）	地理位置
成都农村商业银行	中小股份制商业银行	2000	7372	成都
南充商业银行成都分行	中小股份制商业银行	1995	1395	成都
宁夏银行	中小股份制商业银行	1998	2250	银川
宁夏石嘴山银行	中小股份制商业银行	1987	559	银川
中国农业银行湖北省分行	国有股份制商业银行	1951	478980	武汉

4.5　案例数据收集

4.5.1　调研工具及访谈提纲的设计

案例研究的一个重要优势是可以采用多种数据收集技术，以及对多种数据来源进行研究。在研究的过程中，可以灵活地调整案例数量、访谈对象以及数据收集的工具，进行系统性的局部调整，以获得新涌现的主题，实现完善理论的目的(Eisenhardt，1989)[1]。Yin(2008)[2]建议有6种数据来源，包括访谈、直接观察、参与观察、文档、存档资料和实际物品，这些数据各有优缺点，但是又能够互相补充。笔者对19篇最佳论文的研究表明，访谈法(结构化或半结构化)、档案文件收集法以及观察法是用得最多的方法，其中18篇文章用了访谈法，14篇文章分别用了观察法和档案文件收集法。其余的方法如活动参与法、电话访谈和电子邮件收集数据的方法占很小的比例。因此，本书主要采用了深度访谈法、档案文件收集法和实地观察法进行研究，形成一系列的证据链条。

本书进行数据资料收集的方式，是按照Yin(1994)[3]建议的数据收集原则和过程指南来进行，严格遵循三角验证的原则。根据不同的数据来源，笔者反复验证访谈法和观察法收集的一手数据，以及档案法收集的二手数据，以获得客观、真实的数据。在实地收集数据之前，笔者根据研究目的制订了详细的访谈提纲，之后再与银行的中、高层管理人员

---

① Eisenhardt, K. M. Building Theories from Case Study Research [J]. Academy of Management Review, 1989a, 14(4), 532-550.

② Yin, R. K. Case Study Research: Design and Methods[M]. Sage Publications, Incorporated, 2008.

③ Yin R. K. Case Study Research: Design and Methods(2nd Edition)[M]. California: SAGE Publications, Inc, 1994.

进行讨论，根据银行的实际情况提出修改意见，反复讨论后最终确定访谈提纲内容。访谈提纲主要涉及银行经济行为、伦理行为、银行成长的影响因素以及三者之间的关系等内容，具体情况会根据某家银行的实际情况进行充实和具体化，主要框架结构如表4-2所示：

表4-2　结构化访谈提纲的主要问题

结构化访谈问题
主题一：银行经济行为、伦理行为及银行成长的关系
银行经济行为有哪些？银行伦理行为有哪些？
银行经济行为与伦理行为的关系是什么？
不同阶段的银行成长过程中，银行经济行为与伦理行为有什么变化？
主题二：影响银行成长的因素
影响银行成长的不利因素和有利因素分别有哪些？
银行经济行为及伦理行为对银行成长的三个指标(量成长、质成长与力成长)有何关键性的作用？
目前银行的发展状态是什么？
主题三：银行做出经济行为与伦理行为的目的
银行做出经济行为主要是出于何种目的？
银行做出伦理行为又是出于何种原因？

4.5.2　数据收集的程序

为了提高本书研究结论的效度，笔者使用三角测量法(Miles & Huberman，1984)①，从多个数据来源进行案例分析。其中数据的来源包括与各个银行的中、高层管理人员的深度访谈；银行网站的信息

① Miles，M.，& Huberman，A. M. Qualitative Data Analysis ［M］. Beverly Hills，CA：Sage Publications，1984.

收集；公司内部相关的银行文化、银行伦理、最近两年的银行社会责任报告书等内、外部资料；新闻媒体的报道；公司对外披露的各类信息等。

规范的案例研究必须汇报数据收集的过程与程序（毛基业等，2008）①，笔者及调研团队共经历了 3 个月的时间，走访了 3 个省市（成都、银川、武汉）进行调研，每家银行进行实地调研时间为 2 天。笔者为了确保调研数据的可靠性，与银川企业家联合会联系，以企业家联合会重点项目研究的方式进行调研活动，相关单位基本都能够较好地配合这次调研活动。为了获得银行更为准确的第一手访谈资料，对于目前正在经营中的 5 家银行，项目组将访谈的对象定为"1+4"，即至少 1 名银行高管，与至少 4 名不同职能部门的银行中层管理人员。其中职能部门包括有（后台部门）人力资源部、财务部、风险控制部、监察部、信贷部；（前台部门）银行业务部、个人业务部/零售业务部、经营行行长。这是因为高管对全局性、战略性和整体性的银行认知和把握更为深刻，而不同职能部门的中层管理人员对所在部门的认识深刻，能够从各个不同角度了解银行伦理行为在银行成长中的作用。5 家案例银行的资料来源详细情况如下：

1. 成都农商行数据来源

（1）深度访谈法

2014 年 9 月，笔者赴四川省成都市成都农商行总部，分别访谈了 1 名高管和 4 名中层。被访谈人员资料简介如表 4-3 所示。

每位中、高层管理人员的访谈时间为 40~60 分钟，访谈过程中有一名研究助理进行记录和录音，并于访谈结束后将访谈资料整理为电子文档，累计一共获得了 3 万余字的一手访谈资料。

---

① 毛基业，张霞. 案例研究方法的规范性及现状评估：中国企业管理案例论坛综述［J］. 管理世界，2008(4)：115-121.

表 4-3　成都农村商业银行被访谈人员资料简介

人员姓氏	职位	年龄	工龄	管理层级	受教育程度
张行长	总行副行长	40~49	10 年以上	高层	硕士
张行长	经营行行长	30~39	10 年以上	中层	大学本科
王行长	支行副行长	30~39	10 年以上	中层	大学本科
赵总	风险控制部部长	30~39	5~10 年	中层	硕士
曹总	人力资源部部长	30~39	5~10 年	中层	硕士

（2）观察法

对成都农商行总行大楼进行观察活动，从工作环境、员工工作态度、安全措施等方面进行观察，获得对员工伦理的一手资料。另外还进入支行营业厅进行体验性观察，获得对客户伦理的一手资料，整理文字共 1000 余字。

（3）档案收集方法

收集了成都农商行 2013 年年度报告，以及官网上各类公告、发展历程、公司简介、新闻媒体等文字 5 万余字。另外从内部收集了成都农商行有关银行文化阐释、银行社会责任报告书等文档共 8000 余字。

2. 南充商业银行成都分行数据来源

（1）深度访谈法

笔者在访谈成都农商行员工后，对南充商业银行成都分行员工进行了访谈，同样访谈了 1 名高管与 4 名中层管理人员。被访谈人员资料如表 4-4 所示：

项目组成员对每位中、高层管理人员的访谈时间为 40~60 分钟，累计一共获得了 2 万余字的一手访谈资料。

表 4-4　南充商业银行成都分行被访谈人员资料简介

人员姓氏	职位	年龄	工龄	管理层级	受教育程度
方行长	分行副行长	40～49	10 年以上	高层	大学本科
何总	人力资源部总经理	30～39	5～10 年	中层	硕士
张总	零售部总经理	30～39	5～10 年	中层	大学本科
邱总	公司部总经理	30～39	5～10 年	中层	大学本科
刘总	房地产事业部总经理	30～39	5～10 年	中层	硕士

（2）观察法

研究团队对南充商行成都分行的大楼以及支行营业厅的环境设施、人员活动、客户活动进行了观察，整理文字共 1000 余字。

（3）档案收集方法

从南充商业银行的官网上收集了南充商业银行的概况、历史沿革与公司治理、金融服务、风险控制、银行文化、主要产品、社会责任、荣誉与宣传、2001—2012 年经营业绩、2012—2013 年财务数据、2011—2013 年年度报告以及主要大事记共计 4 万余字。另外还收集了新闻媒体对南充商业银行的报道文字 1 万余字，以及人力资源部门经理还为笔者提供了南充商行成都分行的企业文化资料、核心价值观提纲共计6000 余字。

3. 宁夏银行数据来源

（1）深度访谈法

笔者与宁夏企业家联合会联系，以企联会重点项目名义，于 2014 年 10 月对宁夏银行的中、高层管理人员进行了访谈。被访谈人员资料如表 4-5 所示：

表 4-5 宁夏银行被访谈人员资料简介

人员姓氏	职位	年龄	工龄	管理层级	受教育程度
刘总	行长秘书	50岁以上	10年以上	高层	硕士
刘总	投资部总经理	30~39	10年以上	高层	硕士
马总	个人业务部总经理	40~49	10年以上	中层	硕士
冯总	人力资源部总经理	30~39	10年以上	中层	硕士
赵总	行长办公室主任	40~49	10年以上	中层	硕士

项目组成员对 5 位中、高层管理人员进行了 40~60 分钟的深度访谈，累计获得了一手访谈资料共计 3 万余字。

（2）观察法

笔者对宁夏银行总行大楼以及支行营业厅的环境设施、员工的工作状态以及客户的活动进行了观察，以了解银行对员工及客户的相关伦理活动，共整理文字材料 1000 余字。

（3）档案收集方法

笔者从宁夏银行的官网上收集了关于宁夏银行简介、行徽释义、2012—2013 年年报、2012—2013 年社会责任报告以及关于股东分红的信息报告共计 5 万余字。另外还收集了新闻媒体对宁夏银行的文字报道共计 1 万余字，以及人力资源部为笔者提供的银行企业文化资料等相关内容共计 7000 余字。

4. 石嘴山银行数据来源

（1）深度访谈法

利用宁夏企业联合会的关系，对石嘴山银行的中、高层管理人员 5 人进行了深度访谈。被访谈人员资料如表 4-6 所示：

表4-6 石嘴山银行被访谈人员资料简介

人员姓氏	职位	年龄	工龄	管理层级	受教育程度
刘总	人力资源部总经理	40~49岁	10年以上	高层	硕士
顾总	小微金融部总经理	30~39	5~10年以上	中层	大学本科
赵总	零售金融部总经理	30以下	1~5年以上	中层	大学本科
张主任	办公室主任	30~39	10年以上	中层	硕士
孙总	计划发展部总经理	30~39	1~5年以上	中层	大学本科

项目组成员对他们进行了40~60分钟的深度访谈，累计获得了一手资料共计2万余字。

（2）观察法

笔者对石嘴山银行大楼以及支行营业厅员工的工作情况、客户的活动情况以及环境配置情况进行了观察，以了解银行对员工、客户及绿色金融等相关伦理活动，共整理文字材料1000余字。

（3）档案收集方法

笔者从石嘴山银行的官网上收集了相关资料，包括银行的简介、行徽释义、历史沿革、企业文化、2011年大事记、2012—2013年年报、设立村镇银行以及企业荣誉等材料，共计5万余字。另外还收集了新闻媒体对宁夏银行的文字报道共计5000余字，以及人力资源部经理提供的企业文化资料及社会责任报告共计1万余字。

5. 中国农业银行湖北省分行数据来源

（1）深度访谈法

2014年11月，本项目组前往武汉调研中国农业银行湖北省分行，此行的目的是为了对案例研究的部分结果进行验证。此次调研活动对中国农业银行湖北省分行的中、高层管理人员5人进行了深度访谈。访谈人员资料如表4-7所示：

表 4-7　中国农业银行湖北省分行被访谈人员资料简介

人员姓氏	职位	年龄	工龄	管理层级	受教育程度
张行长	分行副行长	50 岁以上	10 年以上	高层	硕士
刘处长	审计处处长	50 岁以上	10 年以上	高层	硕士
杨行长	支行行长	30～39	10 年以上	中层	硕士
杜处长	风险控制部副处长	30～39	10 年以上	中层	硕士
王处长	人力资源处副处长	30～39	10 年以上	中层	硕士

笔者和项目组成员对他们进行了 40～60 分钟的深度访谈,累计获得了一手材料共计 3 万余字。

(2)观察法

笔者对中国农业银行湖北省分行的大楼,及其营业厅员工的工作情况、客户的情况以及环境情况进行了观察,以了解该行对员工、客户及绿色金融等进行的相关伦理活动,共整理文字材料共计 1000 余字。

(3)档案收集方法

由于在中国农业银行湖北省分行的官方网站上收集资料有限,因此笔者从中国农业银行总行的官网上收集了相关资料,包括农行简介、社会责任新闻报道、媒体报道、农行年报、历次分红情况、2012—2013 年社会责任报告、2012—2013 年 A 股年报等,共计 7 万余字。

4.5.3　数据收集的结果

根据以上的数据收集结果,笔者共访谈了 25 人,访谈时间共计 1250 分钟,整理访谈资料 15.2 万字,观察法获得文字共 5700 字,获得制度文件及网上公开资料下载共 30.8 万字。资料数据收集结果汇总如表 4-8 所示:

表 4-8 资料数据收集结果汇总

样本银行	实地访谈			观察法（万）	制度文件（万）
	人数	时间（分钟）	文本字数（万）		
成都农村商业银行	5	240	3.2	0.11	5.9
南充商业银行成都分行	5	230	2.8	0.12	4.6
宁夏银行	5	270	3.4	0.11	6.7
石嘴山银行	5	260	2.7	0.13	6.5
中国农业银行湖北省分行	5	250	3.1	0.1	7.1

4.6 研究的信度与效度

不同学者间对信度和效度的评价不尽相同，最早提出案例研究信效度形式的学者是 Yin(2003)[1]，但是 Yin 提出的信效度形式类似于传统实证研究对信效度的要求，因此很难在案例研究中完全实施。如 Yin 认为提升构念的效度，必须挑选案例研究中特定类型的变化，而且需要关联变化与研究目的，这在以访谈为主的案例研究中很难做到(吕力，2014)[2]。Kvale(1996)[3]主张使用实用效度、沟通效度和技术效度三种形式进行评价增加研究结果的可信性，而 Marshall 和 Rossman(1995)[4]则用可信任性、可推广性、可确认性和可复制性四个特征来对案例研究

---

[1] Yin, R. K, Case Study Research：Design and Method (3rd edition)［M］. Thousand Oaks, CA：Sage, 2003.

[2] 吕力，管理案例研究的信效度分析：以 AMJ 年度最佳论文为例[J]. 科学学与科学技术管理. 2014(12)：19-29.

[3] Kvale S. Interviews：An Introduction to Qualitative Research Interviewing[M]. Thousand Oaks：Sage Publications, 1996.

[4] Marshall, C., Rossman, G. B. Designing Qualitative Research ［M］. Sage, 1995.

的质量进行评估。吕力在综合学术界的相关研究后，提出了一种相对折中的信效度形式(吕力，2014)①，其构成如表 4-9 所示：

表 4-9 信度与效度含义及案例研究策略

信效度	分类	含义	案例研究策略
可信任性	描述的准确性	研究者精准地用数据形式描述所看到、听到和经历的东西	使用录音笔及逐字记录文本 采用深度访谈法、观察法 问题具有灵活性和伸缩性 不带有任何先入之见进场 区分案例数据与分析过程 使用三角测量 精确报告研究设计和实施过程
	描述的完整性	需要从纷繁复杂的诸多因素中，归纳出"真正的变异量"	
	描述的客观性	描述内容能够被研究对象或独立观察者所确认	
内部效度	解释效度	研究对象的真实意图与研究者解释之间的一致性	结论再次反馈，已确认其真实意图 提供和排除多种可能的竞争性解释 使用建构性解释 辨识有差异和矛盾的现象，并深入探讨收集到的矛盾数据 进行理论回顾并辅以缜密演绎推理 尽可能增加考虑的条件因素和选择差异化最大的因素 构筑整个研究过程的证据链
	理论效度	研究者在多大程度上排除竞争性的解释	
	归纳推理的广度	案例研究归纳过程中，尽可能增加考虑的条件因素和选择差异化最大的因素	
	归纳推理的深度	尽量寻求现象背后的深层次原因	

① 吕力. 管理案例研究的信效度分析：以 AMJ 年度最佳论文为例[J]. 科学学与科学技术管理. 2014(12)：19-29.

续表

信效度	分类	含义	案例研究策略
外部效度	理论饱和度	结论的"概括性"程度有多高	增强研究结论的抽象性程度，使其结论可以应用于其他场景 使用分析性概推，将一个研究背景的主要和显著特点与另一研究背景进行比较 可能情况下考虑研究的普适性 可能情况下使用多案例研究
	适用性	结论在多大程度上能推广到不同的人群及不同的情境下	
	启发性	结论能够在多大程度上修正或者突破原有的理论框架，给研究者以启发，以及管理实践者对原有的管理思路和理念进行反思	

（资料来源：根据吕力（2014）一文整理而成。）

　　吕力在"管理案例研究的信效度分析"一文中，以 AMJ 年度最佳论文为例进行了分析，因此具有较强的科学性和规范性，因此本书在研究方法上也基本采用了他的观点进行案例研究。

　　首先，在提升研究可信任性方面，由笔者进行访谈时，项目组其他成员进行录音及文本整理，并采用了深度访谈法和观察法。在调研的过程中，根据银行的情况进行问题的弹性变化，在访谈过程中不带有提示性或引导性的话语，对被访谈对象不明白的地方更多地进行相关问题解释。在分析过程中采用多小组背对背分别编码，并用其他的方法收集文本数据，观察数据，形成三角证据链进行测量，并精确报告研究设计和实施过程。

　　其次，在提升案例研究内部效度方面，本书从访谈资料中排除可能出现的竞争性解释，对研究中可能出现的矛盾和有差异的数据进行辨识和讨论。另外本书对已有的理论进行回顾，包括企业成长理论、自组织理论等，在归纳的过程中进行缜密推理。本书选择了三个地区的银行进行调研活动，因此在一定程度上增加了归纳推理的广度，并在研究过程中构筑了各个方面的数据，形成"证据链"。同时本书采用的是理论抽样的方法，用归纳的方法构建理论解释模型。

第三，在提升案例研究外部效度方面，本书构建的关于经济行为、伦理行为与银行成长间的模型，具有较强的复杂性和较高的抽象性，利于结论能够应用到其他的场景。本书还使用了分析性概推的方法，将两个不同研究背景(成都、银川)的银行进行了比较，找到其中相似性的证据。另外，本书在成都和银川研究的案例为中小股份制商业银行，有利于推动国有商业银行进行复制，这种多案例研究方式提高了案例研究的外部效度。

4.7 本章小结

本章进一步对研究问题进行了确定，并选择使用多案例比较研究方法研究银行伦理行为在银行成长中的作用机理。探讨伦理行为的作用问题，是很多研究者或企业实践者关注的对象，但是又存在很多纷乱复杂的不同观点，只有对样本银行进行深入了解和比较，才能发现其中可能存在的一致性结论。因此本书从自组织理论出发，用多案例对比研究方法更适合发现伦理行为的作用机理。

本书采用了理论抽样的方法，选取了 5 家样本银行，分别对银行的高层、中层经理进行访谈。本书从研究设计、数据收集和数据分析等多环节入手，采用了多案例比较的方法，数据三角验证构成"证据链"的方法，以及背对背多级编码的方法提高研究的严谨性，最终确保研究的信度和效度要求。

5 案例编码及分析

本章先简要介绍银行的基本信息，然后介绍整个案例的编码步骤、过程及编码的结果，并通过对数据的分析、处理和提炼，为后文中进行案例分析提供概念工具。

5.1 案例背景

本节从银行的创立时间、经营历史、组织结构、经营宗旨以及战略选择等方面介绍样本银行的基本情况。

5.1.1 成都农村商业银行

成都农村商业银行（以下简称成都农商银行）的前身是 2000 年成立的成都市农村信用合作社。它经过国务院同意、银监会批准，于 2010 年 1 月 15 日改制成立成都农村股份制商业银行，并挂牌开业。2011 年底，成都农商行引入战略投资者，其注册资本增至 100 亿元，在全国农村商业银行中排名首位。

成都农商行在完成增资扩股以后，坚持"以客户为中心"，按照现代化的商业银行经营管理要求，实施集中化、垂直化、扁平化、标准化、专业化、精细化的"六化"管理方式，以进行体制、机制改革和业务、服务转型为主线，加快实施渠道、产品、机制、人才、IT 和服务的"六个驱动"模式，全面推进银行的各项改革发展。

坚持服务"三农"、中小企业和统筹城乡发展是成都农商银行的经营宗旨，成都农商行将加强产品创新作为银行的核心竞争力，持续提升服务水平为目标，目前在"三农"领域以及小微金融领域取得不俗的成绩。直至 2013 年末，成都农商行的资产总额已达到了 4200 多亿元，其中存、贷款余额达到了 3800 多亿元。

目前，成都农商银行设有各层级机构 634 家，包括 1 家总行营业部，3 家分行营业部，27 家一级支行，96 家二级支行以及 507 家分理处，已经成为成都市营业网点最多、覆盖面最广的银行业金融机构。

5.1.2 南充商业银行

南充市商业银行(以下简称：南充商行)于 2001 年 12 月 27 日成立。全行实施清晰的发展战略，积极探索中小银行改革发展之路，贯彻"人才兴行—引进外资—打造国际标准有特色的现代精品银行—区域性发展—更名上市—联合与合作"的发展路径，其最终的战略目标是实现全行的"做强"和"做大"。

企业核心价值观是"心存善，水润物"。全行员工致力于"把工作当作事业来做，打造共同成长的精品银行；坚守定位，不断创新，打造极具亲和力的特色银行；尊重客户、股东、员工和他人，打造受人尊敬的安全银行"。目前银行经营管理水平持续提升，各项业务稳健发展。截至 2014 年 12 月末，全行资产总额达到 1284.85 亿元，实现税后利润 20.55 亿元。各项存款余额(含同业)达到 1015.17 亿元。

2005 年南充商行成功引进德国战略投资者，成为中国第一家二级城市引进外资的城市商业银行。2007 年 3 月 1 日发起设立了中国第一家村镇银行、贷款公司——四川仪陇惠民村镇银行、四川仪陇惠民贷款公司。2007 年 10 月 27 日在成都开设分行，成为中国第一家二级城市跨区域在省会设立分行的城市商业银行。2008 年，全行被评为"中国最具成长性的城市商业银行"；2009 年，全行被评为"全国中小型城市商业银行竞争力第五名"及"西部经济区城市商业银行竞争力第二名"；

2014年6月，英国《银行家》杂志发布2013年"全球1000强银行"（Top 1000 World Banks 2013）排行榜，全行上升至第593位，资本收益率排行中国地区银行业第一名。

经过十多年的发展，南充市商业银行已初步打造成为一家资产质量优良、盈利能力很强、成长空间巨大、体制机制领先、风险管控到位、创新活跃、中小企业与农村金融服务有特色、社会责任感强的现代精品银行。

5.1.3　宁夏银行

1998年10月28日，宁夏银行成立。它是由宁夏回族自治区、银川市两级政府及企业入股组建的一家股份制商业银行。2009年11月26日，宁夏银行小企业信贷中心成立，成为全国较早具备准法人性质的小企业专营机构。2009年12月8日，宁夏银行西安分行开业，率先在西北城市商业银行中跨省（区）设立分支机构。2011年4月28日，宁夏银行天津分行开业，跨区域经营战略进一步推进。

宁夏银行拥有员工近2500人，其中大学本科及以上学历人员占88%，具有高中级技术职称人员占24%，员工平均年龄33.9岁。目前，全行下辖57家分支机构，其中，区内48家（含1家营业部和2家小企业信贷专营机构），西安4家支行、1家营业部；天津3家支行、1家营业部；发起设立1家隆德六盘山村镇银行。

宁夏银行的市场定位是坚持"服务中小企业、服务城乡居民"，特色化、差异化的业务发展道路是银行必经之路。因此该行先后推出了相关业务，如如意白金卡、"24小时银行"、"存取款免填单"、"账户信息通"、"96558"电话银行等金融产品和服务品牌；国际业务于2003年12月8日开通，网上银行于2009年7月成功上线，服务功能逐步完善。

宁夏银行的各项业务都取得了良好的发展，该行在不断完善公司治理，加强银行的内控建设，拓展市场，提高管理水平，强化资产质量。

截至 2014 年末，全行资产总额达到了 1038 亿元，其中存、贷款余额为 1321 亿元。

5.1.4 石嘴山银行

1987 年 8 月，为促进城乡经济发展，服务中小企业和个体私营经济，经中国人民银行批准，石嘴山城市信用合作社正式成立。2001 年 11 月 28 日，石嘴山市城市信用合作社、平罗城市信用合作社、石嘴山兴业城市信用合作社"三社"合并重组正式完成，西北五省第一家圆满完成合并重组并开业的单一法人社石嘴山市城市信用社正式诞生。

2009 年 3 月经中国银监会批准，石嘴山银行股份有限公司成立，总行位于石嘴山市。2011 年，该行成功引入国电集团、杭州银行两大战略投资者，资本实力及整体抗风险能力显著增强。截至 2014 年 3 月末，资产总额 324 亿元，各项存、贷款余额为 324 亿元。该行已在银川市、中卫市、吴忠市设立分行，分支机构达 37 家，并相继在宁夏、安徽、山东、重庆等地发起设立了 7 家村镇银行。

全行的发展理念是"和谐共生、互助双赢"，其市场定位是"服务地方经济、服务中小微企业、服务城乡居民"，发展战略定位于差异化和特色化。以支持地方经济社会发展为己任，以服务实体经济为根本，以扩大信贷投放为重点，以持续优化信贷结构为抓手，以创新金融产品和服务为支撑，持续加大对区、市重点项目和骨干企业、小微企业、"三农"、创业就业富民工程等重要领域的金融支持力度，有力地支持地方经济发展，并跃居 2012 年度中国资产规模 500 亿元以下城市商业银行综合竞争力排名第一名，社会影响力不断提升。

站在新一轮的发展起点上，作为一支地方金融生力军，全行将勇于挑战，抢抓机遇，以科学发展观为指导，以建设"具有品牌特色的好银行"为企业愿景，以打造小微企业专业化服务银行、"便捷、灵活、实惠、温馨"的特色化服务银行、"至孝至爱、克勤克廉"的人文化服务银行为品牌建设目标，努力实现经济效益和社会效益"双赢"。

5.1.5　中国农业银行湖北省分行

中国农业银行湖北省分行于 1979 年成立，并且是中国农行在湖北设立的一级分支机构，包括有一级分行营业部 1 个，二级分行共 12 个，一级支行共 131 个，营业网点共 909 个，村镇银行 1 个，在岗员工 1.9 万人。

湖北分行的经营理念是稳健为上、公平立行、创新立业、价值为本，发展模式以品质经营为先导，以零售银行为优势，以县域业务为基础，以电子渠道优化为依托，以网点效能提升、以城市业务和对公业务为重要增长点，"勇于担当、甘于奉献、精细高效、争创一流"为其企业文化的真实表现。截至 2011 年末，各项存、贷款余额为 4767 亿元，其主体业务的市场份额排名在四大行中处于第一的位置。该行的内控评价为全国农行一类行，综合绩效在全国农行中处于第一方阵，并且风险控制水平属于 A 类银行。

湖北分行始终坚持面向三农，服务大众，积极服务农业产业化、农村城镇化、特色资源开发和县域经济转型升级，先后为武钢集团、东风汽车、长江电力、武汉地铁等众多省内重点企业和重点项目提供了授信支持。近年来，该行先后荣获了"省级文明单位""湖北省履行社会责任十佳优秀企业""2011 年支持湖北经济发展突出贡献奖"等诸多荣誉，该行已成长为具有举足轻重地位的省域主流银行。

5.2　案例编码程序

对收集到的一手与二手资料数据进行检查、分类、编码等过程是通过数据分析发现规律的基础，是最重要但也是最难掌握的环节之一。编码的过程其实就是将一段意思表达的文字进行归类，参照 Strauss（1987）①的内

---

① Glaser, B., & Strauss, A. The Discovery of Grounded Theory: Strategies of Qualitative Research[M]. London: Wiedenfeld and Nicholson, 1967.

容编码法，本书对不同的数据进行编码。通过对一个案例的文本资料编码分析，找出归纳出理论观点变化的最重要资料(Yin, 2009)①，并形成理论框架与假设。再运用循环法(Miles & Huberman, 1994)②，通过对一个案例的分析，归纳出共同点，运用到下一个案例访谈中。这种跨案例研究，能够提高凝练度，加强对理论的解释性与理解度，并解决案例可能产生的极端特定主义与共同性问题。

案例内数据分析方法没有标准的形式，有多少研究者，可能就有多少种方法，但是需要做的是将每个案例看作是独立的个体，然后仔细地熟悉并理解它们，为寻找跨案例的普适性模式做好准备(Eisenhardt, 1989)③。本书遵循 Eisenhardt 的跨案例比较方法，对案例进行比较，找出案例中伦理行为作用的相似或不同之处，因为跨案例方法可以找到组内案例的相似点和组间的不同点(Eisenhardt, 1989)④。本书在研究的过程中，发现了 5 个案例之间，既有一致的共同命题，也有不一致的命题。

在编码的过程中，本书进行了两个阶段的数据编码，即开放式编码和聚焦式编码。本书探索出银行做出的伦理行为、经济行为在银行不同的成长阶段的意义，明确了影响银行成长的作用因素，通过这些方式找出三者之间的关系，最后明确银行伦理行为的作用。编码的结果为案例分析提供了素材，下面具体介绍编码的过程与程序。

5.2.1 开放式编码

本书首先根据前人的研究成果，对研究的主要概念，即银行伦理行

---

① Yin, R. K. Case Study Research [M]. Thousand Oaks, CA: Sage, 2009.

② Miles, M. B, Huberman, A. M. Qualitative Data Analysis: An Expanded Source Book [M]. Sage Publications, Incorporated, 1994.

③ Eisenhardt, K. M. Building Theories from Case Study Research [J]. Academy of Management Review, 1989a, 14(4), 532-550.

④ Eisenhardt, K. M. Building Theories from Case Study Research [J]. Academy of Management Review, 1989a, 14(4), 532-550.

为、经济行为、银行成长、熵增、负熵的内涵进行了确定。参加编码的人员一共有 6 名，分别是三名管理学专业的博士研究生和三名硕士研究生。编码成员对编码的依据反复进行讨论和沟通，在理解相关理论和基本概念的基础上，分别阅读了全部案例材料后，再进行开放性的编码过程。

本书的编码规则遵照以下几点进行：第一，不用编码匹配数据，而是从数据出发匹配编码，或者发现新编码（白海青，2011）[1]；第二，按照背对背的原则六位编码人员处理原始材料，但是所得条目必须含义明确且与案例研究相关；第三，对于访谈资料与文档资料的编码，同一人或同一文档相同或相似的表达方式只记一个条目；第四，对于编码一致的条目进入条目库，不一致的条目经过全体小组成员讨论后，或进入条目库，或删除；第五，发现前期有编码不确切的地方，或者有新的编码发现，经过小组全体成员讨论后进行修正。编码者对 5 个样本银行的访谈资料进行编码，并提炼概念，统计概念出现的频率覆盖案例数量的多少。

5.2.2 聚焦式编码

聚焦式编码是降低数据维度和进行数据分类，根据 Strauss 和 Cobin（1990）[2]的思路，聚焦式编码可以从两方面来进行。一是根据频率的高低进行编码，视频率为权重，权重高的概念则为更高层次的概念作为聚焦编码，二是将拥有相似含义的初始化编码进行分类，合并后成为一个聚焦编码。

本书选择第一种方式进行聚焦式编码，即以出现的频率（维度的条目数）为权重进行编码，条目数越多，该维度的显著性越强，条目数越

---

① 白海青. 高管支持信息化的内涵与影响因素：CIO 的视角［D］. 中国人民大学博士学位论文，2011.

② Strauss, A., Corbin, J. M. Basics of Qualitative Research：Grounded Theory Procedures and Techniques［M］. US：Sage，1990.

少，则该维度不具有显著性。笔者将六位编码者分为三个小组，每一组对开放式编码的结果进行解读与分析，并将结果进行归类，概括为高阶的聚焦编码。进行背对背的聚焦式编码后，对编码结果进行讨论，比较编码的异同，最后形成统一的聚焦式编码结果。本书编码的方式主要参考了姚铮等发表在管理世界的案例研究文章(姚铮等，2009)①，本书将展示案例研究的最后编码结果。

5.3　案例内数据编码与分析

5.3.1　五家银行数据代码编制

5 家银行的案例内数据代码情况如下所示：

1. 成都农商行的数据代码

成都农商行代码为 A，被访谈对象代码分别为总行副行长张行长(P1)，经营行行长张行长(P2)，支行副行长王行长(P3)，总行风险控制部部长赵总(P4)，总行人力资源部部长曹总(P5)。其中(A，P1)、(A，P2)、(A，P3)、(A，P4)、(A，P5)五个代码分别代表了上述 5 人的陈述观点。网站上的官方资料以及新闻媒体资料编码代号为 H，收集的档案资料编码代号为 I，相应地(A，H)代表成都农商行的官方资料数据及新闻媒体资料数据，(A，I)代表档案资料数据。

2. 南充商行成都分行的数据代码

南充商行成都分行代码为 B，被访谈对象代码分别为副行长方行长(P1)，人力资源总经理何总(P2)，零售部总经理张总(P3)，公司部总

---

① 姚铮，金列. 多元化动机影响企业财务绩效机理研究：以浙江民企雅戈尔例[J]. 管理世界，2009(12)：137-149.

经理邱总(P4)，房地产事业部总经理刘总(P5)。其中(B，P1)、(B，P2)、(B，P3)、(B，P4)、(B，P5)五个代码分别代表了上述5人的陈述观点。网站上的官方资料以及新闻媒体资料编码代号为H，收集的档案资料编码代号为I，相应地(B，H)代表南充商行的官方资料数据及新闻媒体资料数据，(B，I)代表档案资料数据。

3. 宁夏银行的数据代码

宁夏银行的代码为C，被访谈对象代码分别为行长秘书刘总(P1)，投资部总经理刘总(P2)，个人业务部总经理马总(P3)，人力资源部总经理冯总(P4)，行长办公室主任赵总(P5)。其中(C，P1)、(C，P2)、(C，P3)、(C，P4)、(C，P5)五个代码分别代表了上述5人的陈述观点。网站上的官方资料以及新闻媒体资料编码代号为H，收集的档案资料编码代号为I，相应地(C，H)代表宁夏银行的官方资料数据及新闻媒体资料数据，(C，I)代表档案资料数据。

4. 石嘴山银行的数据代码

石嘴山银行的代码为D，被访谈对象代码分别为人力资源部总经理刘总(P1)，小微金融部总经理顾总(P2)，零售金融部总经理赵总(P3)，行长办公室主任张总(P4)，计划发展部总经理孙总(P5)。其中(D，P1)、(D，P2)、(D，P3)、(D，P4)、(D，P5)五个代码分别代表了上述5人的陈述观点。网站上的官方资料以及新闻媒体资料编码代号为H，收集的档案资料编码代号为I，相应地(D，H)代表石嘴山银行的官方资料数据及新闻媒体资料数据，(D，I)代表档案资料数据。

5. 中国农业银行湖北省分行的数据代码

中国农业银行湖北分行的代码为F，被访谈对象代码分别为分行副行长张行长(P1)，审计处处长刘处长(P2)，支行行长杨行长(P3)，风险控制处副处长杜处长(P4)，人力资源处副处长王处长(P5)。其中

（E，P1）、（E，P2）、（E，P3）、（E，P4）、（E，P5）五个代码分别代表了上述 5 人的陈述观点。网站上的官方资料以及新闻媒体资料编码代号为 H，收集的档案资料编码代号为 I，相应地（E，H）代表中国农业银行的官方资料数据及新闻媒体资料数据，（E，I）代表档案资料数据。

代码情况详见表 5-1：

表 5-1 五家银行资料分析编码代号一览表

成都农商行	南充商行 成都分行	宁夏银行	石嘴山银行	中国农行 湖北省分行
总行副行长 —张行长 （A，P1）	分行副行长 —方行长 （B，P1）	行长秘书 —刘总 （C，P1）	人力资源部 总经理—刘总 （D，P1）	分行副行长 —张行长 （E，P1）
经营行行长 —张行长 （A，P2）	人力资源部 总经理—何总 （B，P2）	投资部总经 理—刘总 （C，P2）	小微金融部 总经理—顾总 （D，P2）	审计处处长 —刘处长 （E，P2）
支行副行长 —王行长 （A，P3）	零售部总经理 —张总 （B，P3）	个人业务部总 经理—马总 （C，P3）	零售部总经理 —赵总 （D，P3）	支行行长 —杨行长 （E，P3）
总行风险控制 部部长—赵总 （A，P4）	公司部总经理 —邱总 （B，P4）	人力资源部总 经理—冯总 （C，P4）	行长办公室 主任—张总 （D，P4）	风险控制处副处长 —杜处长 （E，P4）
总行人力资源 部部长—曹总 （A，P5）	房地产事业部 总经理—刘总 （B，P5）	行长办公室 主任—赵总 （C，P5）	计划发展部 总经理—孙总 （D，P5）	人力资源处副处长 —王处长 （E，P5）
官方及新闻媒 体资料数据 （A，H）	官方及新闻媒 体资料数据 （B，H）	官方及新闻媒 体资料数据 （C，H）	官方及新闻媒 体资料数据 （D，H）	官方及新闻媒 体资料数据 （E，H）
档案资料数据 （A，I）	档案资料数据 （B，I）	档案资料数据 （C，I）	档案资料数据 （D，I）	档案资料数据 （E，I）

5.3.2　成都农商行数据编码与分析

1. 成都农商行银行经济行为、伦理行为与银行成长协同关系

根据本书在第三章提出的银行成长系统协同动力机制命题，本书把相关条目分为 6 个类别。各个类别的名称和符号表示为：银行经济行为（M）、银行伦理行为（E）、银行成长（G）、银行伦理行为对经济行为的影响（E—M）、银行成长对伦理行为的影响（G—E）。因为本书关心的焦点内容是伦理行为在银行成长中的作用机制，因此未讨论银行经济行为对伦理行为的影响、银行成长对经济行为的影响。

第一，经过 6 人的开放式编码，总计得到了 785 条条目，其中一手访谈数据获得编码 495 条，网站上的官方资料以及新闻媒体资料获得编码 241 条，档案资料获得编码 49 条。经过笔者与项目参与者讨论，对编码库进行了二次甄别，删除雷同的、不准确的、不清晰的编码 114 条，得到了 671 条。在 671 条有效条目中，经济行为类别条目为 141 条，伦理行为条目为 185 条，银行成长条目为 58 条，伦理行为对经济行为的影响条目为 159 条，成长对伦理行为的影响条目为 128 条。

第二，研究小组对经济行为、伦理行为与银行成长三个类别的条目分别进行编码，归纳提炼出子维度。参考已有的研究文献，小组成员对这三个类别的条目进行初次编码并提出各自的子维度。经过讨论后，综合小组成员的编码成果进行讨论，最终达成一致的意见。通过对子维度的归纳提炼，得到经济行为子维度 6 个，伦理行为子维度 9 个。

第三，研究小组采用了聚焦式编码的方式，采取与第二步相似的方法对经济行为、伦理行为和银行成长三个类别下的子维度进行分析和解读，通过归纳方式得到了经济行为主维度 3 个，伦理行为主维度 6 个，以及银行成长主维度 3 个。银行成长的子维度没有进行归纳，即主维度与子维度相同。将子维度的条目数相加，就得到了主维度的条目数。

第四，根据第三步归纳的主维度，采取与第二步相似的方式，就伦理行为对经济行为的影响和银行成长对伦理行为的影响 2 个类别进行编

码，得到伦理行为对经济行为的影响维度 10 个，银行成长对伦理行为的影响维度 8 个。由于这两个类别的编码只考虑了主维度，所以没有划分子维度。

为了便于分析，笔者对经济行为、伦理行为、银行成长、伦理行为对经济行为的影响和银行成长对伦理行为的影响，以及各个主维度与子维度进行编号。对于条目数量太少的维度说明其不具有显著性，因此本书剔除了条目数小于所在类别总数为 1% 及以下的维度①。剔除后最终确定经济行为条目 141 条，主维度 3 个，子维度 6 个；伦理行为条目 185 条，主维度 6 个，子维度 9 个；银行成长条目 58 条，主维度 3 个；伦理行为对经济行为影响条目 156 条，维度 7 个；银行成长对伦理行为影响条目 126 条，维度 6 个。总条目数由 671 条减至 666 条。下面以成都农商行定性数据编码过程为例进行说明，如表 5-2 所示：

表 5-2　成都农商行定性数据编码过程示例

编码过程				访谈或档案资料示例性证据
分类	子维度	主维度	关系维度	
经济行为（M）	传统业务	作业系统	—	（A，P2）：我们行的主要盈利的方式是利息差，占 70%~80%，但是方向收窄
伦理行为（E）	支持政府项目	政府满意	—	（A，P2）：政府有很多需要我们支持的项目，如三农贷款，快速贷款
伦理行为对经济行为的影响（E—M）	—	—	客户满意对市场系统的影响	（A，P1）：老百姓需要一个稳定、安全的银行形象，银行社会形象越好，信誉度也就越好，经营效果越好，更容易吸收存款

① 剔除的维度包括伦理行为对经济行为影响类别下的社会满意对管理系统的影响，条目数为 2 条；银行伦理行为对经济行为影响类别下的环境满意对市场系统的影响与政府满意对作业系统的影响，条目数为 1 条；银行成长对伦理行为影响类别下质成长对政府满意以及量成长对环境满意，条目数为 1 条。

（1）成都农商行的经济行为

成都农商行的经济行为有哪些，本书通过编码发现了经济行为的 6 个子维度，即传统业务、中间业务、销售业务、服务业务、银行文化、制度结构。进一步归纳后，发现成都农商行所做出的经济行为包括开展传统业务与中间业务活动为基本活动来构成银行的作业系统；通过开展销售业务和服务业务为辅助活动来构成银行的市场系统；形成独特的农商行文化和完善的制度结构来构成银行的管理系统。由此可得到成都农商行的 3 个主维度分别为作业系统、市场系统与管理系统。其中表 5-3 详细列举了银行经济行为主维度、子维度，以及访谈和档案资料的示例性证据。

表 5-3 成都农商行经济行为维度及示例性证据

维度（条目数）	示例性证据
M1 作业系统（67） M1.1 传统业务（53） M1.2 中间业务（14）	（A，P2）：我们行目前最主要盈利的方式还是利息差，占我们总体收入的 70%~80%，但是方向收窄 （A，H）：银行的中间业务包括代缴燃气费、代理保险、投资理财
M2 市场系统（47） M2.1 销售业务（25） M2.2 服务业务（22）	（A，P4）：我们还有各种投资理财产品销售，但是对于总收入来说，占的比例很小 （A，P5）：我们作为一个中小银行，需要向社区金融方面进行转型，比如可以提供碎片储蓄存款，再比如可以使得农产品贴近社区，服务于三农
M3 管理系统（27） M3.1 银行文化（10） M3.2 制度结构（17）	（A，P5）：银行目前的文化建设还在进行中，因为银行的扩张非常迅速，需要有更多的时间来进行文化改造 （A，P3）：我行在制度方面虽然有一定的问题，但是已在不断提高和完善

从成都农商行的经济行为主维度中可以看出作业系统和市场系统两个维度呈现出明显的主导地位，141 条经济行为条目中分别占了 67 条和 47 条。这表明了目前成都农商行对如何实施更多能够带来经济效益的经济行为更为关注，对管理方面的重视程度还有待于改善，这在笔者进行观察成都农商行的经营环境、管理水平中有所体现。如走进大厅，并没有工作人员询问笔者办理业务，保安也只是专注于自己的事情。另外，成都农商行总行的大厅内，笔者发现了少许的垃圾，这些都说明了公司的管理方面还需要提高。从编码的子维度中可以看出，传统业务的利差获得是成都农商行最重要的获取利润方式，也是目前经营中最主要的经济行为，其他的经济行为将成为未来农商行的发展方向，正如张行长所述："利差不能满足需求，必须依靠中间业务，如结算、投资银行、资产管理等，这个是未来发展的方向趋势。未来银行要承担资产管理者角色，寻找资产，把负债与存款匹配对接，通过信贷资产，把债权变为股权。"

（2）成都农商行伦理行为

成都农商行的伦理行为有哪些，研究小组通过编码发现了伦理行为的 9 个子维度，即支持政府项目、乐于公益事业、绿色信贷、合理的分红、支持小微客户、提高客户服务水平、员工发展空间、员工培训、企业年金。进一步归纳后，成都农商行所做出的伦理行为包括政府满意、社会满意、环境满意、员工满意、客户满意和股东满意 6 个主维度。其中表 5-4 详细列举了成都农商行伦理行为维度及示例性证据。

表 5-4 成都农商行伦理行为维度及示例性证据

维度（条目数）	示例性证据
E1 政府满意（24） E1.1 支持政府项目（24）	（A，P1）：政府有很多需要我们支持的项目，如三农贷款，快速贷款等
E2 社会满意（15） E2.1 乐于公益事业（15）	（A，P2）：我们对于发生灾害的地区进行了灾后支援工作，除此之外还帮扶了需要帮扶的贫困群众

维度（条目数）	示例性证据
E3 环境满意（10） E3.1 绿色信贷（10）	（A，P3）：我行支持环境友好型企业，对高污染企业限制甚至拒绝贷款
E4 客户满意（35） E4.1 支持小微客户（15） E4.2 提高客户服务水平（20）	（A，P3）：对客户提供了农资服务，对于企业资金紧张的问题，我们有授信政策，客户感恩银行 （A，P2）：我们通过三方面提高客户服务水平，一是高端客户体验活动，二是客户的柜台变矮了，三是充分利用电子银行，方便客户
E5 员工满意（36） E5.1 员工发展空间（9） E5.2 员工培训（9） E5.3 企业年金（18）	（A，P4）：我行的员工有专门的职业发展通道，可以走不同的序列发展自己 （A，P5）：我们有员工的各种职业培训、成长计划等，让新进的员工能够迅速适应企业 （A，P5）：我行对每位员工都缴纳企业年金，使得员工未来的生活有很好的保障，这个是我行的一个特色
E6 股东满意（65） E6.1 合理分红（65）	（A，P1）：我们考虑股东利益获得的最大化，但是这个问题需要平衡，既需要考虑他们的利益，同时也要考虑公司今后的发展

从成都农商行的伦理行为主维度中可以看出，股东满意的维度呈现出非常明显的主导地位，185 条伦理行为条目中占了 65 条，这与成都农商行的战略定位一致。成都农商行的发展战略是"确立以提高全面风险管理能力为核心的风险管理理念，以提高资产质量为中心，效益压倒一切的管理思路，维护股东利益，为出资人负责，实现股东价值最大化，努力让党政和监管部门放心、客户满意、出资人受益"①。这表明

---

① 引自百度百科。

了目前成都农商行的战略定位是以规模成长为目标，而在中、高层人员的访谈中也表露出这种战略走向，如支行副行长所述："我们必须要平衡好各方利益，减少员工的离职率为出发点，但是最终目的还是为了股东。"另外从条目中可以发现，成都农商行对客户和员工较为重视，毕竟这两者是银行获得盈利的最基本的条件。笔者对其他中小银行的访谈得知，从薪酬的发放来看，农商行员工的薪酬在中小银行里明显偏高。另外三个主维度条目较少，表现出较差的显著性，表明成都农商行满足社会性的利益相关者的程度还有待于提高。

（3）成都农商行成长

在第三章中本书根据杨杜教授对企业成长的定义，将企业成长的三个主维度定义为量成长、质成长与力成长。因此在进行访谈的过程中，没有对银行成长进行访谈确认，而是就三个维度对网络和档案资料进行了编码，共得到银行成长条目为58条，其中量成长维度主要从营收增长率、总资产增长率和所有者权益增长率等几个方面考量；质成长主要从员工创新性、金融产品创新专利数量、研发人员比例等方面进行考量；力成长主要从品牌价值、储户存款数额、市场占有率等方面进行考量。其中量成长维度条目数为30条，质成长维度条目数为15条，力成长维度条目数为13条。说明成都农商行的成长正处于高速发展的量扩张状态，这也与访谈对象一致认为的"目前银行处于加速成长，资产规模不断扩大"不谋而合。

（4）成都农商行伦理行为对经济行为的影响

伦理行为对经济行为有什么影响？通过编码，笔者发现了成都农商行伦理行为对经济行为影响的7个维度：政府满意对作业系统的影响、社会满意对市场系统的影响、员工满意对作业系统的影响、员工满意对市场系统的影响、员工满意对管理系统的影响、客户满意对作业系统的影响和客户满意对市场系统的影响。表5-5详细列举了成都农商行伦理行为对经济行为影响的维度及示例性证据。

表 5-5 成都农商行伦理行为对经济行为影响的维度及示例性证据

维度（条目数）	示例性证据
E1-M1 政府满意对作业系统的影响（20）	（A，P5）：对于某些政府利益的满足，对银行的减少税收有一定的帮助，还包括有些奖励。我行和政府建立战略合作协议，支持三农、小微企业，因此在政策上也会有所倾斜
E2-M2 社会满意对市场系统的影响（22）	（A，P2）：我们做了很多有关公益慈善的事情，目的是提高银行的知名度和美誉度，老百姓对我们认可，我们就能吸收更多的存款，获得更多的利差
E4-M1 客户满意对作业系统的影响（31）	（A，P5）：在客户方面，减少他们的成本，针对性地为他们设计产品，减少他们的时间成本，加快审批速度，这样他们满意了，才能吸引更多的客户来加入存款或者及时还贷款
E4-M2 客户满意对市场系统的影响（19）	（A，P4）：农商行目前对复杂多变的经济环境不断地适应，我们改变了营销手段，比如通过微信营销，使客户的体验感更好，加强宣传，如博览会展览等形式，更好地为客户服务，同时也获得客户的口碑宣传
E5-M1 员工满意对作业系统的影响（28）	（A，P3）：在员工方面，从培训、职业发展等各方面都有人情味，实现的是人、企双赢，员工干事都很积极努力
E5-M2 员工满意对市场系统的影响（20）	（A，P1）：我行关心员工的成长、生活、工作、学习、培训等，他们对内、对外服务态度都不错，客户反映良好
E5-M3 员工满意对管理系统的影响（16）	（A，P3）：我行最突出的是实行企业年金的制度，使得员工都有归属感，相对比较稳定，离职率很低

从表 5-5 可知，虽然股东满意是成都农商行首要考虑的目标，但是股东满意的前提是服务好客户和管理好员工。客户满意对作业系统影响的条目在 156 条中占有 31 条，是最为重要的影响因素之一；其次是员

工对作业系统的影响，占有 28 条，同样非常重要。而其他的条目较为均衡，从 16 条到 22 条，说明成都农商行除了股东满意为先之外，其他的排列顺序依次为客户满意、员工满意、社会满意、政府满意，这在曹总话语中也得到了验证。他说："我们银行如果对这些利益相关者进行排序的话，最重要关心的是股东，然后是客户和员工，其他的相对满足不是太多。"从平衡性来看，除了股东满意为先，环境满意为后之外，其他相对平衡地进行满足。另外还有张行长的谈话也得到印证，他说："我们提高银行的盈利水平和管理水平，必须是基于股东的利益为中心去平衡各方的利益，同时也必须平衡各方的利益。"

根据以上分析，本书发现成都农商行的伦理行为对经济行为影响的特点，表现为股东的满意度为先，通过让客户满意、员工满意、政府满意及社会满意的方式，使得银行做出更多的经济行为来达到股东满意的目的。因此本书构建成都农商行的伦理行为对经济行为影响的模型如图5-1 所示：

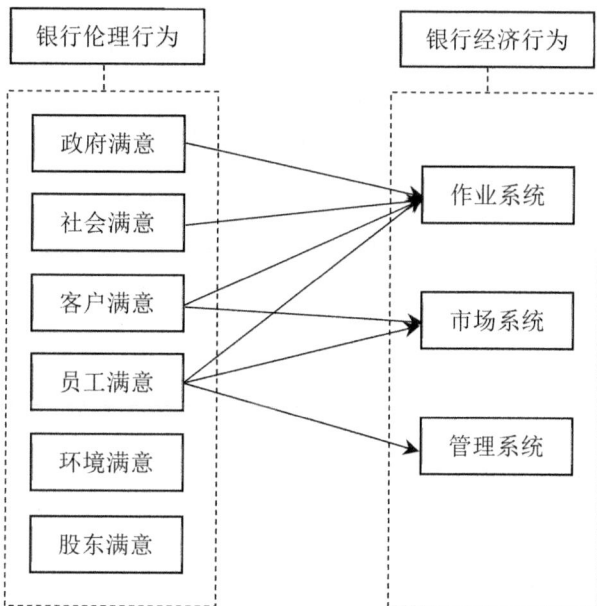

图 5-1　成都农商行伦理行为对经济行为影响的模型

（5）成都农商行成长对伦理行为的影响

银行成长对伦理行为有什么影响？编码研究小组发现银行成长对伦理行为影响有 6 个维度：量成长对政府满意的影响、量成长对社会满意的影响、量成长对员工满意的影响、量成长对股东满意的影响、质成长对客户满意的影响和力成长对客户满意的影响。表 5-6 详细列举了成都农商行成长对伦理行为影响的维度及示例性证据。

表 5-6　成都农商行成长对伦理行为影响的维度及示例性证据

维度（条目数）	示例性证据
G1-E1 量成长对政府满意的影响（14）	（A，P1）：我们银行成长了，给政府纳的税也就越多，同时也能更多地为政府解决各种问题，如就业问题
G1-E2 量成长对社会满意的影响（15）	（A，P2）：银行最起码要活下来，然后才会考虑做各种社会公益，如果有更大的能力，我们就能做更多的公益
G1-E4 量成长对员工满意的影响（30）	（A，P2）：企业年金制度在我行是一项特殊的保障员工养老安全的制度，前提是银行有能力负担，安全保证了，员工就更踏实地在岗位上工作
G1-E6 量成长对股东满意的影响（36）	（A，P4）：股改前，我行不以赚钱为目的，因为都是由政府官员所掌控；而在股改后，银行是以赚钱为目的，股东利益至上
G2-E5 质成长对客户满意的影响（18）	（A，P3）：银行创新还比较弱，但是创新可以提升客户对银行的认可度，我们已经在这方面加大了投入
G3-E5 力成长对客户满意的影响（13）	（A，P1）：老百姓需要一个稳定、安全的银行形象，银行社会形象越好，信誉度也就越好，经营效果越好，更容易吸收存款

从成都农商行成长角度来看，银行成长对伦理行为的 4 个维度有显著影响。银行成长中的量成长维度对伦理行为的影响最大，包括政府满意、员工满意、社会满意、股东满意四个维度都有显著影响，质成长维度对客户满意维度有显著影响，量成长对客户满意维度也有较为显著的影响。其中量成长最能使得股东和员工满意，因为量成长直接反映出营收的提升，股东的分红可能会更多，员工的福利待遇也可能会有更大的提高。而其他几方面相对平衡，量成长能够带来政府的满意以及社会的满意，质成长和力成长能够带来客户的满意。成都农商行在目前的发展过程中，处于加速成长阶段，也就是量成长表现突出，质成长和力成长相对来说表现不明显，因此本书构建成都农商行的成长对伦理行为影响的模型如图 5-2 所示：

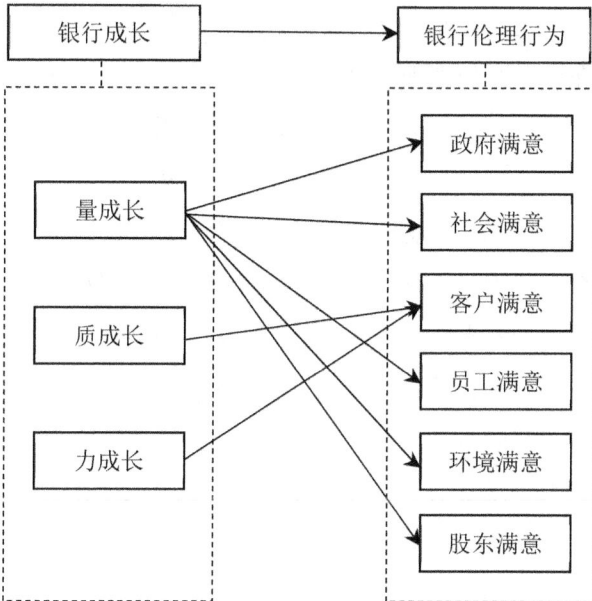

图 5-2　成都农商行成长对伦理行为影响的模型

2. 成都农商行成长系统的耗散结构

根据本书在第三章提出的银行成长系统耗散结构命题，除了前面所述的银行经济行为、伦理行为以及银行成长的类别之外，本命题增加了3个类别。一是银行由于各种不同的原因将产生熵增；二是银行经济行为和伦理行为与环境交互后，将产生影响银行成长负熵；熵增与负熵的叠加产生总熵。各个类别的名称和符号表示为：银行成长系统熵增（P）、银行成长系统负熵（N）、总熵（A）、总熵对银行成长的影响（A—G）。

按照前面的操作方式，本书经过6人的开放式编码，总计得到了326条条目，其中一手访谈数据获得编码265条，网站上的官方资料以及新闻媒体资料获得编码34，档案资料获得编码27条。经过笔者与项目参与者讨论，对编码库进行了二次甄别，删除雷同的、不准确的、不清晰的编码27条，得到了299条。在299条有效条目中，熵增的类别条目为141条，负熵的类别条目为158条。

通过对子维度的归纳提炼，得到银行成长系统熵增子维度6个，银行成长系统负熵子维度6个。通过归纳的方式得到了银行成长系统熵增主维度2个，银行成长系统负熵主维度2个，以及总熵对银行成长的影响主维度1个。总熵对银行成长的影响子维度没有进行归纳，即主维度与子维度相同，而本书对总熵维度的归纳是从伦理行为的角度进行。将子维度的条目数相加，就得到了主维度的条目数。

笔者对银行成长系统熵增、银行成长系统负熵、总熵对银行成长的影响，以及各个主维度与子维度进行编号。同样对于条目数量太少的维度进行剔除①。剔除后最终确定熵增的类别条目为140条，主维度2个，子维度5个；负熵的类别条目为157条，主维度2个，子维度5

---

① 剔除的维度包括熵增类别下的管理水平低下，条目数为1条；负熵类别下的融资多样化，条目数为1条。

个；总熵对银行成长的影响主要是由熵增与负熵相抵消所决定，研究小组经过讨论后确定维度 4 个。总条目数由 299 条减至 297 条。

（1）影响银行成长的熵增

影响成都农商行成长的熵增有哪些？研究小组通过编码发现了熵增的 5 个子维度，即人才问题、传统意识、信息管理落后、利率市场化、互联网金融的发展。通过小组的进一步归纳，发现影响成都农商行的熵增有 2 个主维度，分别是内部劣势和外部威胁。其中表 5-7 详细列举了影响成都农商行成长的熵增维度及示例性证据。

表 5-7　影响成都农商行成长的熵增维度及示例性证据

维度（条目数）	示例性证据
P1 内部劣势（111） P1.1 人才问题（48） P1.2 传统意识（35） P1.3 信息技术管理落后（28）	（A，P5）：我们银行目前首要问题是人才的缺乏，未来的人才需要具有物联网思维的人才，这方面影响很大，基层管理人才几乎断层，如二级行长 （A，P3）：我们特别需要进行理念上的改变，银行总体的危机意识不强，传统观念难以改变，尤其是高层，需要有长远的发展战略眼光 （A，P1）：目前我行的 IT 投入不足以支撑未来的发展趋势，加大未来对 IT 的投资迫在眉睫
P2 外部威胁（30） P2.1 利率市场化（14） P2.2 互联网金融（16）	（A，P4）：中央的要求，利率市场化，打破以前的操作模式。利率市场化改变着银行的商业模式，我们要做好充分的准备迎接未来市场化的挑战 （A，P5）：互联网金融对我们有一定的影响，农商行目前在适应中

通过编码可以看出，目前影响银行成长熵增维度最大的问题是人才问题，在 140 条中占有 48 条，其次是传统意识还制约着银行的发展，

有 35 条指出成长的关键问题，表现为创新力的不足。最后是信息管理的建设还比较落后，也成为制约银行成长的关键性因素，这三者都是银行成长最为重要，最迫切需要解决的问题。而互联网金融和利率市场化对银行成长有影响，但是不显著，可能的原因是成都农商行面对的客户主要是知识文化层次较低客户，对互联网金融的认识还远远滞后于现代信息社会的发展。在与张行长的访谈中，有典型的条目提道："IT 建设非常重要，需要进行大的投入，小银行不能做到大而全，必须有自己与众不同的地方"，"银行的人员不断发生变化，结构老化带来了不小的问题"。

（2）影响银行成长的负熵

影响成都农商行成长的负熵有哪些？研究小组通过编码发现了负熵的 5 个子维度，即公司治理日趋完善、福利待遇提高、创新活动日益增加、政府干扰减少和差异化竞争。通过小组的进一步归纳，发现影响成都农商行的负熵有 2 个主维度，分别是内部优势和外部机会。其中表5-8 详细列举了影响成都农商行成长的负熵维度及示例性证据。

表 5-8　影响成都农商行成长的负熵维度及示例性证据

维度（条目数）	示例性证据
P1 内部优势(97) P1.1 公司治理日趋完善 (54) P1.2 福利待遇提高(24) P1.3 创新活动日益增加 (19)	（A，P1）：金融工具方法实用，在风险控制方面做得很好。另外我们采用的是集权管理方式，统一操作，控制成本，信息非常畅通，银行是一个扁平化的组织 （A，P5）：我们银行的福利待遇与其他商业银行相比算中上水平，还有特殊的企业年金，使员工生活更加有保障 （A，P2）：互联网金融与利率市场化驱动我们进行产品和服务的创新活动，银行也对这方面的活动予以较好的激励

续表

维度(条目数)	示例性证据
P2 外部机会(60) P2.1 政府干扰减少(28) P2.2 差异化竞争(32)	(A，P1)：政府对我们银行的干扰逐渐减少，信贷摊派也会越来越少，政府提供的环境会越来越好 (A，P5)：制度红利的消失，使得我们提供差异化的产品和服务，实现差异化的竞争，找到银行可以生存的蓝海

从上表可知，虽然银行规模不断地扩大，但公司治理方面也在不断改善，条目数处于负熵中的绝对优势，157 条中占有 54 条，可见中高层的管理人员对公司治理方面的规范程度、风险控制、信息沟通等方面较为认可。另外高层已经认识到创新对银行未来发展的重要作用，一方面对创新活动的重视日益增强，另一方面创新能够带来银行的差异化的竞争格局，找到属于成都农商行特有的产品服务，实现农商行未来可持续的成长。正如张行长所述："未来银行的竞争是逐步缩小传统获取利差的模式，而是转向中间业务的不断增长。"而对于政府的影响和福利待遇的提高，都成为银行输入的负熵流，逐渐摆脱熵增带给银行的问题，如福利待遇可能成为成都农商行吸引人才的一个重要砝码。

(3)总熵对银行成长的影响

总熵实际是负熵与熵增相抵消后，剩下的熵值小于零，达到一定阈值后能使银行成长成为一个耗散结构。经过访谈后，本书将总熵从伦理行为的角度区分为四个维度，分别是股东满意、客户满意、员工满意和政府满意。第一，股东满意维度是基础。股东是资金的来源，对成都农商行来说是银行的命脉，竭尽全力让股东满意是实现银行量成长的根本所在。根据成都农商行的 2013 年年度报告可知，股东的权益这几年都以 30% 以上的速度递增。银行还专门成立了小股东权益保护委员会，主要负责保护小股东依法行使各项权利，保障其合法权益不受侵害。第二，客户满意维度是核心，成都农商行是以客户的需求为中心，寻求客户的需求为出发点来完成各项经济行为活动。多名中高层管理人员都不断提到互联网金融的出现虽然给银行带来了一定的冲击，但是员工们也可以从中获取创新的思维，尽力满足客户的一切需求，并为方便客户创造更好的条件。因此这也让成都农商行有了质成长的机会，也就逐步摆脱了传统落后的意识。第三，员工满意维度是关键。成都农商行给予员工的福利待遇不断提高，能够吸引更多优秀人才加入，正如王行长所述："员工福利好，自然可以吸引高端人才。人员是关键，退休的人员给予一定的待遇，所带来的资源回报也就越高。"这在一定程度上解决了前面所述的人才问题。因此员工满意后会给银行量成长带来一定的益处。第四，政府满意维度是重要保障。成都农商行的发展离不开政府的支持，银行在政府的支持下，一定能获得稳步的成长，表现为有较高品牌知名度的力成长。因此本书构建成都农商行总熵对银行成长影响的模型，如图5-3所示：

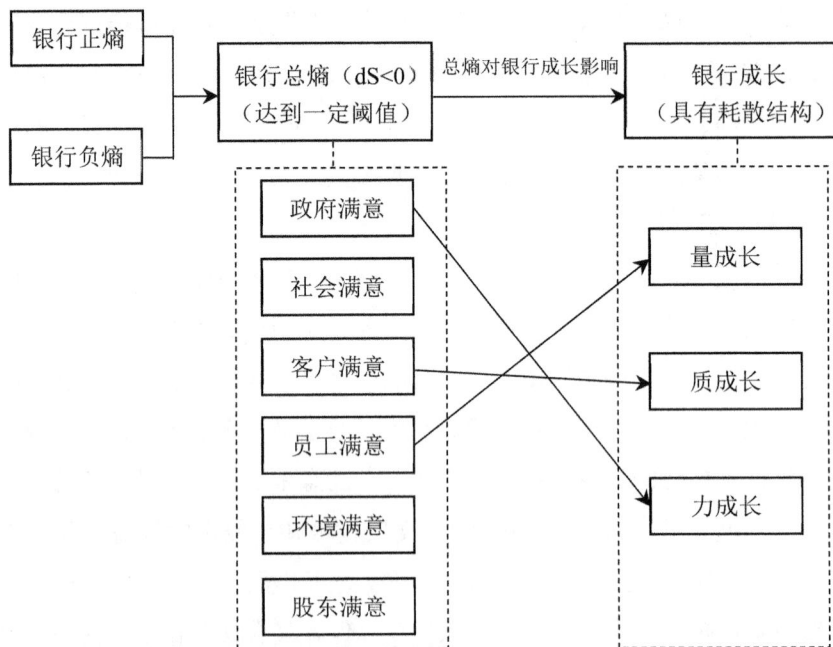

图 5-3　成都农商行总熵对银行成长影响的模型

从模型中可以看出，目前成都农商行的成长是一个快速成长过程，银行的负熵流大于熵增，并且达到了一定的阈值。从访谈中可以得到验证，因为所有的访谈对象都认为目前银行处于加速发展的状态，即目前成都农商行的成长系统是一个耗散结构。

3. 成都农商行成长系统的超循环机理

根据本书在第三章提出的银行成长系统超循环机理命题，除了前面所述的银行经济行为、伦理行为类别之外，本命题增加了 2 个类别。一是银行做出经济行为的目的，二是银行做出伦理行为的目的，简称为经济目的与伦理目的，分别用符号表示为：MP（经济目的）和 EP（伦理目的）。

按照前面的操作方式，研究小组进行开放式编码后，总计得到了285 条条目，其中一手访谈数据获得编码 183 条，网站上的官方资料以及新闻媒体资料获得编码 25，档案资料获得编码 27 条。经过笔者与项目参与者讨论，对编码库进行了二次甄别，删除雷同的、不准确的、不清晰的编码 11 条，得到了 274 条。在 274 条有效条目中，经济目的类别条目为 139 条，伦理目的类别条目为 135 条。通过对维度的归纳提炼，得到银行经济目的的维度 7 个，银行伦理目的的维度 6 个。

笔者对经济行为目的与伦理行为目的进行编号，对于条目数量太少的维度进行剔除。① 剔除后最终确定经济目的的类别条目为 138 条，维度 6 个；伦理目的类别条目为 134 条，维度 5 个。总条目数由 274 条减至 272 条。

（1）成都农商行经济目的

银行做出经济行为的目的是什么？仅仅是为了赚钱吗？研究小组对访谈的数据进行了编码，得到了银行做出经济目的的 6 个维度，即获取

---

① 剔除的维度包括经济目的类别下保护环境维度，条目数为 1 条；伦理目的的类别下平衡各方利益维度，条目数为 1 条。

利益、满足员工、服务客户、回报股东、回馈社会和支持政府。表5-9
详细列举了成都农商行经济目的的维度及示例性证据。

表5-9 成都农商行经济目的的维度及示例性证据

维度(条目数)	示例性证据
MP1 获取经济利益(10)	(A,P3):银行首要任务是能够生存下来,外在来说是平衡好各方利益,内在来说是以盈利为目的
MP2 满足员工(22)	(A,P2):银行赚钱了,自然能够给予员工更多的薪酬待遇,企业年金就是我行特殊的一种关爱员工的方式
MP3 服务客户(31)	(A,P1):客户是上帝,也是我们的衣食父母,我们要生存下去,首要靠的就是客户给予我们的东西,所以服务好客户是我行的基本宗旨
MP4 回报股东(47)	(A,H):我行始终贯穿效益压倒一切的管理思路,维护股东利益,为出资人负责,实现股东价值最大化
MP5 回馈社会(15)	(A,I):本行积极投身抗震救灾、扶贫济困、公益捐助、普及金融知识等社会公益活动,努力成就责任企业、诚信企业的社会形象
MP6 支持政府(13)	(A,I):我行秉承服务"三农"、中小企业和统筹城乡发展的经营宗旨,在支持"三农"、中小微企业、扶贫助困等方面作出积极贡献

由编码可知,成都农商行做出经济行为的目的首要是回报股东,在
138条条目中占了47条,可以看出这种思维模式已经贯穿于所有员工
的意识当中。这一数据分析结果在与张行长的深度访谈中有典型的条目
进行说明:"股东是最重要的,其他的伦理行为都是围绕着股东利益为
中心来开展,因为股东是最长久的。"另外为客户服务和满足员工的要
求也成了成都农商行最重要的目的,分别占了31条和22条,表明客户

满意和员工满意是该行发展的命脉所在，是该行最为重视的对象。作出经济行为的目的在支持政府和回馈社会两个维度有一定的显著性，说明该行会考虑政府和社会的需求，而获取经济利益所占有的数目最小，说明获取经济利益是需要，但非重要目的。可以看出成都农商行的经济目的绝大多数维度都是围绕着伦理行为来开展的。

（2）成都农商行伦理目的

银行做出伦理行为的目的是什么？本书对访谈数据进行编码，得出了银行伦理目的的 5 个维度，即知名度的上升、美誉度的提高、管理水平的提升、银行绩效的增长和银行文化的塑造。表 5-10 详细列举了成都农商行伦理目的的维度及示例性证据。

表 5-10　成都农商行伦理目的的维度及示例性证据

维度（条目数）	示例性证据
EP1 知名度的上升（20）	（A，P1）：老百姓需要一个稳定、安全的银行形象，银行社会形象越好，信誉度也就越好，经营效果越好，更容易吸收存款
EP2 美誉度的提高（21）	（A，P2）：我行为贫困山区建立了希望小学，为汶川地震等自然灾害的捐款，让银行的形象得到了较大的提高，因为银行还是非常注重社会形象的
EP3 管理水平的提升（45）	（A，P1）：公司治理除了制度上的规范之外，离不开员工对银行的认同。员工各方面的利益得到了满足，自然能够积极为银行出谋划策，尽心尽力
EP4 银行绩效的增长（32）	（A，P5）：银行的发展离不开两种对象：一是客户，二是员工。经营不好客户，银行无法赚钱；经营不好员工，银行无法管理。目前我行除了股东的利益需要满足外，考虑最多的就是客户的利益和员工的利益
EP5 银行文化的塑造（16）	（A，P5）：银行履行各方面的社会责任，在一定程度上可以引导员工的行为活动，利于银行文化的塑造

由编码可知，成都农商行伦理行为目的主要表现在管理水平的提升和绩效增长两个方面，分别在 134 条条目中占了 45 条和 32 条，说明银行伦理行为关注于经营绩效水平和公司管理水平的提升，是有一定目的性的行为。另外优秀文化的形成、知名度与美誉度的提高同样在条目中有较为显著的水平，它们都有利于银行经营绩效的提高。从这一点看，可以得出成都农商行做出伦理行为的主要目的，不管是直接还是间接，都能够给银行经济行为带来较大的益处，因为经济行为的主维度就是管理系统、作业系统与市场系统。

对于成都农商行研究结果验证了第三章关于银行成长系统的超循环机理的命题，即银行经济行为的目标利于银行满足各个利益相关者的利益，银行伦理行为目标利于提高银行的盈利水平与管理水平，两者成为一个互动、互助、互补的过程。

5.3.3 南充商业银行成都分行数据编码与分析

1. 南充商行成都分行经济行为、伦理行为与银行成长协同关系

使用本书在上一小节的编码方法，经过开放式编码，总计得到了 689 条条目，其中一手访谈数据获得编码 441 条，网站上的官方资料以及新闻媒体资料获得编码 211 条，档案资料获得编码 58 条。经过笔者与项目参与者讨论，对编码库进行了二次甄别，删除雷同的、不准确的、不清晰的编码 101 条，得到了 588 条。在 588 条有效条目中，经济行为类别条目为 120 条，伦理行为条目为 144 条，银行成长条目为 45 条，伦理行为对经济行为的影响条目为 169 条，成长对伦理行为影响类别条目为 110 条。通过对子维度的归纳提炼，得到经济行为子维度 5 个，伦理行为子维度 7 个。再通过归纳的方式得到了经济行为主维度 3 个，伦理行为主维度 6 个，以及银行成长主维度 3 个。银行成长的子维

度没有进行归纳，即主维度与子维度相同。将子维度的条目数相加，就得到了主维度的条目数。最后对伦理行为对经济行为的影响和银行成长对伦理行为的影响2个类别进行编码，得到伦理行为对经济行为的影响维度8个，银行成长对伦理行为的影响维度6个。由于这两个类别的编码只考虑了主维度，所以没有划分子维度。

笔者对经济行为、伦理行为、银行成长、伦理行为对经济行为的影响和银行成长对伦理行为的影响，以及各个主维度与子维度进行编号。对于条目数量太少的维度说明其不具有显著性，因此本书剔除了条目数小于所在类别总数为1%及以下的维度。① 剔除后最终确定经济行为条目120，主维度3个，子维度7个；伦理行为143条目，主维度5个，子维度6个；银行成长条目45，主维度3个；伦理行为对经济行为影响条目168条，维度7个；银行成长对伦理行为影响条目109条，维度5个。总条目数由588条减至585条。

（1）南充商行成都分行的经济行为

南充商行成都分行的经济行为有哪些，本书通过编码发现了经济行为的5个子维度，即传统业务、中间业务、金融创新业务、制度结构和银行文化。进一步归纳后，发现南充商业银行成都分行所做出的经济行为包括开展传统业务与中间业务活动为基本活动来构成银行的作业系统；通过开展各类的金融创新业务作为辅助活动来构成银行的金融创新系统；形成南充商行的企业文化和完善的制度结构来构成银行的管理系统。因此南充商行成都分行的3个主维度分别为作业系统、金融创新系统与管理系统。其中表5-11详细列举了南充商行成都分行经济行为维度及示例性证据。

---

① 剔除的维度包括银行伦理行为类别下的环境满意，条目数为1条；银行伦理行为对经济行为影响类别下的政府满意对作业系统的影响，条目数为1条；银行成长对伦理行为影响类别下力成长对员工满意的影响，条目数为1条。

表 5-11　南充商行成都分行经济行为维度及示例性证据

维度(条目数)	示例性证据
M1 作业系统(56) M1.1 传统业务(40) M1.2 中间业务(16)	(B，P1)：我行目前最主要盈利的方式是利差 (B，P2)：我行中间业务主要包括理财、票据、国际结算汇，保险做的比较少，没有资格做第三方存款业务
M2 金融创新系统(39) M2.1 金融创新业务(39)	(B，H)：全行组建了小企业金融、汽车金融、贸易金融、农业金融、房地产金融等十二个专业条线，每个专业条线根据业务发展需要下设若干客户经理小组，专业化开展中小企业金融服务
M3 管理系统(25) M3.1 银行文化(10) M3.2 制度结构(15)	(B，P5)：2005 年后我行的战略思维发生了变化，反映在企业文化上有所变化。以前我行的核心竞争力是战略、产品、IT，后来加了人才 (B，P3)：我行的制度和政策仍然需要完善

从编码中可知，南充商行成都分行的经济行为主维度中，作业系统和金融创新系统在银行经济行为中占据主导地位，在 120 条经济行为条目中分别占了 56 条和 39 条。这表明了该行仍然是对获得经济效益的经济行为更为关注，而在管理系统方面的重视程度还有待提高。从子维度中可以看出，该行最重要的获取利润的方式同样是传统业务的利差获取，未来该行的发展方向是做更有特色的战略走向。如该行在"金融服务"一栏中，提出南充商行制订并坚守"服务地方经济、服务中小企业、服务城乡居民"的市场定位，并制订了"错位竞争，差别服务"的经营策略。

(2)南充商行成都分行的伦理行为

南充商行成都分行的伦理行为有哪些？研究小组通过编码发现了伦理行为的 6 个子维度，即支持政府项目、乐于公益事业、合理的分红、支持小微企业、为客户创造价值和广阔的员工发展平台。通过研究小组进一步归纳，发现该行做出的伦理行为包括政府满意、社会满意、员工满意、客户满意、环境满意和股东满意6个主维度。表5-12详细列举了南充商行成都分行伦理行为维度及示例性证据。

表 5-12 南充商行成都分行伦理行为维度及示例性证据

维度（条目数）	示例性证据
E1 政府满意(15) E1.1 支持政府项目(15)	（B，P2）：政府要求我行扶持经济，在上海设立村镇银行，我行满足了政府的要求
E2 社会满意(30) E2.1 乐于公益事业(30)	（B，P1）：公益事业方面我们为汶川地震捐款，组织员工进藏，帮扶凉山的留守儿童，主动为他们提供衣物、书籍等
E4 客户满意(46) E4.1 支持小微客户(15) E4.2 为客户创造价值(31)	（B，P4）：我行对小微企业有政策性倾向，这样总行对南充商行申请的贷款额度会有所增加 （B，P2）：客户的利率是根据客户自身情况而定，以客户为中心，调整贷款利率。当客户优质，如大型企业，则减免贷款利率，有针对性，每个季度都有调整
E5 员工满意(20) E5.1 员工发展空间(12) E5.2 多层次员工培训(8)	（B，P5）：我行为员工提供了广阔的发展空间，转岗快，平台高，任何员工都可以通过参加考试来进行转岗 （B，I）：我行建立了多层次、全方位的立体培训机制，以老带新，导师制度落实"传、帮、带"，重视案例教学，注重差异化培训
E6 股东满意(33) E6.1 合理分红(33)	（B，P2）：股东每年都有持续性的分红

从南充商行成都分行的伦理行为主维度中可以发现，客户满意的维度在总数目中占有最大的比例，144条目中占了46条，这就说明了该行将客户看作是银行发展的关键因素。笔者亲临南充商行成都分行的时候，刚开门就有员工热情的问候，并额外提示说大厅有无线网络，可以上网，让笔者感受到员工对客户的尊敬。其次是股东满意和社会满意，分别有33条和30条，也具有较强的显著性。而政府满意与员工满意有一定的显著性，只分别占了15条目和20条目，说明该行并未将员工和政府的满意放到较为重要的地位。笔者在该行的核心价值观中找到了其中的原因，其价值观是"尊重客户，尊重股东，尊重员工，尊重他人，打造受人尊敬的安全银行；要对存款人负责，对股东负责，对政府负责，对员工负责"。对于环境满意，只有一个条目进行了阐释，因此在这方面该行未予以重视。

（3）南充商行成都分行成长

本书对于南充商行成都分行的成长系统，在网络资料和档案资料中从三个维度进行编码，共得到银行成长条目为45条。量成长维度依然从营收增长率、总资产增长率和所有者权益增长率等方面考量；质成长同样从员工创新性、金融产品创新专利数量、研发人员比例等方面进行考量；力成长还是从品牌价值、储户存款数额、市场占有率等方面进行考量。得到量成长维度条目数为17条，质成长维度条目数为23条，力成长维度条目数为5条。这说明该行除了追求银行的效益之外，对创新方面也非常重视。由于该行是一个一级分行，因此市场占有率及存款数额较少，力成长的条目很少。该行的金融创新理念已经贯穿于全行，其定位就是"打造特色精品银行，通过创新特色体制，培养特色队伍，开发特色产品，形成企业核心竞争力"①。

（4）南充商行成都分行伦理行为对经济行为的影响

伦理行为对经济行为有什么影响？研究小组通过编码发现了南充

---

① 引自南充商行网站"金融服务"栏目。

商行成都分行伦理行为对经济行为影响的 7 个维度：社会满意对管理系统的影响、客户满意对作业系统的影响、客户满意对金融创新系统的影响、员工满意对作业系统的影响、员工满意对市场系统的影响、员工满意对管理系统的影响和股东满意对作业系统的影响。表 5-13 详细列举了南充商行成都分行伦理行为对经济行为影响的维度及示例性证据。

表 5-13　南充商行成都分行伦理行为对经济行为影响的维度及示例性证据

维度（条目数）	示例性证据
E2-M3 社会满意对管理系统的影响（27）	（B，I）：分行致力于慈善公益事业，多次向灾区、贫困山区、留守儿童、困难员工捐款捐物，组织员工亲临捐助地点，让员工切身投入到捐助事业，在实际行动中让员工理解"心存善、水润物"的真实含义
E4-M1 客户满意对作业系统的影响（35）	（B，P2）：我行的安心存单，无限制支取，这个和传统的方式不一样。定期存款结息以三个月为限，超过三个月按三个月算，以后按六个月、一年结算等，我们也会有盈利，但这种方式对客户来说是符合伦理的，同时也吸引了顾客
E4-M2 客户满意对金融创新系统的影响（32）	（B，I）：以客户为中心、以市场为导向，围绕金融产品创新、业务制度创新、管理模式创新等内容，加强金融创新工作，通过创新丰富金融产品，完善金融服务手段，增强适应市场、抢占业务发展先机的竞争能力
E5-M1 员工满意对作业系统的影响（18）	（B，P2）：我行的案例教学，差异化的培训方式使得员工更容易适应岗位，以老带新的导师制度也让员工很快加深对业务的熟悉程度

续表

维度(条目数)	示例性证据
E5-M2 员工满意对金融创新系统的影响(18)	(B, H)：2009年，为了更好地推进金融创新工作，我行制定了《南充市商业银行创新工作管理办法》，建立了创新工作实施流程、风险控制和考核激励机制，倡导全行创新、全员创新，特别是鼓励基层创新
E5-M3 员工满意对管理系统的影响(17)	(B, P1)：我行鼓励员工报考各种资格证书，提高员工专业素质，引导员工从业务理论型向从业技能型转变，素质的提高使得整体文化提高，管理相对更加容易
E6-M1 股东满意对作业系统的影响(21)	(B, P2)：德资是第一大股东，占比11%，其他都是小股东。2005年开始改制，引入了第三方机构，我行的目标则是一切都以工作业绩为主

从编码中笔者发现，客户满意对作业和金融创新系统有较大的影响，168条目中分别占了35条与32条，这与该行的经营价值观有直接的联系，其经营价值观是"客户至上的服务意识：总行为分支机构服务，后台为前台服务，全行为客户服务"。达到客户满意的目标后，才能有更多的业务发展，而实现满意的途径，仍旧是金融创新活动。该行的核心价值观是"心存善、水润物"，教会员工如何做人，如何做事，该行通过社会捐助等公益事业达到社会满意来实现此目的，提升银行文化素养。因此社会满意对管理系统也有较强的影响作用。另外股东满意对作业系统，员工满意对三个子系统都有一定的影响作用，相对而言较弱，正如何总所述："本银行对于员工管理，考虑的不太多。"因此本书构建该行的伦理行为对经济行为影响的模型如图5-4所示：

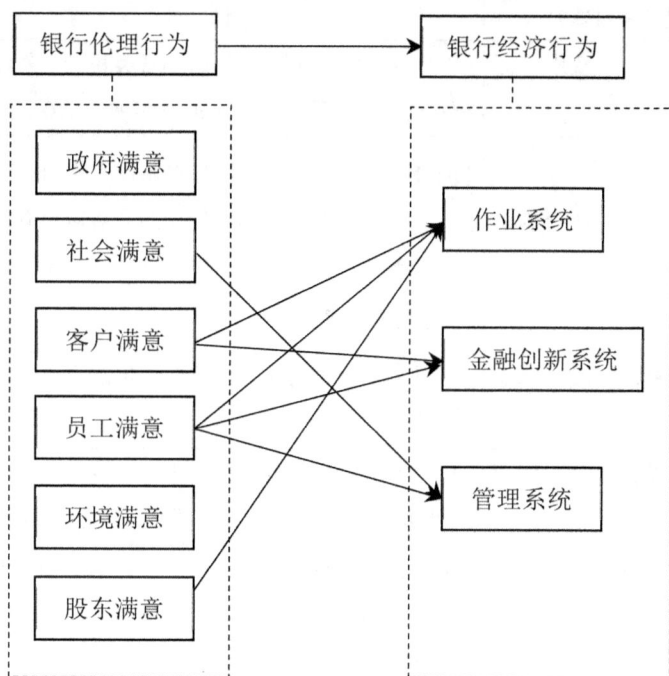

图 5-4 南充商行成都分行伦理行为对经济行为影响的模型

通过以上分析，本书发现了南充商行成都分行伦理行为对经济行为影响的特点，表现为首要考虑的是客户的满意，其次才是股东满意、政府满意和员工满意。

（5）南充商行成都分行成长对伦理行为的影响

南充商行成都分行成长对伦理行为有什么影响？研究小组通过编码发现了银行成长对伦理行为影响的 5 个维度：量成长对政府满意的影响、量成长对社会满意的影响、量成长对股东满意的影响、质成长对客户满意的影响和质成长对员工满意的影响。表 5-14 详细列举了南充商行成都分行成长对伦理行为影响的维度及示例性证据。

表 5-14　南充商行成都分行成长对伦理行为影响的维度及示例性证据

维度（条目数）	示例性证据
G1-E1 量成长对政府满意的影响（14）	（B，I）：我行按规定积极缴纳各类税金，累计缴税金额到达 56000 万元，其中 2010 年纳税 21000 万元
G1-E2 量成长对社会满意的影响（21）	（B，H）：我行积极向公益事业投入物力、财力、人力，组织各类帮扶活动。投入的公益对象有教育、文体、慈善事业、救灾等。成立以来，投入公益事业资金共计 1000 余万元
G1-E6 量成长对股东满意的影响（23）	（B，P4）：公司发展壮大了，每年都能持续性地为股东分红
G2-E4 质成长对客户满意的影响（35）	（B，P3）：我行的创新活动很多，给我们强调最多的就是如何为客户进行创新，寻找到他们的需求点
G2-E5 质成长对员工满意的影响（16）	（B，P2）：银行的创新活动有一定的流程，银行对创新成功的项目有大额奖励，对提出创新建议的也有一定的奖励

从编码中笔者发现南充商行成都分行的质成长对客户满意有着显著的影响，在 109 条条目中占了 35 条，这说明了该行的创新活动可以给客户带来良好的体验，这与该行强调创新的价值分不开。量成长对社会的满意和股东的满意都有较显著的影响，说明了该行在社会公益方面做了很多工作，从在网站上的资料可以看到，南充商行对银行的慈善公益捐赠进行了公示，取得了良好的社会效果，另外每年的分红也让股东感到满意。量成长对政府满意的影响和质成长对员工满意的影响条目相对较少，表明其影响性一般，说明量成长还未达到政府和员工满意的要求，这方面南充商行还将继续努力。由于该行在成都众多银行中，其力成长还不尽如人意，调研中也同样未发现力成长对各个利益相关者的影响作用，因此本书构建南充商行成都分行成长对伦理行为影响的模型如图 5-5 所示：

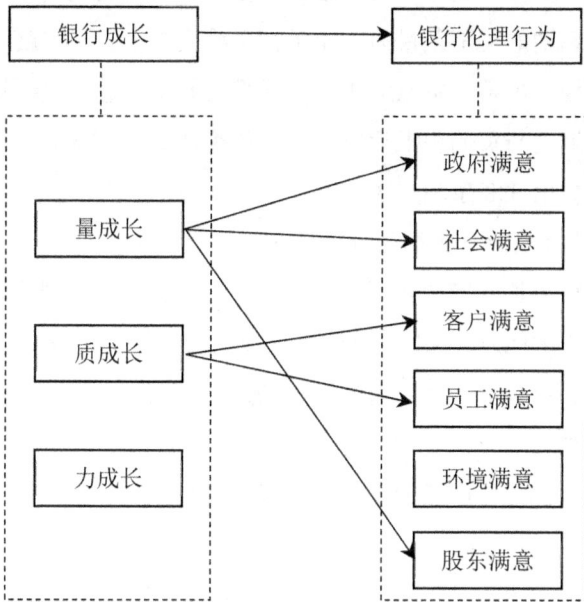

图 5-5 南充商行成都分行成长对伦理行为影响的模型

2. 南充商行成都分行成长系统的耗散结构

按照前文的方法，本书经过编码，总计得到了 358 条条目，其中一手访谈数据获得编码 241 条，网站上的官方资料以及新闻媒体资料获得编码 45 条，档案资料获得编码 72 条。经过对编码库进行了二次甄别，删除雷同的、不准确的、不清晰的编码 20 条，得到了 338 条。在 338 条有效条目中，熵增的类别条目为 176 条，负熵的类别条目为 162 条。

通过对子维度的归纳提炼，得到银行成长系统熵增子维度 8 个，银行成长系统负熵子维度 7 个。通过归纳的方式得到了银行成长系统熵增主维度 2 个，银行成长系负熵主维度 2 个，以及总熵对银行成长的影响主维度 1 个。总熵对银行成长的影响子维度没有进行归纳，即主维度与子维度相同，而本书对总熵维度的归纳是从伦理行为的角度进行的。

笔者对银行成长系统熵增、负熵以及总熵对银行成长的影响的各个主维度与子维度进行编号，对于条目数量太少的维度进行剔除①。剔除后最终确定熵增的类别条目为 174 条，主维度 2 个，子维度 6 个；负熵的类别条目为 161 条，主维度 2 个，子维度 6 个；总熵对银行成长的影响主要是由熵增与负熵相抵消所决定，研究小组经过讨论后确定维度 4 个。总条目数由 338 条减至 335 条。

(1)影响南充商行成都分行成长的熵增

影响该行成长的熵增有哪些？研究小组通过编码发现了熵增的 6 个子维度，即人才问题、银行改制问题、技术支持问题、利率市场化、不良资产出现和执行力问题。通过小组的进一步归纳，发现影响该行的熵增有 2 个主维度，分别是内部劣势和外部威胁。表 5-15 详细列举了影响南充商行成都分行成长的熵增维度及示例性证据。

表 5-15　影响南充商行成都分行成长的熵增维度及示例性证据

维度(条目数)	示例性证据
P1 内部劣势(138) P1.1 人才问题(58) P1.2 技术支持问题(25) P1.3 银行改制问题(32) P1.4 执行力问题(23)	(B，P2)：银行目前最大的问题是中层干部的断层。由于银行扩张速度太快，需要很多的中层干部。但是引入外面的空降兵却导致企业文化的不适应，内部培养要 5-6 年的周期，因此引进基本是失败的结果 (B，P3)：银行虽然在这几年加大了对技术支持方面的投入力度，但是总体来说相对其他银行仍然是支持不够到位，很多技术需要完善，技术到位才能带给客户更好的体验 (B，P1)：目前我行正在进行改制，对以前很多不完善的制度进行调整，在这个调整期的过程中导致了很多问题发生，员工的工作效率普遍较以前下降 (B，P5)：银行目前缺乏强有力的执行层，银行最高层的独裁也在一定程度上造成了民主性的缺乏

---

① 剔除的维度包括熵增类别下的创新不足及滞后以及决策问题，条目数为 1 条；负熵类别下的有利的战略定位，条目数为 1 条。

维度(条目数)	示例性证据
P2 外部威胁(36) P2.1 利率市场化(15) P2.2 不良资产(21)	(B，P4)：目前的利率市场化进程加速，在一定程度上影响了今后银行的发展，但是其他银行也存在这个问题，关键是我们如何将威胁化为机会，创新是一个很好解决这个问题的方法 (B，P5)：经济下行导致了全行的不良资产的增多，其他银行和我行的情况一样

通过对熵增维度的编码可以看到，影响南充商行成都分行成长最大的问题依旧是人才问题，在 176 条目中占有 58 条，基本每个访谈对象在谈及此事时都有涉及。方行长的话尤为突出，他说："银行目前人员配置还很不够，其中的原因就是银行这几年的快速发展导致结构性缺人，另外人岗匹配也有很大的问题，熟手不多，虽然有导师帮扶制度，但是员工开放性的平台导致员工很快转岗，让熟手又很快变成生手。"另外该行现在进行的改制活动正制约着银行的发展，有 32 条条目指出这个关键问题，但改制成功后可能能给银行带来新的活力。除此之外，不良资产的增多、执行力的问题和技术支持问题也给银行成长带来了一定的问题，条目分别占了 21 条、23 条和 25 条，面对经济下行产生的问题和管理方面的问题，该行也有一些措施积极面对这些内外部的威胁。如刘总在访谈中说道："推行的改革有利于银行的长远发展。我们与国际接轨还有一定的距离，但是我们有较好的发展空间，建立了相对优势，后发优势能够为我们带来更多的技术上的学习、模仿和创新的机会。"利率市场化对该行的影响与其他银行相似，因此该行也在想办法化解或者延缓这个问题对银行未来的不利影响。

(2)影响南充商行成都分行成长的负熵

影响该行成长的负熵有哪些？研究小组通过编码发现了负熵的 6 个子维度，即强有力的产品研发、高端人才的引进、专业化营销、开放的员工平台、改革红利和转型快。通过研究小组进一步归纳，发现影响该行的负熵有 2 个主维度，分别是创新优势和内部机会。其中表 5-16 详细列举了影响南充商行成都分行成长的负熵维度及示例性证据。

表 5-16　影响南充商行成都分行成长的负熵维度及示例性证据

维度（条目数）	示例性证据
P1 创新优势（90） P1.1 强有力的产品研发（43） P1.2 专业化营销（25） P1.3 转型快（22）	（B，P1）：我行专门成立了研发中心，有了互联网后，更多地把精力放在了研发上，建立了产品平台，投入了大量的人力物力。前台操作系统的更新，让客户的体验感更强，满意度得到提高 （B，P2）：银行针对客户，开展各类活动，如熊猫超级柜台，社区 APP，零售业务等。片区涉及的企业都能营销，针对片区，把企业优惠信息进行整合，对产品进行营销 （B，P5）：我行相对国有四大行来说，有较快的反应速度，对于变化越来越快的环境，我们能够很快转身，以较小的成本进行变革和创新
P2 内部机会（71） P2.1 高端人才的引进（20） P2.2 开放的员工平台（30） P2.3 改革红利（21）	（B，P1）：我行引进了很多高端人才进入了职能部门、电子银行部门和产品推广部门等，他们的引入能够优化人才结构，外来人提出的创新思维给银行带来了活力 （B，I）：按照"管理人员能上能下、员工能进能出、收入能高能低"的原则，分行建立了良性的竞争淘汰机制，三条线均有明晰畅通的晋升通道 （B，P5）：我行虽然现在面临着改制中的问题，但是这是短期内不可避免的，从长期来看，推行的改革有利于我行的长远发展

从上表可知，南充商行成都分行最突出的特点就是有强有力的研发机构作为银行发展的后盾，条目在负熵维度中占有很大的比例，161 条中占有 43 条，可见通过研发进行产品和服务创新是银行目前的战略定位，这也与银行以客户为中心的核心理念相一致。如该行的五大创新成果：多样化的理财产品、专属化的定制产品、新型的渠道业务、惠农信贷产品和专业化信贷产品。① 此外，开放的员工平台也给了员工更大展现自身能力的舞台。条目数为 30 条，说明银行很重视激励员工为银行创造价值。对此零售部张总的话语是很好的证明："对员工来说，我们有职业生涯规划，并为他们提供平台，员工可以从柜台到后台，所实施的都是岗位竞聘方式，公开、公正、公平，这样使得员工的发展机会和发展的平台都很好。"其他三个方面对银行成长都有较为显著的水平，包括专业化营销、高端人才的引进和改革红利的影响，分别占了 25、20 和 21 条，说明这几个方面对该行的发展也有较大的促进作用。

（3）总熵对南充商行成都分行成长的影响

通过对前面该行的熵增与负熵的分析，再经过访谈数据的分析后，本书将总熵从伦理行为的角度分为四个维度，分别从客户满意、股东满意、社会满意和员工满意来分析总熵对银行成长的影响。第一，客户满意维度是核心。全行贯穿"客户至上"的理念，清楚谁是该行真正的客户，谁是该行潜在的顾客，以客户为中心，为客户提供优质服务。客户至上的服务意识深入人心，他们的行动是总行为分支结构服务，后台为前台服务和全行为客户服务。不断为客户进行的金融创新活动，也成为该行未来发展的命脉所在，不仅带来该行的质成长，也带来该行的力成长。第二，股东满意维度是前提。股东为银行提供巨大的资金支持，他们需要持续性地获得回报，这样他们才有动力继续进行投资，因此该行将股东满意放在对核心价值观表述中的第二位，同时股东的满意也驱动了该行的量成长。第三，社会满意维度是责任。全行通过实践各种慈善

① 引自南充商行官网"金融创新"栏目。

公益活动来激励员工、感化员工，理解"心存善、水润物"的真实含义，让员工与企业文化融为一体，并向外展现该行的奉献精神，提高银行的形象，成为银行力成长的动力之一。第四，员工满意维度是动力。虽然在访谈中他们对银行的某些做法颇有微词，但银行毕竟还年轻，还在积极成长、不断完善。目前银行的改制会对当前某些不合理的做法做较大的改变，员工对此抱有比较大的期望。员工满意才能更好地为客户服务，更多地创造出新的产品，实现银行的质成长，这也是该行目前一直努力的目标。本书构建该行的总熵对银行成长影响的模型如图 5-6 所示：

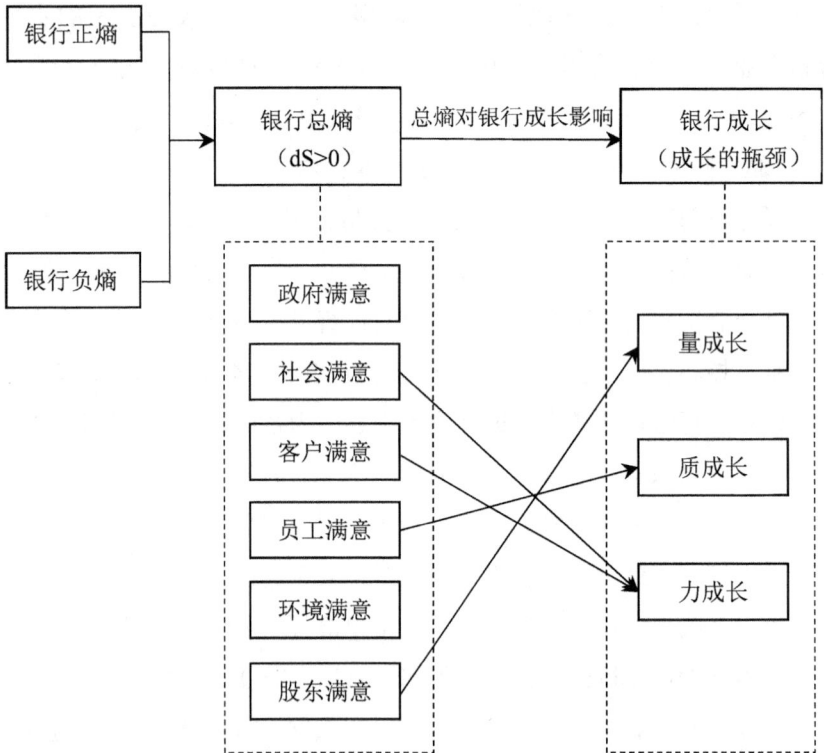

图 5-6 总熵对南充商行成都分行成长影响模型

经过研究小组的讨论分析，本书认为该行目前处于一个成长瓶颈的发展阶段，这是由各种不同的原因导致，也和调研数据的结论相一致。仅有一名访谈对象认为目前银行出于平稳发展阶段，其他人都认为目前遇到了瓶颈。因此模型中研究小组认为总熵的数值大于零，即目前该行的成长系统处于瓶颈之中。但是笔者也感觉到员工对银行未来的发展充满信心，因为银行不断的改革会给银行成长带来新的动力，创新活动的实施和员工开放性的平台都能够为银行创造更多的生机和活力。瓶颈的出现只是暂时的现象，在经过银行的改制后，南充商行成都分行将焕发新的活力。

3. 南充商行成都分行成长系统的超循环机理

采用与前面相同的操作方式，本小组进行开放式编码，总计得到了260条条目，其中一手访谈数据获得编码171条，网站上的官方资料以及新闻媒体资料获得编码30条，档案资料获得编码36条。然后本小组对编码库进行了二次甄别，删除雷同的、不准确的、不清晰的编码7条，得到了253条。在253条有效条目中，经济目的类别条目为111条，伦理目的类别条目为142条。通过对维度的归纳提炼，得到银行经济目的维度7个，银行伦理目的维度6个。

笔者对经济行为目的与伦理行为目的进行编号，对于条目数量太少的维度进行剔除①。剔除后最终确定经济目的的类别条目为110条，维度5个；伦理目的的类别条目为142条，维度4个。总条目数由253条减至252条。

（1）南充商行成都分行经济目的

该行经济行为的目的是什么？研究小组对访谈的数据进行了编码，得到了经济目的的5个维度，即获取利益、服务客户、回报股东、满足员工和回馈社会。表5-17详细列举了南充商行成都分行经济目的的维

---

① 剔除的维度包括经济目的类别下支持政府维度，条目数为1条。

度及示例性证据。

表 5-17 南充商行成都分行经济目的维度及示例性证据

维度(条目数)	示例性证据
MP1 服务客户(35)	(B, P3):我行对于高端客户,我们都会有答谢。我们通过一个平台认识,包括供应链上下游客户,和他们搞好关系对我们都有好处。同时客户经理也会帮客户克服难关,这是一种共生的关系
MP2 回报股东(26)	(B, P2):银行不断地扩张壮大,必然可以为股东源源不断地带来收益,回报股东也是我行重要的责任之一
MP3 回馈社会(23)	(B, H):十年磨剑,百倍回馈。到南充市商业银行成立十周年,我行资产、各项税款、利润将是成立之初的 100 倍。为此,我行实施"百倍回馈计划",慈善公益事业捐赠是我行"百倍回馈"计划之一
MP4 满足员工(18)	(B, I):关心员工生活,解决员工困难,我行和员工共同经历悲喜,一起共渡难关的过程,让分行和员工紧紧地联系在一起,真正实现"感情留人"
MP5 获取经济利益(8)	(B, P1):本行必须要盈利,在经济下行的时候,我行会谨慎盈利,缩小盈利的范围,控制好经营风险

　　本书通过编码可以发现,南充商行成都分行做出经济行为最为重要的目的是服务客户,在 110 条条目中占了 35 条。不论是从笔者在该行的观察,以及档案资料的描述中,或者是访谈人员的话语中,都有很好的体现,客户为中心的文化精神已经深入每一位员工心中。此外,回报股东和回馈社会也占了较多的条目,分别是 26 条和 23 条,说明了这两个维度是该行非常关心的问题。从经济行为中获得更多的利润,可以更好地回报股东,从而可以吸引更多的股东进行投资,使得银行形成良性

循环，不断发展壮大。同时盈利的部分回馈于社会，也必然能为该行带来更好的口碑效应，获得更多客户的青睐，促进银行的力成长。2014年9月，中国银行家杂志评选该行在"中国商业银行竞争力排名"中荣获城市商业银行(资产规模1000亿~2000亿元)财务评价排名第一名，并获得最具成长性城市商业银行的称号。这个荣誉的获得是银行做出的客户满意、股东满意和社会满意的结果。对于员工的满意，条目较少，但有一定的显著性，说明银行成长过程需要对员工有更多的关注。而获取经济利益条目很少，没有明显的显著性，说明该行做出经济行为并未将获取经济利益作为首要目标，也验证了银行做出经济行为的目的绝大多数是为了满足利益相关者利益的结论。

(2)南充商行成都分行伦理目的

该行做出伦理行为的目的是什么？本书通过编码，得出了该行做出伦理目的的4个维度，即知名度的上升、美誉度的提高、管理水平的提升和银行绩效的增长。表5-18详细列举了南充商行成都分行伦理目的的维度及示例性证据。

表 5-18　南充商行成都分行伦理目的维度及示例性证据

维度(条目数)	示例性证据
EP1 知名度的上升(33)	(B，P5)：我行和雅尼联合认养了大熊猫，在为大熊猫保护事业添砖加瓦的同时，也提高了我行的知名度
EP2 美誉度的提高(28)	(B，P2)：我行慈善公益事业捐赠用于与自身生产经营活动无关联的社会公益事业，但是这在一定程度上提高了公众对我行的正面评价
EP3 管理水平的提升(40)	(B，P1)：我行的差异化培训有明显的效果，让他们很快适应岗位，促使其快速成长，而且提高了他们对我行文化的认同度，管理起来更加容易
EP4 银行绩效的增长(41)	(B，P5)：我行的金融创新很多，满足客户需求的同时，为我行也创造出了不少利润

从编码中可以发现，南充商行成都分行做出伦理行为的目的主要表现在管理水平的提升和绩效增长两方面，分别在 142 条条目中占了 40 条和 41 条，说明该行的伦理行为在这两方面有较大的影响作用。另外知名度与美誉度的提高同样在条目中有较为显著的水平，分别占了 33 条和 28 条，因为这关乎银行的形象问题。形象越好的银行，客户对它的评价越高，越可能信任银行并投资银行，这也就越有利于银行经营绩效的提高。从这方面来说，不论是直接还是间接，该行的伦理行为将非常有利于经济行为的目的。因此该行的研究结果也验证了银行成长系统的超循环机理的命题。

5.3.4　宁夏银行数据编码与分析

1. 宁夏银行经济行为、伦理行为与银行成长协同关系

采用上一节的数据编码方法，研究小组对宁夏银行的数据资料进行了开放式编码，总计得到了 714 条条目，其中一手访谈数据获得编码 485 条，网站上的官方资料以及新闻媒体资料获得编码 169 条，档案资料获得编码 60 条。然后对编码库进行了二次甄别，删除雷同的、不准确的、不清晰的编码共计 89 条，得到了 625 条。在 625 条有效条目中，经济行为类别条目为 101 条，伦理行为条目为 195 条，银行成长条目为 51 条，伦理行为对经济行为的影响条目为 160 条，成长对伦理行为影响类别条目为 118 条。通过对子维度的归纳提炼，得到经济行为子维度 4 个，伦理行为子维度 12 个。再通过归纳的方式得到了经济行为主维度 2 个，伦理行为主维度 6 个。宁夏银行成长主维度依旧是 3 个。银行成长的子维度没有进行归纳，即主维度与子维度相同。将子维度的条目数相加，就得到了主维度的条目数。然后对伦理行为对经济行为的影响以及银行成长对伦理行为的影响 2 个类别进行编码，得到伦理行为对经济行为的影响维度 9 个，银行成长对伦理行为的影响维度 7 个。由于这两个类别的编码只考虑了主维度，所以没有划分子维度。

笔者对经济行为、伦理行为、银行成长、伦理行为对经济行为的影响和银行成长对伦理行为的影响，以及各个主维度与子维度进行编号。对于条目数量太少的维度说明其不具有显著性，因此本书剔除了条目数小于所在类别总数为1%及以下的维度。① 剔除后最终确定经济行为条目101，主维度2个，子维度4个；伦理行为194条目，主维度6个，子维度11个；银行成长条目51条，主维度3个；伦理行为对经济行为影响条目159条，维度8个；银行成长对伦理行为影响条目117条，维度6个。总条目数由625条减至622条。

(1)宁夏银行经济行为

宁夏银行经济行为有哪些，本书通过编码发现了经济行为的4个子维度，即传统业务、中间业务、制度结构和银行文化。进一步归纳后，发现宁夏银行所做出的经济行为包括有传统业务与中间业务构成的银行作业系统以及通过企业文化和制度结构构成的银行管理系统。因此宁夏银行经济行为2个主维度分别为作业系统与管理系统。其中表5-19详细列举了宁夏银行经济行为维度及示例性证据。

表 5-19 宁夏银行经济行为维度及示例性证据

维度(条目数)	示例性证据
M1 作业系统(55) M1.1 传统业务(40) M1.2 中间业务(15)	(C, P2)：作为西部商业银行，我行的传统业务盈利来自利差 (C, P2)：我行还有一些中间业务，包括同业拆借、理财、代理保险等，这些业务很小，我们也在做一些新兴的尝试

① 剔除的维度包括银行伦理行为类别下的为合作伙伴提供发展平台，条目数为1条；银行伦理行为对经济行为影响类别下的环境满意对作业系统的影响，条目数为1条；银行成长对伦理行为影响类别下质成长对客户满意的影响，条目数为1条。

165

维度(条目数)	示例性证据
M3 管理系统(46) M3.1 银行文化(25) M3.2 制度结构(21)	(C, P5):就企业的文化来说,它一方面必须能够维持日常的物质要求,另一方面的精神层面又体现为价值观,发挥员工最大的潜质 (C, P3):我行的制度结构在不断地调整,以适应整个业界的变化和发展,还有宏观方面的影响

从编码中表明了宁夏银行经济行为主维度中的作业系统和管理系统都有占有显著的地位。其中,传统业务的利差获益仍然占据主导,101条条目中占有40条,另外制度结构和银行文化也较为显著,分别占了25条和21条。这表明了一方面宁夏银行关注于通过经济行为实现银行的经济效益,另一方面也关心管理水平在银行的作用,包括银行文化和银行制度。通过观察法,笔者也发现了这点与其他银行做的不相同。如宁夏银行大楼的门禁非常严,5家调研的银行中,只有宁夏银行和农业银行有门禁服务,不能随意拜访银行的中高层员工。宁夏银行甚至需要抵押身份证在柜台,而农行没有,只需要登记即可,可见这方面的管理宁夏银行做得非常规范。其他四家银行基本可以随意出入,并没有人过问。

(2)宁夏银行伦理行为

宁夏银行伦理行为有哪些,笔者通过编码发现了该行的伦理行为有11个子维度,即支持政府工作、维系股东权益、多元化培训、完善的薪酬和职业规划制度、客户回馈、客户体验、产品创新、支持公益事业、宣讲金融知识、发展电子银行、倡导绿色信贷。通过研究小组进一步归纳,发现该行做出的伦理行为包括政府满意、社会满意、员工满意、客户满意、环境满意和股东满意6个主维度。表5-20详细列举了该行伦理行为维度及示例性证据。

表 5-20 宁夏银行伦理行为维度及示例性证据

维度(条目数)	示例性证据
E1 政府满意(37) E1.1 支持政府工作(37)	(C,I):我行支持国家基础设施建设,支持"三农"发展,发展中小企业金融和坚持群众路线教育
E2 社会满意(23) E2.1 支持公益事业(13) E2.2 宣讲金融知识(10)	(C,P1):我行做了很多公益方面的活动,如为宁夏慈善总会启动了"大病救助"项目捐款 100 万元等 (C,I):我行组织员工开展了"普及金融知识万里行"宣传活动、反假货币宣传月活动和"金融知识进万家"宣传活动等
E3 环境满意(16) E3.1 发展电子银行(6) E3.2 倡导绿色信贷(10)	(C,P3):我行加强了电子银行建设,完善网上银行的各种支付途径,节约了资源 (C,P2):我行限制"两高一剩"行业贷款,积极倡导"低碳金融"和绿色信贷
E4 客户满意(38) E4.1 客户回馈(19) E4.2 客户体验(9) E4.3 产品创新(10)	(C,P3):我行有多项免费政策,为客户让利,并降低小微企业的融资成本 (C,I):一次性转接和 20 秒内接通率均达到了行业标准值,客户满意率一直保持在 99.9% 的较好水平,充分体现了便民、快捷、高效的客户服务理念 (C,P4):对于创新性,只有创新能力增强了,才会助推银行发展。去年我行有一个对公产品,在全国创新方面排名很靠前,迎合了中小企业时效性强的需求,员工接触,产生创新
E5 员工满意(43) E5.1 完善的薪酬和职业规划制度(25) E5.2 多元化培训(18)	(C,I):我行进一步深化薪酬激励机制改革,在政策和能力允许的情况下,尽可能地提高全行员工的薪酬待遇,另外加快推进全行专业技术序列实施工作,增加职业发展路径 (C,P1):这几年我行对优秀员工以及管理层的培训都有倾斜,甚至还通过公派立项申请出国培训,这是比较有特色的

维度（条目数）	示例性证据
E6 股东满意（37） E6.1 维系股东权益（37）	（C，P5）：我行在保证正常经营和资本充足条件下，每年度都为股东提供稳定的现金红利，保证了股东的实际利益

经过编码，笔者从宁夏银行伦理行为主维度中发现，员工满意、股东满意、政府满意和客户满意维度在总数目中占有非常大的比例，194条目中分别占了44条、38条、37条和39条，说明了这四个方面是宁夏银行发展最为重要的四个因素。投资部的刘总，给予了最好的诠释："只有一个道德高尚的企业才会走得长远，服务相同的情况下，为什么选择你。我行对员工用的是感情、薪酬、心理留人。我行对客户做到的是所谓的私人银行，高端客户，我给你更多，更多的选择。"另外政府满意所占条目数较高的原因与宁夏银行的最大股东是政府不无关系，宁夏财政厅是宁夏银行的最大股东，占有18%以上的股份，因此政府满意也具有很强的显著性。另外社会和环境满意都具有一定的显著性，分别占了24条和17条，说明该行在这方面做了一定的工作。该行考虑到社会回馈问题和环境保护问题，但是不能长期地关注这个问题，如刘总所说："我个人感觉社会公益方面做得都不明显，如捐赠，要不就是作秀，或者可能有其他的政治原因，没有把它作为长期的责任来看。我个人觉得小行是没有的，但是政策性银行表现突出。"

（3）宁夏银行成长

本书对于宁夏银行成长系统，在网络资料和档案资料中从三个维度进行编码，共得到银行成长条目为51条。和前面的分析一样，研究小组发现量成长维度条目数为20条，质成长维度条目数为17条，力成长维度条目数为14条。量成长维度、质成长与量成长维度三者相距不大，说明了该行将创新成长带来的质成长、营收增长带来的量成长以及市场占有率带来的力成长三者都处于同样重要的地位。这也就表明了宁夏银行在当地银行中，虽然规模不如成都农商行，但是在当地确实有较强的竞争实力。正如该行的发展愿景所言，"把宁夏银行建设成为一家资本充足、治理完善、内控严密、营运安全、功能齐全、服务和效益良好并具有鲜明经营特色、较强竞争力和区域影响力的上市商业银行"①。

（4）宁夏银行伦理行为对经济行为的影响

宁夏银行伦理行为对经济行为有什么影响？通过编码，笔者发现了宁夏银行伦理行为对经济行为影响的 8 个维度：政府满意对作业系统的影响、社会满意对作业系统的影响、客户满意对作业系统的影响、客户满意对管理系统的影响、员工满意对作业系统的影响、员工满意对管理系统的影响、股东满意对作业系统的影响和股东满意对管理系统的影响。表 5-21 详细列举了该行伦理行为对经济行为影响维度及示例性证据。

表 5-21　宁夏银行伦理行为对经济行为影响维度及示例性证据

维度（条目数）	示例性证据
E1-M1 政府满意对作业系统的影响（16）	（C，P3）：政府的需求，主要是从民生方面，我行的定位是服务中小微企业、城乡居民，以及普惠金融，一方面获取利润，另一方面在一定程度上提高了银行的对外形象
E2-M1 社会满意对作业系统的影响（14）	（C，P3）：我们承担了公益事业方面的社会责任，提高了银行的形象和认可度，我们愿意回报社会，这样客户更愿意支持我们，两者相辅相成，互相影响。社会认可度越高，支持度更好
E4-M1 客户满意对作业系统的影响（24）	（C，P2）：客户权益保护分两块，一块是市场竞争，维护和保护客户权益，另一块是监管的要求。银行要长期稳定发展，就必须要有稳定的金融来保护客户的权益，两者都涉及了业务

① 引自宁夏银行 2013 年社会责任报告。

续表

维度(条目数)	示例性证据
E4-M3 客户满意对管理系统的影响(20)	(C，P2)：客户要求银行必须值得信任，也就是要求银行对风险控制具有较强的把控能力。我行对个人的授信客户、经营性贷款，都走在前面，客户群体比较稳定，风险的控制排第一、第二位
E5-M1 员工满意对作业系统的影响(29)	(C，P2)：员工是我们最好的财富，我们所有的员工都是加班加点去做的，他们对工作兢兢业业，他们的满意才是最重要的，因为他们对工作的态度决定了银行的成败
E5-M3 员工满意对管理系统的影响(23)	(C，P4)：我行对员工最直接的就属薪酬这块，在同行中是中上水平。银行通过这样的平台、社会地位与社会影响力带来员工的自豪感和认同感，使他们更加认同银行的文化
E6-M1 股东满意对作业系统的影响(18)	(C，I)：截至 2013 年期末，宁夏银行第四次增资扩股共新增股份 147941176 股
E6-M3 股东满意对管理系统的影响(15)	(C，I)：良好的公司治理是提升股东价值，增强投资者信心的基础和保障。我行进一步完善公司治理结构，增强公司治理机制的有效性

从编码中笔者发现，宁夏银行伦理行为对经济行为的作用总体上比较均衡，没有特别强调哪一方面的利益满足特别重要，这与笔者在访谈中的总体感觉与社会责任报告的内容相一致。但还是有一些维度条目更为显著，如员工满意与客户满意对工作系统的影响在总条目159条中，分别占了29条和24条，说明该行对员工满意与客户满意的重视程度较高，认为他们能够为银行带来较好的利润。正如行长秘书刘总所言："我们每年有半个月以上，20到25天的培训，旨在开拓员工的视野与思路，因为他们接触到的客户最多，对银行的影响最大。而稳定性和薪酬对他们来说最重要。客户方面我们做了很多工作，主要是信贷支持和

产品的创新。虽然我们目前做的新产品只能跟进，但实际上还是为了服务客户，让客户觉得更容易操作。"客户满意、员工满意对管理系统的影响所占条目也较高，分别占了20条和23条，同样说明了两者对制度建设、文化建设的重要性。其他方面，包括股东满意对经济行为作用的显著性较好，表明了该行认为股东满意对银行经济行为系统的贡献性较好。政府满意和社会满意对作业系统的影响相对来说显著性一般，该行认为它们虽然重要，但是相对而言前三者的利益满足对银行经济行为有更大的贡献。

通过以上分析，本书发现了宁夏银行伦理行为对经济行为影响的特点，表现为首要考虑的是员工满意、客户满意和股东满意，其次才是政府满意和社会满意。因此本书构建该行的伦理行为对经济行为影响的模型如图5-7所示：

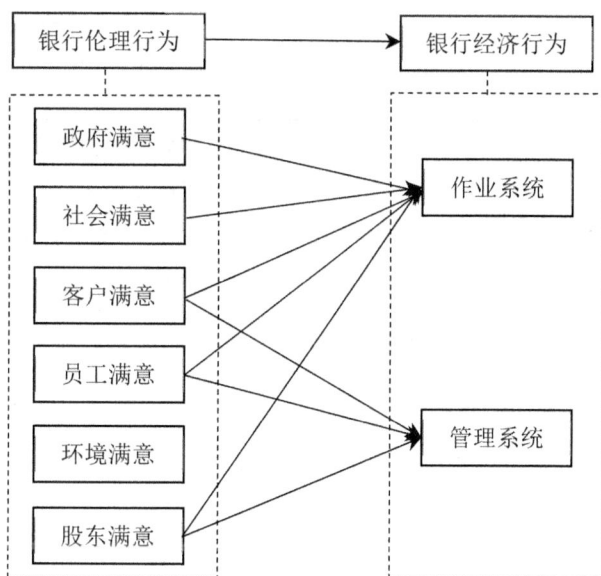

图5-7 宁夏银行伦理行为对经济行为的影响模型

(5)宁夏银行成长对伦理行为的影响

宁夏银行成长对伦理行为有什么影响？编码后笔者发现了银行成长

171

对伦理行为影响的 5 个维度：量成长对政府满意的影响、量成长对社会满意的影响、量成长对股东满意的影响、质成长对客户满意的影响和质成长对员工满意的影响。表 5-22 详细列举了银行成长对伦理行为影响的维度及示例性证据。

表 5-22 宁夏银行成长对伦理行为影响维度及示例性证据

维度（条目数）	示例性证据
G1-E1 量成长对政府满意的影响（15）	（C，P4）：宁夏银行每年对地方政府的纳税，并且每年纳税总额都在不断地增加，另外还解决了 2000 多人的就业问题
G1-E2 量成长对社会满意的影响（20）	（C，H）：本行自成立以来始终热心公益事业，多年来累计捐款捐物超过 3400 万元，切实履行企业社会责任的使命感和责任感
G1-E6 量成长对股东满意的影响（21）	（C，P3）：银行每年都持续性地为股东分红
G2-E4 质成长对环境满意的影响（8）	（C，I）：本行高度重视科技手段对节约资源的推动作用，运用先进信息科技手段支持经营管理。近年来先后开发了线上办公"OA 系统""综合报表系统""行长决策信息系统""信贷管理影像""协同办公系统"等无纸化办公系统
G2-E5 力成长对员工满意的影响（30）	（C，P4）：外界对宁夏银行是比较认可的，我行在银川市声誉是较高的，而我们的员工也引以为荣，很多毕业的大学生都愿意来我行工作
G2-E5 力成长对客户满意的影响（23）	（C，P2）：我们有网点的优势，网点多，客户就更方便办理各项业务

从成长对伦理行为的影响编码中，研究小组发现了宁夏银行的力成长对员工满意有着非常显著的影响，在 117 条条目中占了 30 条，这表

明了该行员工对宁夏银行的认可度较高，归属感较强，原因可能是薪酬在银川市相对较高，同时外界对银行的评价较好，让员工有较强的自豪感。从人力资源部门的冯总那里也可以得到验证，她说："从对员工的硬条件来说，收入高了，心情好了，员工会有更多的创新行为，也会对银行更加尽心尽力，这是一个连锁的过程。包括培训和福利方面，做得好让外界了解银行，银行也就有更高的知名度，员工有更强的自豪感。"力成长对客户满意、量成长对股东满意、量成长对社会满意和量成长对政府满意的影响相对都比较显著，分别占了 23 条、21 条、20 条和 15 条，也就表明了客户对宁夏银行的认可度和股东对银行的认可都比较高，社会和政府满意都比较好，这与宁夏银行的大股东是政府部门也有一定的关系，需要注重社会形象，同时也要满足政府的要求。而质成长对环境满意的影响显著性一般，只占了 8 条，虽然在社会责任报告中有专门的篇幅阐释银行在环保方面的工作，但是可以看出员工对此的认同度不高。本书构建宁夏银行成长对伦理行为影响的模型如下图 5-8 所示：

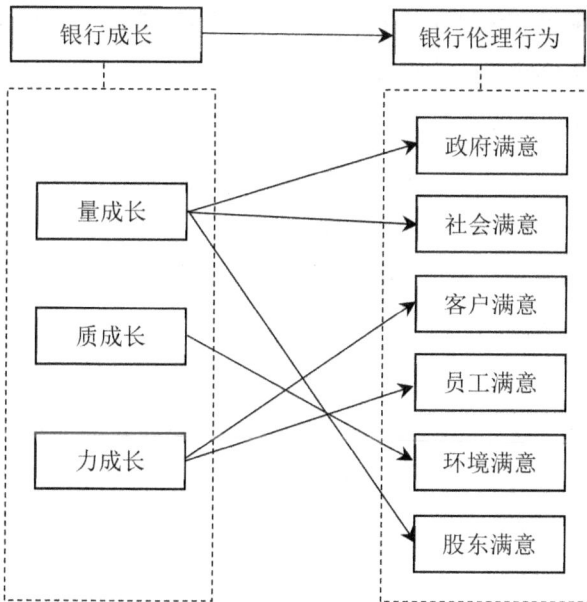

图 5-8　宁夏银行成长对伦理行为影响的模型

2. 宁夏银行成长系统的耗散结构

遵照前文的编码方法，本节总计得到了 378 条条目，其中一手访谈数据获得编码 269 条，网站上的官方资料以及新闻媒体资料获得编码 35 条，档案资料获得编码 74 条。经过对编码库进行了二次甄别，删除雷同的、不准确的、不清晰的编码 18 条，得到了 360 条。在 360 条有效条目中，熵增的类别条目为 195 条，负熵的类别条目为 165 条。

通过对子维度的归纳提炼，得到银行成长系统熵增子维度 8 个，银行成长系统负熵子维度 6 个。通过归纳的方式得到了银行成长系统熵增主维度 2 个，银行成长系统负熵主维度 2 个，以及总熵对银行成长的影响主维度 1 个。总熵是负熵与熵增的叠加，本书对总熵维度的归纳是从伦理行为的角度进行的。

笔者对银行成长系统熵增、负熵以及总熵对银行成长的影响的各个主维度与子维度进行编号，对于条目数量太少的维度进行剔除①。剔除后最终确定熵增的类别条目为 194 条，主维度 2 个，子维度 7 个；负熵的类别条目为 163 条，主维度 2 个，子维度 4 个；总熵对银行成长的影响主要是由熵增与负熵相抵消所决定，研究小组经过讨论后确定维度 5 个。总条目数由 360 条减至 357 条。

(1)影响宁夏银行成长的熵增

影响该行成长的熵增有哪些？通过编码研究小组发现了熵增的 7 个子维度，即人才问题、技术支持问题、观念问题、产品服务问题、利率市场化、互联网金融和同业竞争。通过小组的进一步归纳，发现影响宁夏银行的熵增有 2 个主维度，分别是内部劣势和外部威胁。表 5-23 详细列举了影响宁夏银行成长的熵增的维度及示例性证据。

---

① 剔除的维度包括熵增类别下的组织架构的问题，条目数为 1 条；负熵类别下的银行的转型和技术更新快，条目数为 1 条。

表 5-23 影响宁夏银行成长的熵增维度及示例性证据

维度(条目数)	示例性证据
P1 内部劣势(99) P1.1 人才问题(27) P1.2 技术支持问题(16) P1.3 观念问题(33) P1.4 产品服务问题(23)	(C,P3):我们行这几年员工的平均年龄是 33 岁,年轻人发展需要更多的培训。而外围股份制银行的进入,也吸引了不少人才,可能产生银行员工的流动性 (C,P5):银行对 IT 的要求很高,宁夏银行在这方面的投入是一个渐进的过程,由于区域的劣势决定了我们的技术力量还在不断发展中 (C,P2):观念是我行目前最大的问题,内部落后的观念如果不改变是很危险的。要多让大家走出去,只有走出去才能明白外面的世界怎么回事,才能改变落后的观念 (C,P4):我们也在不停地做新产品,但只能跟进。实际就是为了服务客户,让客户觉得更容易操作,而对于这方面的产品,我们的服务有点跟不上,我们所做的也基本上都是跟进
P2 外部威胁(95) P2.1 利率市场化(28) P2.2 互联网金融(38) P2.3 同业竞争(29)	(C,P1):目前我行面临最大的问题是利率市场化和互联网金融的影响,对小银行来说非常不利,金融脱媒非常严重 (C,P5):互联网金融对传统业务来说是非常震撼的,具有较强的冲击力。互联网金融的出现,让我们必须要争取从低成本的渠道中重新认识的 80%的客户 (C,P3):整个宁夏回族自治区那么大,不同的股份制银行在持续地进入,浦发、招商、华夏、广大、中信等都已经进入,同业竞争是非常激烈的,这是不利于宁夏银行发展的因素

通过对宁夏银行熵增维度的编码可以看到,目前影响该行成长最大的问题是来自外部的威胁,也就是互联网金融的影响,在 194 条目中占了 38 条,在与访谈对象访谈时,多数人都对此有所涉及。行长秘书刘

总说："对于互联网这种特殊的模式，我们行应当如何面对这种危机，如何结合我们传统的优势获得与众不同的盈利点，这个是我们行需要面对，也正在努力解决的一个非常重要的课题。"同时利率市场化和同业竞争带来的压力也不小，分别占了28条和29条，呈现显著效应。但这些都是不可避免的，宁夏银行考虑更多的是如何应对。除此之外，内部劣势中的观念落后与人才问题都成为影响该行成长的关键因素，分别占了33条和27条。投资部的刘总一针见血地指出："十年前的观念开放，发展迅速，而2004年德隆事件发生后，整个银行的观念发生了变化，从开放式变成内敛式，很多人被圈在一个范围内。而后的十年间是商业银行快速发展的十年，但是宁夏银行却步伐慢，内控做得不好，战略落实不到位。"对于产品服务问题和技术支持问题，也有一定的显著性，说明针对客户的创新能力还不足，技术支持方面的投入还欠缺，对宁夏银行来说，都将是未来需要解决的问题。

(2)影响宁夏银行成长的负熵

影响该行成长的负熵有哪些？编码后笔者发现了负熵的4个子维度，即区位优势、高声誉、客户数量多和内部员工认可。通过研究小组进一步归纳，发现影响该行的负熵有2个主维度，分别是外部优势和内部机会。其中表5-24详细列举了影响宁夏银行成长的负熵的维度及示例性证据。

表5-24 影响宁夏银行成长的负熵维度及示例性证据

维度(条目数)	示例性证据
P1 外部优势(88) P1.1 区位优势明显(49) P1.2 高声誉(39)	(C，P1)：我行最大的优势是地方政府的区位优势。因为宁夏是一个自贸区，对我行的发展来说，就有一个地域优势，因为政府会对西部进行政策上的倾斜 (C，P4)：社会对我行的认可度是比较高的，认为我行的安全性、稳定性要比其他银行更好，这是我们长期经营积累的结果

维度(条目数)	示例性证据
P2 内部机会(75) P2.1 客户数量多(40) P2.2 员工认可度高(35)	(C, P5)：从我们现有的客户积累来说，积累得相当多，并且有很好的基础。宁夏回族自治区人口总共600万，我行的个人客户就有200万，这是我行最大的有利因素 (C, P4)：银行有一个比较好的发展平台，并在宁夏有较高的社会地位和社会影响力，因此员工对宁夏银行有更强烈的自豪感，很多毕业大学生都愿意加入进来

由编码可以看出，目前宁夏银行最突出的优势之处就是政府的支持，163条条目中占有了49条，大多数员工在访谈中都提到了政府在其中起到的作用，这种优势是其他银行不可比拟的，也是无法模仿的。另外由于宁夏银行在银川成立时间最长，因此其客户数和声誉都比较高，编码的条目数显示为较显著的水平，分别占了40条和39条之多，这两方面将为该行未来的发展提供坚强的后盾。因此笔者也就能从社会责任报告中理解宁夏银行所做出的各种善举，包括公益事业、金融知识传播、履行反洗钱业务等。最后员工对银行的认可也较为显著，占35条。员工的高度认可，能够降低员工的离职率，也能提高员工工作的积极性和主动性，正如投资部的刘总所述，全员加班已经是一种常态，15年的老员工是银行最宝贵的财富，银行更应当关爱这些员工的工作和生活。

(3)总熵对宁夏银行成长的影响

笔者通过对宁夏银行熵增与负熵的分析，以及各种数据的归纳后，将宁夏银行的总熵从伦理行为的角度分为五个维度，分别是政府满意、股东满意、员工满意、客户满意和社会满意，并以此来分析总熵对银行成长的影响。第一，政府、股东满意维度是基础。宁夏银行本身的最大股东是政府，因此响应政府的号召，支持国家的战略发展，这是必须要做到位的工作。同时作为股东，又必须用持续地给予政府红利，作为回报，政府在某些方面也同样会给予宁夏银行支持，包括与政府的合作。宁夏银行高信誉度以及员工对银行的认同都与此有一定的关系。政府满意和股东满意自然会对银行的量成长产生巨大的作用，每年其他法人股东不断地进行投资就是最有利的证明。第二，员工满意维度是核心。员工是银行发展的命脉，抓住了员工的心，也就为银行的持续发展提供了最有利的武器。笔者发现该行的培训很有特点，薪酬水平在同业也比较高，用冯总的话说，就是对员工，银行采用的是感情、薪酬和心理留人。员工满意也就带来了银行的力成长，数据显示目前宁夏银行的市场占有率全区第一，具有较强的竞争力。第三，客户满意维度是关键。由于银行的客户数在整个宁夏回族自治区最多，因此客户满意维度并未成为宁夏银行最为看重的维度。已有的客户数让宁夏银行员工感到骄傲，但是如果服务不到位、创新不足终将导致客户的流失。行长办公室主任赵总说："我们在一些方面有网点优势，但是对客户方面，我们的 VIP 服务比浦发、中信差一大截，没有办法识别你是我的 VIP，还是停留在门面上的东西，这在未来会产生很大的问题。"因此，转变观念对宁夏银行来说尤为重要。目前由于客户数众多，它给该行带来的是量方面的成长。第四，社会满意维度是补充。由于宁夏银行的政府背景，做出各种公益事业被该行认为是本该履行的义务，而并非发自内心去做。投资部的刘总对此颇有微词，认为履行这种责任应该是长期需要坚持的一种发自内心的善举，而不是被迫作秀。但是宁夏银行做出的公益事业等活动，给银行的力成长来带了益处。最后本书构建宁夏银行总熵对银行成长影响的模型，如图 5-9 所示。

经过研究小组的讨论分析后，大家认为该行目前处于一个缓慢发展阶段，在这个阶段有一些成长瓶颈问题，这也和研究小组的调研数据结论较为相符。访谈中仅有一名访谈对象认为目前银行处于平稳发展阶段，有 2 名员工认为目前遇到了瓶颈，有 2 名员工认为不好说，因此模

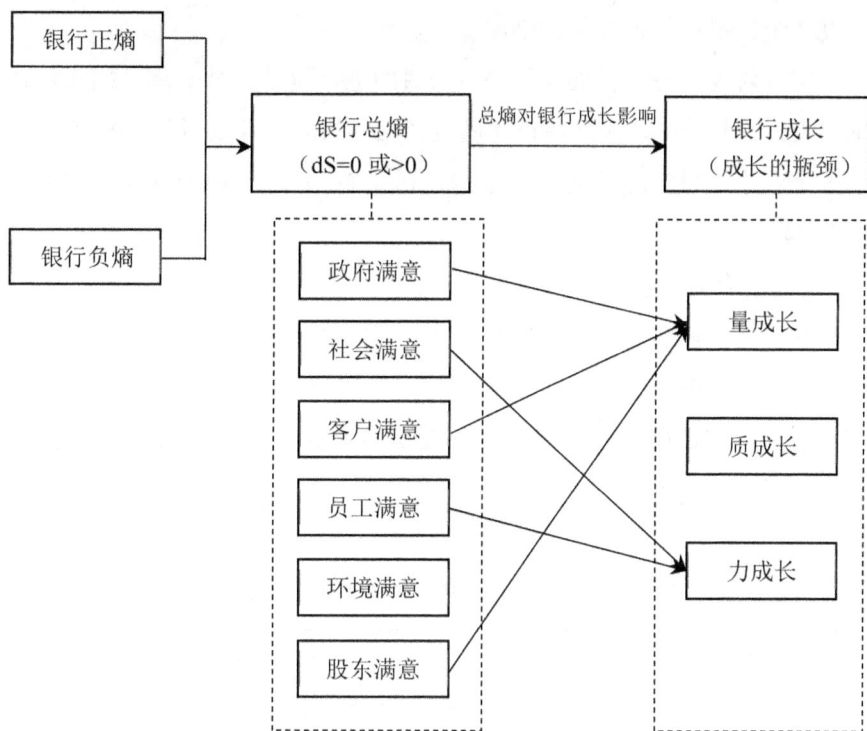

图 5-9　总熵对宁夏银行成长影响的模型

型中笔者认为总熵的数值等于零或大于零，即目前该行的成长系统是缓慢发展并有瓶颈出现。随着外界环境的恶化，宁夏银行可能面对更加恶劣的条件，观念上的改变或许能够为该行的发展提供更大的动力。

3. 宁夏银行成长系统的超循环机理

本书采用前面的研究方式，进行开放式编码，总计得到了 248 条条目，其中一手访谈数据获得编码 160 条，网站上的官方资料以及新闻媒体资料获得编码 45 条，档案资料获得编码 43 条。随后，研究小组对编码库进行了二次甄别，删除雷同的、不准确的、不清晰的编码 5 条，得到了 243 条。在 243 条有效条目中，经济目的类别条目为 111 条，伦理目的类别条目为 142 条。通过对维度的归纳提炼，得到银行经济目的的维度 7 个，银行伦理目的的维度 5 个。

笔者对经济行为目的与伦理行为目的进行编号，对于条目数量太少的维度进行剔除①。剔除后最终确定经济目的的类别条目为 110 条，维度 5 个；伦理目的的类别条目为 141 条，维度 4 个。总条目数由 243 条减至 241 条。

(1)宁夏银行经济目的

该行做出经济行为的目的是什么？研究小组对访谈的数据进行了编码，得到了经济目的的 6 个维度，即支持政府、获取利益、服务客户、回报股东、满足员工和回馈社会。表 5-25 详细列举了该银行经济目的维度及示例性证据。

表 5-25　宁夏银行经济目的维度及示例性证据

维度(条目数)	示例性证据
MP1 支持政府(30)	(C，P3)：我们的一些项目，就属于与政府合作的项目，如和政府部门进行银证合作，通过银川市市县社会保障部门作担保，做贴息支持。另外还有很多地方都有我们的创业担保中心
MP2 服务客户(19)	(C，P3)：我们的各类创新业务活动，都是围绕着客户展开的，他们的需要就是我们的动力
MP3 回报股东(23)	(C，P1)：银行赚钱了，就能够回报股东，为股东创造价值
MP4 回馈社会(16)	(C，H)：全行在倡导勤俭办行，反对奢侈浪费，改进文风会风，节省财务费用的同时，坚持"真心回馈社会，共享发展成果"的理念，积极开展各类公益事业活动

① 剔除的维度包括经济目的类别下支持政府维度，条目数为 1 条。伦理目的的类别下知名度提高维度，条目数为 1 条。

续表

维度（条目数）	示例性证据
MP5 满足员工（21）	（C，P2）：银行成长和发展必须靠员工，由于每个员工的需求不一样，不可能照顾到方方面面，因此只能定一个绝大多数人能够基本满足的标准
MP6 获取经济利益（15）	（C，P5）：企业最根本的还是要赚钱，然后再兼顾各个利益相关者的利益

通过编码可以发现，宁夏银行做出经济行为的最重要的目的是支持政府的工作，在 124 条条目中占了 30 条，原因当然是宁夏银行与政府有千丝万缕的联系。另外回报股东和满足员工也有较强的显著性，分别占 23 条和 21 条，表明该银行对股东和员工都比较重视，和前面所述员工满意是宁夏银行成长的核心相呼应。服务客户和回馈社会相对而言显著性一般，只分别占了 19 条和 16 条，从这方面说，该行对客户的重视程度还不够，虽然对社会的回馈做了大量的工作，但员工们认为所做的还远远不够。最后一个维度获取经济利益条目不多，有一般的显著性，说明该行的员工把经济行为目的的经济利益看得比较重，认为赚钱是最为重要的，其他都是兼顾而做，因此观念上还有不少员工未改变过来。虽然有部分员工认为做出经济行为的目的是为了获得更多的经济报酬，但是笔者仍然认为该行做出经济行为的最主要目的不在于此，而是为了满足各个利益相关者的利益为目标而做出的，也验证了前面得到的结论。

（2）宁夏银行伦理目的

该行做出伦理行为的目的是什么？通过编码，研究小组得出了该行做出伦理目的的 4 个维度，即政策的倾斜、美誉度的提高、管理水平的提升、银行绩效的增长和政策的倾斜。表 5-26 详细列举了该银行伦理目的维度及示例性证据。

表 5-26　宁夏银行伦理目的维度及示例性证据

维度(条目数)	示例性证据
EP1 美誉度的提高(26)	(C,P2)：银行做了很多与社会公益相关的活动，不仅仅有慈善捐款，比如银川植树造林活动，就取得较好的效果，提高了银行的美誉度
EP2 管理水平的提升(30)	(C,P2)：客户的模式是可以复制的，比如本来我想做一个产品，和医院合作，做一些公益信托，我献血了，但是我又解决了医院解决不了的问题。当某一个机制需要解决问题，而我刚好在此范围内解决，这种双赢的模式是可以复制的
EP3 银行绩效的增长(34)	(C,P5)：我认为企业的责任就是风险掌控好的前提下，通过制订好各类指标，比较均衡地兼顾各个方面，这样才能够赚钱，风险的掌控是关键
EP4 政策的倾斜(51)	(C,P1)：作为政府控股的宁夏银行，离不开政府的支持。政府满意了，对政府有付出了，政府就会有回报，就有政策上的扶持

从编码中可以发现，宁夏银行做出伦理行为目的最重要的一点表现在可以得到政府政策方面的扶持，行长秘书刘总毫不隐晦地说出了这一点。笔者发现在 141 条中，占 51 条。但是投资部的刘总也提出了自己的看法，说："如果一个企业关注每一个利益相关者的利益后，谁掌握的资源更多，就会把自己的资源倾斜到你那边。但是如果方向错了，倾向于政府，企业给员工的钱少，客户就自然跑了。"另外银行做出伦理行为的目的是为了管理水平的提升和绩效的增长，则分别有 30 条和 34 条，有较强的显著性，这方面很容易理解，毕竟客户满意了，当然可以给银行带来更大的利益。而美誉度提高维度占 26 条，虽然显著性要差些，但是仍然可以间接地为银行带来不少的客户。所以宁夏银行在这方面的结果验证了本书提出的超循环机理的命题。

5.3.5 石嘴山银行数据编码与分析

1. 石嘴山银行经济行为、伦理行为与银行成长协同关系

按照前面的数据编码方法，笔者首先对石嘴山银行的数据资料进行了开放式编码，总计得到了 677 条条目，其中一手访谈数据获得编码 462 条，网站上的官方资料以及新闻媒体资料获得编码 156 条，档案资料获得编码 59 条。然后对编码库进行了二次甄别，删除雷同的、不准确的、不清晰的编码共计 70 条，得到了 607 条。在 607 条有效条目中，经济行为类别条目为 114 条，伦理行为条目为 173 条，银行成长条目为 49 条，伦理行为对经济行为的影响条目为 168 条，成长对伦理行为影响类别条目为 103 条。通过对子维度的归纳提炼，得到经济行为子维度 5 个，伦理行为子维度 11 个。再通过归纳的方式得到了经济行为主维度 3 个，伦理行为主维度 6 个。石嘴山银行成长主维度依旧是 3 个。银行成长的子维度没有进行归纳，即主维度与子维度相同。将子维度的条目数相加，就得到了主维度的条目数。然后对伦理行为对经济行为的影响以及银行成长对伦理行为的影响 2 个类别进行编码，得到伦理行为对经济行为的影响维度 9 个，银行成长对伦理行为的影响维度 7 个。

笔者对经济行为、伦理行为、银行成长、伦理行为对经济行为的影响和银行成长对伦理行为的影响，以及各个主维度与子维度进行编号。对于条目数量太少的维度说明其不具有显著性，因此本书剔除了条目数小于所在类别总数为 1% 及以下的维度。① 剔除后最终确定经济行为条目 114 条，主维度 3 个，子维度 5 个；伦理行为条目 172 条，主维度 6 个，子维度 10 个；银行成长条目 51 条，主维度 3 个；伦理行为对经济行为影响条目 167 条，维度 8 个；银行成长对伦理行为影响条目 102

---

① 剔除的维度包括银行伦理行为类别下的为普惠金融，条目数为 1 条；银行伦理行为对经济行为影响类别下的股东满意对作业系统的影响，条目数为 1 条；银行成长对伦理行为影响类别下的力成长对员工满意的影响，条目数为 1 条。

条，维度 6 个。总条目数由 602 条减至 599 条。

（1）石嘴山银行经济行为

石嘴山银行经济行为有哪些，研究小组通过编码发现了经济行为的 5 个子维度，即传统业务、中间业务、社区银行、银行文化和制度结构。进一步归纳后，发现石嘴山银行所做出的经济行为包括有传统业务与中间业务构成的银行作业系统，通过企业文化和制度结构构成的银行管理系统，以及社区银行为代表的市场系统。因此石嘴山银行经济行为 3 个主维度分别为作业系统、市场系统与管理系统。其中表 5-27 详细列举了石嘴山银行经济行为维度及示例性证据。

表 5-27　石嘴山银行经济行为维度及示例性证据

维度（条目数）	示例性证据
M1 作业系统（34） M1.1 传统业务（25） M1.2 中间业务（9）	（D，P2）：我行目前的传统业务是获取利差，现在主要是投向小微企业，利差收入比较高一些 （D，P3）：中间业务几乎没有，仅有汇票手续费，拓展中间业务是为了客户服务
M2 市场系统（24） M2.1 社区银行	（D，H）：截至目前，石嘴山银行已在宁夏吴忠市、安徽肥西县、青岛莱西市、重庆南川区、重庆江津区、石嘴山大武口区、银川掌政镇发起设立了 7 家村镇银行
M3 管理系统（56） M3.1 银行文化（33） M3.2 制度结构（23）	（D，P1）：我们银行打造一个家文化，孝、爱、勤、廉的文化，对员工的文化是孝顺、爱护、勤劳、廉洁的家园文化 （D，P5）：企业为什么存在，企业需要什么样的员工，这些都需要在制度层面上，对内部流程进行梳理，完善好制度的控制

从编码中，笔者发现了石嘴山银行经济行为主维度中，管理系统占

更为显著的地位，在114条条目中占有56条，其中，子维度的银行文化占33条，这在一定程度上说明该行的文化建设比较到位，尤其是几乎每一位员工都谈到了银行的孝、爱、勤、廉文化，笔者在调研中也亲身感受到了他们的家园文化。如访谈到吃饭的时间，他们热情地邀请访谈小组成员品尝了银行对员工的免费工作餐，餐厅师傅热情的服务也让笔者颇为感动，可以看出该行的家园文化已经渗透到每一位员工心中。另外，作业系统中依旧是传统业务占据主流，有较强的显著性，中间业务只占了很少的一部分。该行比较有特色的是开展了社区银行服务于社区居民和小微企业，也有较强的显著性，说明目前银行也在进行自身的转型活动。在与人力资源总经理刘总的谈话中可知："今年我行的重点任务是银行转型，开始关注于社区银行的发展，三人上班一人柜台，两人营销，全部自助服务，减少人员成本，减少客户在柜面的停留时间。"

（2）石嘴山银行伦理行为

石嘴山银行伦理行为有哪些，笔者通过编码发现了该行的伦理行为有10个子维度，即与政府合作、支持公益事业、捐赠环卫车、倡导绿色信贷、客户回馈、服务便捷、产品创新、员工薪酬福利好、员工发展平台好和积极回报股东。通过研究小组进一步归纳，发现该行做出的伦理行为包括政府满意、社会满意、员工满意、客户满意、环境满意和股东满意共6个主维度。表5-28详细列举了该行伦理行为维度及示例性证据。

表5-28 石嘴山银行伦理行为维度及示例性证据

维度（条目数）	示例性证据
E1 政府满意(20) E1.1 与政府合作(20)	（D，P2）：政府手里的资源多，包括很多科技创新型企业，我行和不同的区县政府合作得比较好，政府要我们做，我们都能做，支持地方经济发展，我们都能够尽力服务好

维度（条目数）	示例性证据
E2 社会满意（24） E2.1 支持公益事业（24）	（D，P1）：我行每年都在做社会捐赠，已捐赠了几千万，而且在民政厅有一个爱心基金会，我行做了一个项目投资了一个残疾人的学校，帮助孤残儿童等
E3 环境满意（23） E3.1 捐赠环卫车（17） E3.2 倡导绿色信贷（6）	（D，P3）：我行为环卫工人捐赠垃圾车，这种垃圾车是环保车辆 （D，P5）：宁夏区域承接东部产业，经济社会发展水平不一样，我行倡导绿色信贷，将信贷政策和授信在低耗能、环保方面的企业中
E4 客户满意（39） E4.1 客户回馈（20） E4.2 服务便捷（13） E4.3 产品创新（6）	（D，P1）：我行对客户实行的是全部免费政策，为客户让利，并不断地帮助小微企业降低其融资成本 （D，P3）：我行现在的发展方向转向个人客户，客户现在可以用一卡通存取钱，还包括社区周边的优惠服务，类似公交卡，服务更便捷 （D，H）：2012年，石嘴山银行"养老贷"金融产品创新案例被中国社会科学研究院金融研究所评为"十佳金融产品创新奖"
E5 员工满意（48） E5.1 员工薪酬福利好（25） E5.2 员工发展平台好（23）	（D，I）：本行的薪酬较高，每一个客户经理都有车，但是开会不让独自开车，必须拼车 （D，P2）：我行员工的整体层次偏年轻，平均年龄是29岁，提供的平台很好，我们岁数都比较小，已经是中层，这方面对员工非常有吸引力
E6 股东满意（18） E6.1 积极回报股东（18）	（D，I）：我行重视投资回报，保障股东权益，在确保自身发展的同时，石嘴山银行将发展成果惠及股东，石嘴山银行执行相对稳定的利润分配政策，保证股东短期利益和长远利益的结合，充分维护股东的权益

通过编码，笔者发现，银行伦理行为中的员工满意和客户满意占有非常大的比例，172条条目中分别占了48条和39条，这就说明了员工和客户是石嘴山银行最为看重的两个因素，这在计划发展部的孙总那里得到了证实。他说："对我行来说，客户第一、员工第二、股东第三。客户是上帝，是衣食父母，而家园文化让员工建立了一个正确的价值观，我们每年给员工体检，为员工父母体检，企业教我们怎么孝顺，用这个倡导家园文化。客户和员工做好了，股东的利益就保护好了。"另外政府、社会和环境满意也占有较高的条目数，分别占了20条、24条和23条目，说明该行也非常关心这些利益相关者利益的实现。虽然对股东的条目数最少，并不是说银行不重视股东的利益，相反，每年都给予了股东高额回报，因为对该行来说，只有经营好了客户和员工，才能让股东持续受益。

（3）石嘴山银行成长

本书对石嘴山银行成长系统，在网络资料和档案资料中从三个维度进行编码，共得到银行成长条目为49条。笔者发现石嘴山银行量成长维度条目数为19条，质成长维度条目数为20条，力成长维度条目数为10条。从中可知量成长和质成长维度所占条目最多，说明了该行将创新带来的质成长、营收增长带来的量成长看做银行生存的命脉。力成长所占条目最少，是因为该行本身的规模相对较小，整体的市场占有率较低，竞争实力相对较弱，但是在整个宁夏回族自治区该行却是排名前三的股份制商业银行。这也就表明了石嘴山银行在当地的银行中，虽然规模不如宁夏银行，但是在当地有一定的竞争实力。数据显示石嘴山银行在宁夏100强企业中，排名35位①。

（4）石嘴山银行伦理行为对经济行为的影响

石嘴山银行伦理行为对经济行为有什么影响？通过编码笔者发现了

---

① 引自石嘴山银行2012年年度报告。

石嘴山银行伦理行为对经济行为影响的 9 个维度：政府满意对作业系统的影响、政府满意对管理系统的影响、社会满意对作业系统的影响、社会满意对管理系统的影响、环境满意对管理系统的影响、客户满意对作业系统的影响、员工满意对管理系统的影响、员工满意对作业系统的影响和员工满意对市场系统的影响。表 5-29 详细列举了该行伦理行为对经济行为影响的维度及示例性证据。

表 5-29　石嘴山银行伦理行为对经济行为影响维度及示例性证据

维度(条目数)	示例性证据
E1-M1 政府满意对作业系统的影响(13)	(D，P3)：我行有针对政府的金融服务，这样我们能在政府方面树立良好的形象，并获得政府的资金支持
E1-M3 政府满意对管理系统的影响(12)	(D，P2)：因为我行的国家电网是大股东，因此政府对我行干预比较多，银行的决策管理方面都比较到位，决策更快速、更有效、更贴近客户，也更为规范地进行公司治理
E2-M1 社会满意对作业系统的影响(15)	(D，P5)：我行对社会承担责任在一定程度上是品牌宣传，带有社会使命在里面，附带产生经济效益。我们喜欢阿里巴巴的理念，为社会作贡献
E2-M3 社会满意对管理系统的影响(13)	(D，P5)：为社会服务贯穿于整个银行文化，传达企业社会责任感，这样让员工工作比较踏实，找到了家园，不仅工作效率高，而且工作舒心
E3-M3 环境满意对管理系统的影响(15)	(D，P3)：我行对社会有回馈，比如为环卫工人捐赠垃圾车，为环卫工人在网点免费充电，城市环境好了，无形中也提升了银行的社会形象

续表

维度(条目数)	示例性证据
E4-M1 客户满意对作业系统的影响(28)	(D，P3)：我行服务于小微企业和社区居民。小微融资难，本行提供利率优惠，帮助他们融资，融资成本下降了，就能获得更多的客户支持
E5-M1 员工满意对作业系统的影响(24)	(D，P5)：对客户和员工的服务做好了，则股东的利益就保护好了
E5-M3 员工满意对管理系统的影响(27)	7(D，P1)：我们的员工在工作和生活上满意了，这种热情的态度就能从员工传递给客户。员工对客户的服务非常到位，则口碑就形成了，这样我行的共同文化氛围慢慢形成
E5-M2 员工满意对市场系统的影响(20)	(D，P2)：我行的员工们有吃苦耐劳精神，愿意下到社区去，去说服客户，让客户知道应该怎么做

从编码中笔者发现，石嘴山银行伦理行为对经济行为的作用中，表现最为显著的是员工满意对管理系统与作业系统的影响，在167条条目中分别占27条和24条。这与该行浓厚的文化氛围息息相关。调研过程中，笔者感觉该行的员工不论是工作态度，还是在配合调研的态度都非常积极，尊重研究小组的调研活动。这种员工满意程度自然能够使得银行有一个良好对员工的软约束，而不是制度上的硬约束。因此员工满意对经济行为的三个主维度都有显著的影响。另外客户满意对作业系统也有显著的影响，占28条，表明该行也将客户满意放在显著的位置。虽然在经营理念上将客户放在首位，但是银行认识到员工满意才是经营好客户的关键，正如计划部总经理孙总所说："服务和产品都是通过从员工传达到客户，只有服务好员工，员工对客户的服务才会非常到位，银行良好的口碑才能形成。"至于其他几个方面都比较均衡，对银行来说都处于相同的地位，政府、社会和环境的满意都能够从直接或间接方面

对经济行为产生正向影响。

因此，通过以上分析，本书发现了石嘴山银行伦理行为对经济行为影响的特点，表现为员工满意和客户满意为首位，其次才是政府满意、社会满意和环境满意，而股东满意是结果。因此本书构建该行的伦理行为对经济行为影响的模型如图 5-10 所示：

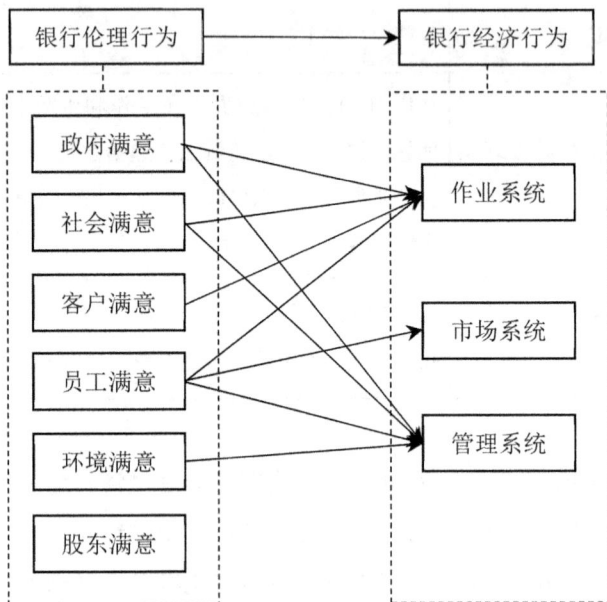

图 5-10　石嘴山银行伦理行为对经济行为影响的模型

（5）石嘴山银行成长对伦理行为的影响

石嘴山银行成长对伦理行为有什么影响？编码后笔者发现了银行成长对伦理行为影响的 6 个维度：量成长对政府满意的影响、量成长对社会满意的影响、量成长对股东满意的影响、量成长对员工满意的影响、量成长对客户满意的影响和质成长对员工满意的影响。表 5-30 详细列举了银行成长对伦理行为影响的维度及示例性证据。

表 5-30　石嘴山银行成长对伦理行为影响维度及示例性证据

维度(条目数)	示例性证据
G1-E1 量成长对政府满意的影响(14)	(D，P4)：我行积极与地方政府合作，如地方政府的妇联、团委等部门开展关于支持农村妇女创业、青年创业等项目，支持地方经济的发展
G1-E2 量成长对社会满意的影响(18)	(D，I)：在稳健发展的同时，本行不忘践行社会责任，向移民学校、贫困大学生、农村贫困妇女及助残事业累计捐款 1000 余万元
G1-E6 量成长对股东满意的影响(13)	(D，P4)：我行股东的收益率比较高，后来他们入股后非常感谢我行。现在稳坐收益，翻了很多倍了，回报率在 20%
G1-E5 量成长对员工满意的影响(21)	(D，P1)：我行发展很好，因此员工的福利方面也很有特色，比如给予结婚的员工两份年货，每位员工都有大病医疗保险，一天补助 500 元，生病的员工，除了保险，不同程度给予 5 万~10 万元资助，以及员工内部捐款
G1-E4 量成长对客户满意的影响(20)	(D，I)：我行积极打造"零"收费银行，全年让利 2000 多万元
G2-E4 质成长对客户满意的影响(16)	(D，P5)：我们强调的理念是因地制宜的创新，结合自己的实际情况做小创新，比如做社区银行。超市的产品进行积分打折，帮助夫妻店管理，还有餐馆、洗衣店、茶馆等，大银行不做，我们在做

从编码中笔者发现了石嘴山银行的量成长对员工和客户满意有着显著的影响，在 102 条条目中分别占 21 条和 20 条。这说明了该行在成长过程中对员工和客户最为重视，从物质利益上和精神关怀上给予最大的

支持。另外量成长对政府和社会的满意，质成长对客户的满意条目也较显著，说明银行在不断成长壮大中，不忘为政府出力，为社会尽责，为客户尽心。从该行获得的奖励也可以看出，该行在 2012 年获得了宁夏回族自治区总工会、宁夏人社厅等单位授予的"自治区模范劳动关系和谐企业"称号，宁夏回族自治区人民政府颁发的"支持小微企业和三农突出贡献奖"，以及被中国《银行家》杂志评为"最佳服务中小企业银行"。由于银行的规模较小，因此力成长对银行伦理行为的影响表现不明显。本书构建石嘴山银行成长对伦理行为影响的模型如图 5-11 所示：

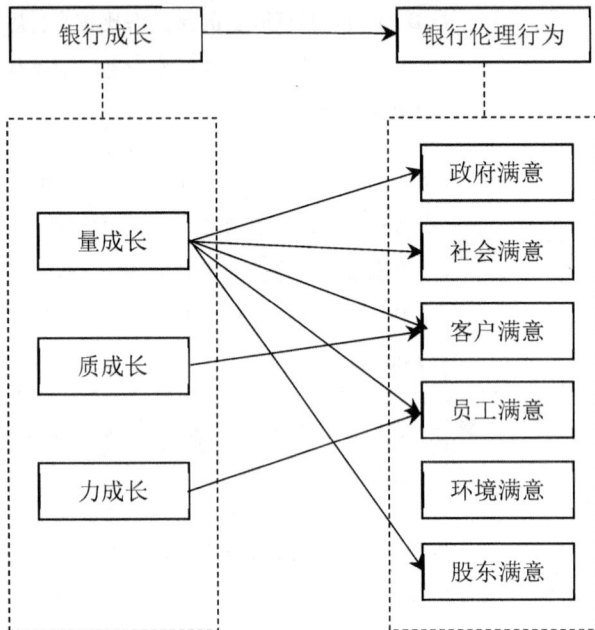

图 5-11　石嘴山银行成长对伦理行为影响模型

2. 石嘴山银行成长系统的耗散结构

遵照前文的编码方法，在这个小节中总计得到了 401 条条目，其中一手访谈数据获得编码 294 条，网站上的官方资料以及新闻媒体资料获得编码 41 条，档案资料获得编码 66 条。经过对编码库进行了二次甄别，删除雷同的、不准确的、不清晰的编码 28 条，得到了 373 条。在 373 条有效条目中，熵增的类别条目为 178 条，负熵的类别条目为 195 条。

通过对子维度的归纳提炼，得到银行成长系统熵增子维度 8 个，银行成长系统负熵子维度 7 个。通过归纳的方式得到了银行成长系统熵增主维度 2 个，银行成长系统负熵主维度 2 个，以及总熵对银行成长的影响主维度 1 个。总熵是负熵与熵增的叠加，本书对总熵维度的归纳是从伦理行为的角度进行的。

笔者对银行成长系统熵增、负熵以及总熵对银行成长的影响的各个主维度与子维度进行编号，对于条目数量太少的维度进行剔除①。剔除后最终确定熵增的类别条目为 177 条，主维度 2 个，子维度 5 个；负熵的类别条目为 194 条，主维度 2 个，子维度 6 个；总熵对银行成长的影响主要是由熵增与负熵相抵消所决定，研究小组经过讨论后确定维度 8 个。总条目数由 360 条减至 357 条。

(1)影响石嘴山银行成长的熵增

影响该行成长的熵增有哪些？通过编码研究小组发现了熵增的 5 个子维度，即人才制约、实力较弱、业务单一、同业竞争和互联网金融。通过小组的进一步归纳，发现影响石嘴山银行的熵增有 2 个主维度，分别是内部劣势和外部威胁。表 5-31 详细列举了该行熵增的维度及示例性证据。

通过编码，笔者发现了目前影响该行成长最大的问题是同业竞争和人才的制约，在总体数目 177 条中，分别占了 48 条与 43 条。有多名被访谈对象提出了来自人才方面的匮乏和其他银行带来的压力，但这也是其他银行面临的困难，是一个社会性的问题。人力资源部门的刘总

---

① 剔除的维度包括熵增类别下的利率市场化的问题，条目数为 1 条；负熵类别下的发展战略好，条目数为 1 条。

表 5-31　影响石嘴山银行成长的熵增维度及示例性证据

维度(条目数)	示例性证据
P1 内部劣势(99) P1.1 人才制约(43) P1.2 实力较弱(21) P1.3 业务单一(35)	(D, P5)：人才的匮乏是目前银行普遍面临的问题，现在制约我行发展，人才是关键性的因素，银行不缺人，缺人才，真正适合相匹配的人才比较少 (D, P2)：我行还在不断发展中，就客户数量来说，还不够多，客户基础还不足，资本实力相对也较弱 (D, P2)：目前我行业务单一，可能对未来银行的发展有影响，因为慢慢地，零收费局面会被打破，必须找到其他创新的业务模式
P2 外部威胁(78) P2.1 同业竞争(48) P2.2 互联网金融(30)	(D, P1)：目前银川区域的竞争越来越激烈，很多银行都进入，对于客户的争夺就更大，这几年压力也变得更大了 (D, P5)：互联网金融出现了以后，对银行来说技术上的冲击比较大，但是也带来了很多先进的理念

直接指出："对于西部地区缺人才，这是全社会的因素。真正适合相匹配的人才比较少，以前很难招收重点大学的本科毕业生，这种情况直到今年开始才有所改善，有清华的博士来我行工作。"其他几个维度也有比较明显的影响，如互联网金融的威胁、业务单一化，以及银行整体的实力较弱，分别占 30 条、35 条和 21 条。互联网金融的影响对石嘴山银行来说，并不一定都是威胁，因为小银行转型快，能够很快地跟上和适应技术环境变化带来的影响，而规模问题和业务问题，如果银行有创新的氛围和发展的潜力，并不能成为银行发展的真正阻碍。

(2)影响石嘴山银行成长的负熵

影响该行成长的负熵有哪些？编码后笔者发现了负熵的 6 个子维度，即员工工作效率高、员工沟通顺畅、客户需求反应快、规范管理、营销创新和转型快。通过研究小组进一步归纳，发现影响该行的负熵有2个主维度，分别是文化优势和内部机会。其中表5-32详细列举了负熵的维度及示例性证据。

表5-32　影响石嘴山银行成长的负熵维度及示例性证据

维度(条目数)	示例性证据
P1 文化优势(101) P1.1 员工工作效率高(34) P1.2 员工沟通顺畅(31) P1.3 客户需求反应快(36)	(D，P1)：我行的家园文化让每一位员工工作踏实，感觉找到了家园，工作效率高，舒心 (D，P4)：银行的机制灵活，文化氛围好，员工们都肯干事、愿意干事，响应速度很快，组织结构简单，沟通很顺畅，比如可以直接发短信给高管 (D，P3)：银行小而灵活，客户的需求，一两天就能反馈回来，时间上的快捷比较有优势，效率高
P2 内部机会(93) P2.1 规范管理(32) P2.2 营销创新(28) P2.3 转型快(33)	(D，P2)：因为我行的国家电网是大股东，因此政府对我行干预比较多，银行的决策管理方面都比较到位，决策更快速、更有效、更贴近客户，也有利于规范地进行公司治理 (D，P5)：我们强调的理念是因地制宜的创新，结合自己的实际情况做小创新，比如做社区银行 (D，P5)：银行的治理方面，最深的感受是战略准确，决策灵活，链条短，转型快，掉头快，市场把握快，我们能够用最快的速度，温馨的服务来放款

由编码可以看出，目前石嘴山银行最突出的优势是主维度的文化优势，194条条目中占了101条，不论是从员工的工作态度、访谈效果，还是对客人的尊重等，都可以看出石嘴山银行的良好文化氛围。员工之

间沟通顺畅，工作效率高，以及对客户的反应速度快，都是满足员工积极努力为银行做出贡献的表现。除此之外，对于该行来说，外部没有优势并没有让银行失去太多的东西，反而在内部形成了规范的管理，因地制宜地进行创新活动，并且根据环境的变化迅速转型。社区银行是很多银行，包括国有商业银行想做，但又心有余而力不足的空白点，该行抓住这个机会将能在未来的发展中大放异彩。刘总对此给予了笔者肯定的回答："对于银行来说，银行有长远的战略规划并顺利实施，每3~5年就会改变，但是我们的企业文化不会变，因为它可以凝聚我们的员工。我们银行的战略调整比较快，2009年开始跨区域营业，目前银川分店占了一半，还开展了社区银行业务，在4地开了20多家社区银行。我们的员工年轻，平均年龄29岁，凝聚力强，有干劲，有活力，小银行的发展潜力大。"

(3)总熵对石嘴山银行成长的影响

笔者通过对石嘴山银行熵增与负熵的分析，以及各种数据的归纳后，将石嘴山银行的总熵从伦理行为的角度分为六个维度，分别是客户满意、员工满意、政府满意、社会满意、环境满意和股东满意来分析总熵对银行成长的影响。第一，员工满意维度是核心。这是笔者进行数据分析后看到的直接结果。虽然档案资料中将员工放到第二位，客户放到第一位，但在实际的经营过程中发现了员工成为银行伦理行为的第一目标。这与该行形成的家园文化密不可分。正是这种文化，影响了员工的工作动力和激情，带来了更多的客户满意，而员工、客户满意必然带来股东的满意。因此员工满意对成长中的子维度量成长有直接的影响，同样对质成长也有直接的影响，未来可能对力成长有影响。第二，客户满意维度是关键。该行围绕着客户做出了很多伦理行为，包括各种业务的免费，有针对性地帮助客户等，都使得该行在声誉方面有较大的提高。在笔者对客户的随机访问中也发现，该行在客户群中有较好的口碑。因此客户满意对该行力成长有较大的贡献，对质成长有直接的影响。第三，政府、社会和环境满意维度是责任。这三个维度对该行来说，是提高社会形象的一个最好的契机，正如行长办公室主任张总所说："我们在宁夏回族自治区所做的植入性广告非常少，我们认为与其做广告，不如做公益。"政府、社会和环境维度对银行的力成长将有较大的影响。第四，股东满意维度是义务。与其他银行不同，虽然该行没有对保护股东的权益做出重点的强调，但结果却是每年的分红超过了其他的商业银行，使得股东得到了高回报，股东也更愿意为该行的发展做出更多的投资，为银行的量成长提供资金的支持。最后本书构建石嘴山银行总熵对银行成长影响的模型，如图 5-12 所示：

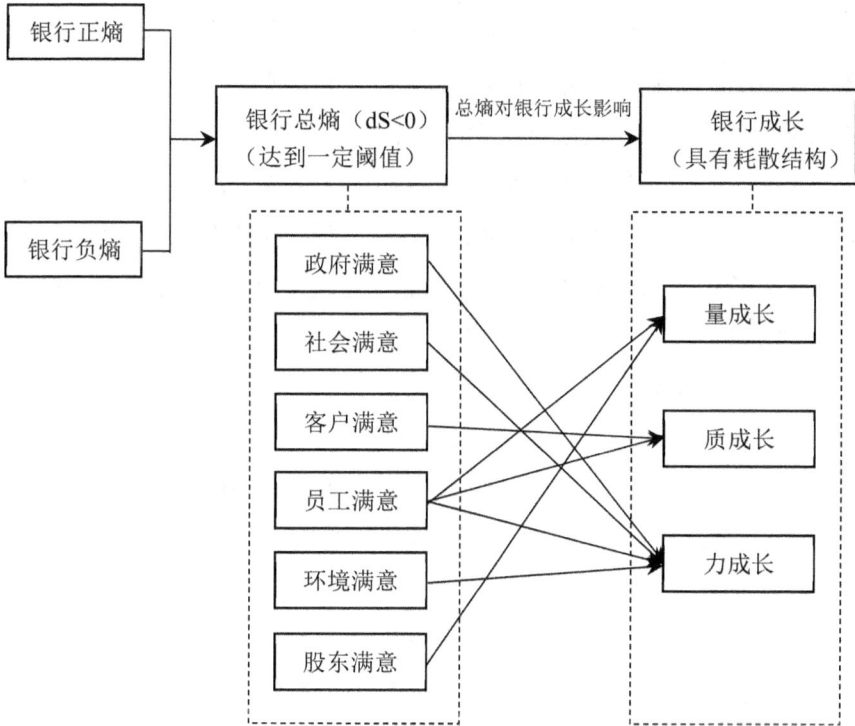

图 5-12　总熵对石嘴山银行成长影响的模型

　　经过研究小组的讨论分析后，本书认为该行目前处于稳健成长阶段，这也和调研数据结论较为相符。访谈中被访谈对象都认为目前银行处于稳定的发展阶段，因此模型中笔者认为总熵的数值小于零，即目前该行的成长系统形成了一个耗散结构，即总熵是熵增与负熵的叠加，且为数值 dS<0。

3. 石嘴山银行成长系统的超循环机理

本书重复前面的研究方式，进行编码，总计得到了 221 条条目，其中一手访谈数据获得编码 141 条，网站上的官方资料以及新闻媒体资料获得编码 35 条，档案资料获得编码 45 条。经过笔者与项目参与者讨论，对编码库进行了二次甄别，删除雷同的、不准确的、不清晰的编码 4 条，得到了 217 条。在 217 条有效条目中，经济目的类别条目为 101 条，伦理目的的类别条目为 116 条。通过对维度的归纳提炼，得到银行经济目的的维度 6 个，银行伦理目的的维度 4 个。

笔者对经济行为目的与伦理行为目的进行编号，对于条目数量太少的维度进行剔除①。剔除后最终确定经济目的的类别条目为 100 条，维度 5 个；伦理目的的类别条目为 116 条，维度 4 个。总条目数由 217 条减至 216 条。

(1)石嘴山银行经济目的

该行做出经济行为的目的是什么？研究小组对访谈的数据进行了编码，得到了经济目的的 5 个维度，即支持政府、服务客户、回报股东、回馈社会和满足员工。表 5-33 详细列举了该银行经济目的维度及示例性证据。

通过编码可以发现，石嘴山银行做出经济行为最为重要的目的是满足员工和服务客户，分别在 100 条条目中占 25 条和 24 条。当然可以从前面的分析得到解释，该行将这两者看做银行的发展命脉，满足了员工和客户，才能满足其他利益相关者。因此后面几个维度，包括回馈社会、回报股东、支持政府都呈现出一般的显著性，因为该行的经济行为

①　剔除的维度包括经济目的类别下获取利益维度，条目数为 1 条。

表 5-33 　石嘴山银行经济目的维度及示例性证据

维度(条目数)	示例性证据
MP1 支持政府(15)	(D, P2):我们和政府方面的关系就是一个政银互动的关系,政府有项目,有资源,我们就有义务利用资源去帮助政府完成
MP2 服务客户(24)	(D, H):石嘴山银行将为客户提供优质服务作为永恒的追求,树立了"以客户为中心"的服务宗旨和"您满意,我快乐"的服务理念,想客户所想、急客户所急,从多个层次开展工作,查找服务当中的薄弱环节,努力提升客户服务水平
MP3 回报股东(13)	(D, P1):每年我行都为股东实现了较高的收益
MP4 回馈社会(16)	(D, I):在经营业绩取得较快发展的同时,石嘴山银行坚持开展扶贫助困活动,积极投身慈善事业,关注弱势群体,用心回馈社会。持续给困难群众、残疾人、孤残儿童、贫困学生、孤寡老人等弱势群体和困难群众提供帮助
MP5 满足员工(25)	(D, P3):银行成长和发展必须靠员工,但员工的要求不一样,不可能照顾到方方面面,只能是定一个绝大多数人能够得到基本满足的标准

的做出并未完全将这几个维度放在重要的位置,但他们又是必须得满足的对象。值得注意的是该行的员工在访谈的过程中极少将经济行为目的就是为了赚钱去提及,可能的原因是员工的薪酬待遇确实比较高,赚钱对他们来说是比较容易的事情。其他的原因或许是家园文化深入人心,并不把赚钱看做银行首要的任务来抓,这与以前访谈其他银行有着明显的区别。这同样验证了之前的结论,经济行为的目的是为了银行实施伦理行为而做出的。

（2）石嘴山银行伦理目的

该行做出伦理行为的目的是什么？通过编码，研究小组得出了该行做出伦理目的的 4 个维度，即提升社会形象、管理水平的提升、银行绩效的增长和应尽的义务。表 5-34 详细列举了该银行伦理目的的维度及示例性证据。

表 5-34　石嘴山银行伦理目的维度及示例性证据

维度（条目数）	示例性证据
EP1 提升社会形象（30）	（D，P3）：银行做了很多与社会公益相关的活动，比如捐赠方面是为了提升社会形象，这是毋庸置疑的
EP2 管理水平的提升（35）	（D，P2）：我们的文化让员工时时刻刻地努力工作，密切关注客户可能出现的新需求。这样员工自律地做好本职工作的同时，还会认真思考如何更好地满足客户的需求
EP3 银行绩效的增长（22）	（D，P4）：银行成长从短期来看是盈利和绩效，但是从长远看银行需要的是发展，只有满足各个利益相关者的利益，最终才能从长远中去实现银行可持续性的成长
EP4 应尽的义务（29）	（D，P1）：我们承担社会责任的出发点，是在我行的物质精神生活能满足后，为社会做出更大的贡献，虽然投入很多时候是没有回报的，而且有的时候会是一个麻烦，但这是我们应尽的义务

从编码中笔者发现，石嘴山银行做出伦理行为目的最重要的一点表现为管理水平的提升。在总共 114 个条目中占 35 条，表明了伦理行为的做出为银行的管理做出了显著的贡献，其根本原因是文化的作用。员工满意于银行的文化氛围，愿意为银行做出更多的贡献，也自觉地为银行创造价值，软约束的方式比制度的硬约束的方法更加实用。还有不少

员工认为伦理行为的目的可以带来形象的提高，但同时也是银行应尽的义务，这两方面并不矛盾。因为银行尽此义务，则必然带来形象的提高，也自然吸引更多的客户，可能为银行带来更多的利润。而银行绩效的增长维度的显著性一般，并不是说明银行不重视绩效的增长，而是如何增长，用什么方式增长，又如何回馈社会。因此在这方面笔者认为对石嘴山银行数据分析的结果同样也验证了本书提出的超循环机理的命题。

5.4 本章小结

本章对四家中小股份制商业银行的深度访谈、观察法以及档案资料等相关数据进行了结构化的处理，为后续的案例分析做好了铺垫工作。

首先，本章对案例银行进行了基本情况的介绍。根据研究目标，本书采用了理论抽样的方式，分别选择了两家成都的银行与两家银川的银行进行研究。这四家银行都属于中小股份制商业银行。得出的结论笔者将在下一章中进行验证，选择的对象是中国农行湖北省分行，并最后得出结论。

其次，研究小组对访谈资料进行了两轮编码，6名研究小组成员进行了背靠背案例编码，并进行组内讨论和小组讨论，最后形成了研究问题的编码结果。本书从三个方面进行研究，分别是银行经济行为、伦理行为与成长的协同关系，银行成长的耗散结构形成机理和银行成长的超循环机理。

第三，本书进行编码后，根据结果进行分析，并分别建立各个银行不同的模式，其中各有异同，本书将在下文的对比分析中进行阐述，得出文章的结论命题。

6 案例对比分析

本章将对四家样本银行进行比较分析，再对一家样本银行进行验证，找出可能存在的共同点或不同点，以说明伦理行为在银行成长中的作用。

6.1 案例对比分析的目标与思路

6.1.1 案例对比分析的目标

进行案例对比分析的过程，主要解决以下三个问题：

第一，银行经济行为、伦理行为以及银行成长三者具有协同关系吗？本书最重要的是考察伦理行为对经济行为、银行成长的影响，以及银行成长对伦理行为又有什么样的影响，不同银行结论是否相同？或者是否有相异的地方需要进行解释？

第二，在案例编码与分析的过程中，本书已经发现了有的银行成长系统具有耗散结构，有的不具有耗散结构，这是为什么？是什么因素影响了银行成长系统成为耗散结构？本书通过对比来发现其中的原因，从中归纳银行伦理行为在其中所起到的作用。

第三，是否这四家银行，构成其成长的两个维度——经济行为和伦理行为，所形成的超循环机理都是互为目的，这其中有什么不同？是否能够完全证实该过程？在分析过程中本书寻找伦理行为的作用机制是什么。

6.1.2 案例对比分析的思路

为了实现以上分析目标，本书按照以下步骤对案例银行进行对比分析：

第一，将案例分为两组，成都两家银行一组，银川两家银行一组。分组的目的是因为同一个地区的银行，不论是大的行业环境影响，还是小的地方环境影响，都是一样的结果，因此可以很好地控制环境变量。

第二，将两个不同地区的银行小组之间进行比较分析，说明伦理行为的作用机制。

第三，将得出的结论在中国农行湖北省分行进行验证，验证命题在大型国有股份制商业银行中是否也同样成立。

第四，将得到的结果与文献进行比较分析，形成理论解释框架。

6.1.3 样本分组依据

由于银行受环境变化的影响很大，地区之间的政策环境可能也会对银行有较大的影响。因此本书的分组依据就是根据一个地区的银行进行组内比较，然后对中小型商业银行进行组间比较，最后对不同类型的银行进行组外比较，验证是否能够得出相同或相似的结论，这样可以做到Yin(1984)①对案例研究提出模式匹配要求。因此本书将案例分为两组，分别是组1：成都农商行和南充商行成都分行；组2：宁夏银行和石嘴山银行。

6.2 第1组银行比较分析

按照基本的分析思路，本书尝试首先对组内的案例银行进行两两比较，分析银行成长自组织形成的三种模式中，银行伦理行为在其中的作

---

① Yin, R. K. Case Study Research [M]. Beverly Hills, CA: Sage Publications, 1984.

用。首先第一组案例银行中，对比的两家银行是成都农商行和南充商行成都分行。

6.2.1 银行成长系统协同动力机制

1. 伦理行为对经济行为影响的理论解释不足

首先，本书从经济行为角度对这两家银行进行对比，发现两者的经济行为条目有所相似，也有所差异。相同的地方为两家银行都以传统业务的利差和部分中间业务作为银行的作业系统，两者的管理水平都表现一般。相异的地方表现为成都农商行有一部分销售和服务业务，而南充商行成都分行有一块金融创新业务，为中小企业展开金融服务。两者的不同导致了伦理行为方面表现出一定的差异性。

其次，本书发现两家银行做出的伦理行为有较大的差异性，其中成都农商行将股东满意放在银行做出伦理行为的首位，这与银行成长定位有相当大的关系。成都农商行的战略定位是以规模成长为目标，规模的扩大离不开外界对银行的投资，投资的关键在于股东利益的保护。从该行的发展战略中，一句话有四次提到股东的利益，全行的经营理念是以股东利益为重就不足为奇了。南充商行成都分行却将客户满意放在银行做出伦理行为的首位，这与该行的核心价值观有密切联系。该行的核心价值观将"尊重""尊敬"作为核心字眼，提出尊重客户、股东、员工及他人，打造成受人尊敬的银行。因此可以看出银行伦理行为的做出与银行的核心理念息息相关，决定了利益相关者是银行最为看重的角色。而成长方面的分析，则很清晰地看出成都农商行是以量成长为主，而南充商行成都分行以质成长为主。

第三，对于银行伦理行为对经济行为的影响作用，两者得出的结论相差不大，唯一的区别与上面分析相似，成都农商行是以股东满意为前提，通过员工满意、客户满意，以及其他利益相关者满意的方式实现银行的绩效增长，管理水平的提高。南充商行成都分行则是以客户的满意为前提，兼顾其他利益相关者的利益来实现银行的作业系统绩效、金融创新系统绩效和管理水平的提升。在这方面，本书发现银行伦理行为除了对作业系统，即经营绩效有影响之外，同时还对银行的创新能力提高以及管理水平提高有正向影响，这与现有的理论解释有较大的差别。现有的理论更关注于伦理行为对经营绩效产生的正向影响、负向影响或其他影响（Mc Williams，2000①；Ingram，1980②；Waddock & Graves，1997③）。因此本书发现根据利益相关者理论，将不同的对象做出的伦理行为进行细分，将可能产生不同的作用效果，而非仅仅是经营绩效的改善。现有理论对此解释明显不足，由此，本书提出：

命题1：银行做出伦理行为，除了对银行经营绩效产生影响之外，还包括对银行的创新能力提升、管理水平提高产生直接的正向影响。

2. 成长对伦理行为影响比较分析

对比以前的企业成长研究理论，发现大多数研究的定性分析和定量研究，都集中于企业伦理行为对成长所产生的正向影响（林丽萍等，2014④；陈凌等，2008⑤；刘振等，2014⑥；杨小娟等，2010⑦），而缺

---

① McWilliams, A. and D. Siegel. Corporate Social Responsibility and Financial Performance: Correlation or Misspecification? [J]. Strategic Management Journal, 2000 (21): 603-609.

② Ingram, Robert W., Katherine B. Frazier. Environmental Performance and Corporate Disclosure[J]. Journal of Accounting Research, 1980(18): 614-622.

③ Sandra A. Waddock, Samuel B. Graves. The Corporate Social Performance-Financial Performance Link [J]. Strategic Management Journal, 1997(18): 303-319.

④ 林丽萍, 罗莹. 论社会责任对企业成长性的作用机理[J]. 财会通讯, 2014(5): 86-89.

⑤ 陈凌, 鲁莉劼, 朱建安. 中国家族企业成长与社会责任[J]. 管理世界, 2008(12): 160-164.

⑥ 刘振, 张广琦, 杨俊. 基于SCSR的社会企业成长研究[J]. 现代管理科学, 2014(7): 85-99.

⑦ 杨小娟, 何朝晖. 创业期中小企业社会责任与成长性关系[J]. 系统工程, 2010(6): 106-110.

乏成长对伦理行为的影响研究。本书从案例研究的角度出发，对此进行了探讨，说明两者之间不仅是因果关系，还应当是互为因果关系，企业成长对企业做出的伦理行为也有正向影响，以此研究伦理行为与企业成长相互促进、相互作用的关系。

笔者发现成都农商行的量成长对股东满意和员工满意有最大影响，因为该行这几年发展迅速，规模不断扩大，已经成为全国农商行中规模最大的银行。量的成长必然带来股东的分红增多，以及员工薪酬福利的增加，有更充足的资金去满足股东和员工利益，同时在一定程度上也满足了政府和社会的利益。而质成长和力成长在一定程度上能够让客户感到满意，对他们也是一种正向的影响作用。对比南充商行成都分行，本书发现质成长对客户满意影响程度最高，表明了质成长能够带来很好的客户体验，并满足客户的不同需求。而量成长在满足社会和股东方面，也有较显著的影响，说明该行为为社会做出了不少的贡献，同时也满足了股东的需求。质成长对员工的满意和量成长对政府的满意只有一般的显著程度，表明这方面还未达到员工和政府满意的要求，该行需要继续努力。从两家银行成长系统对伦理行为的影响可以发现，里面有较大的区别。其中的原因和银行本身的实力有相当大的关系，如成都农商行实力更强，量成长表现明显，而南充商行成都分行则质成长表现更好，因此对利益相关者的利益满足各不相同。但综合来看，可以发现成长系统对伦理行为也有正向的影响，银行成长将能不断地促进银行做出伦理行为，由此本书提出：

命题2：银行成长系统对银行伦理行为的做出有正向的促进作用，根据银行自身的情况的不同，对利益相关者满足程度有所区别。

3. 银行成长系统自组织管理模式运行过程

第三章已经探讨了银行成长系统产生的自组织管理，必然会呈现不断往复、螺旋上升的演化特点。从案例的角度出发，根据银行成长的量成长、质成长和力成长的子系统，分析比较两家银行如何根据现实运行中的作业、管理以及市场系统的涨落现象，自发、自动、自律、自主地对满足政府、客户、员工、社会、环境、股东利益等子系统，形成功能—结构—涨落子系统之间的竞争与协同。

首先就成都农商行来说，目前处于一个高速发展的状态，其伦理行为作为一种自律行为，更多地满足股东的利益、员工的利益与客户的利益。同时他们也尽心竭力地帮助银行更好地完成经济行为活动，两者对银行成长都有促进作用，共同让银行成长到一个新的阶段。成长后的成都农商行，也将有更大的能力完成更多的伦理行为与经济行为，这是一种自发的行为，也是自组织的一种状态。由于受环境变化因素的影响，如目前的互联网金融的影响，银行的存贷利差业务减小，出现微小的涨落，银行可以通过对减少股东的分红或降低员工的奖金等方式进行调整，形成两者的竞争与协同，这就是自会聚型自组织过程。如成都农商行的员工在访谈中也说道："目前互联网金融对银行产生了比较大的影响，使得银行的业绩有所下降，年底的分红也会减少。"这种仅仅在量上的变化不会对银行的经营产生大的影响，该行仍然在规模扩张的发展中前进。

就南充商行成都分行来说，目前遇到的问题相对较多，也就是银行成长过程出现了巨涨落。这种巨涨落的产生一方面是由于银行内部的改制，另一方面来自银行面对经济下行而出现的困难。这两方面所引起的巨涨落导致银行成长远离平衡态，该行无法通过结构性的微调进行自我修复，银行就必须对整个结构子系统进行大的调整，调整的过程很痛苦，但是却非常必要。在这个过程中，银行管理相对而言比较混乱，效率下降，出现了成长的瓶颈。但是如何处理好经济行为与伦理行为的关系，使它们形成竞争与协同，从而达到新的平衡，这是目前该行面对的最重要的问题，如果变革成功，将会出现自创生型自组织过程，使得该行进入一个新的成长阶段。比如该行如何在危机中发现机遇，在困难中另辟蹊径，通过对伦理行为各个子系统的调整，和员工及股东，共生死、同命运，通过创新的方式更好地服务于客户，或者找到新的银行盈利增长点，新的客户对象等。银行可以通过不断挖掘员工的潜力，找到银行新的发展方向，实现银行成长的新跨越。

因此通过两家银行的对比，本书发现成都农商行处于自会聚自组织的状态，而南充商行成都分行处于自创生型自组织的状态。两者相同点在于其经济行为、伦理行为与银行成长三者协同，实现银行成长系统的自组织管理。本书构建成长系统协同动力机制模型如图 6-1 和图 6-2所示：

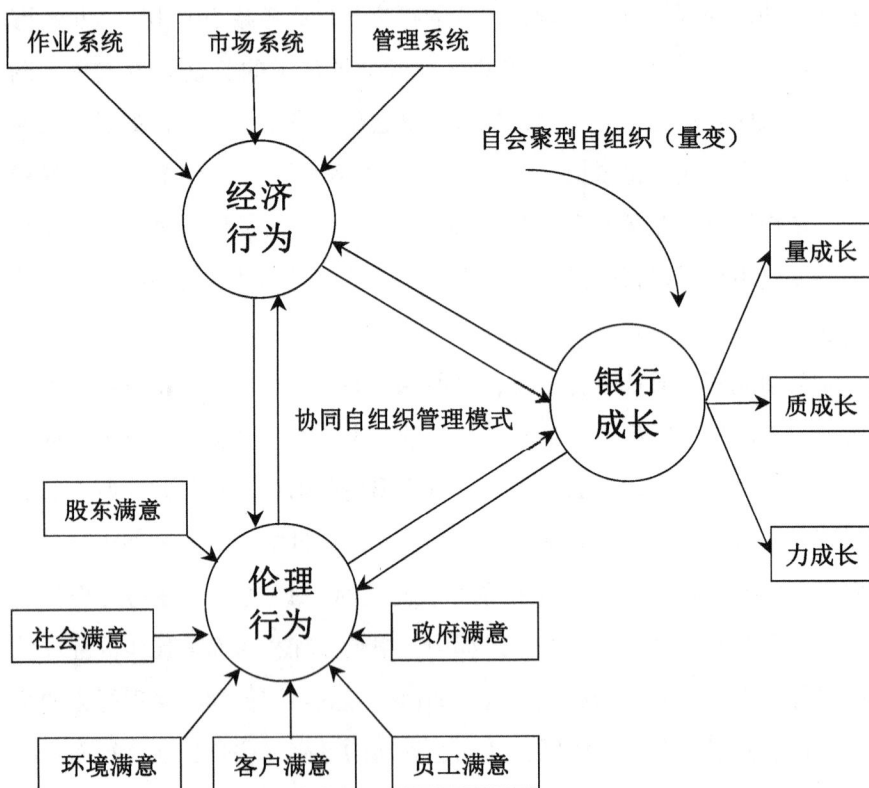

图 6-1　成都农商行成长系统协同动力机制模型图

208

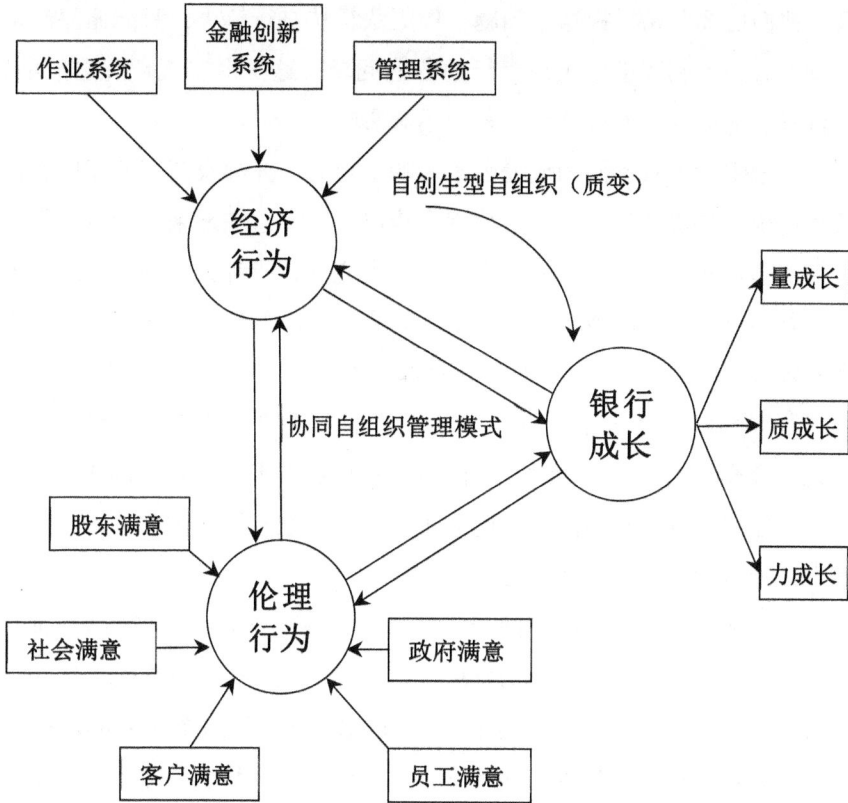

图 6-2　南充商行成都分行成长系统协同动力机制模型图

6.2.2　银行成长系统的耗散结构机制

1. 影响银行成长的熵增

对第 1 组数据进行比较后发现，影响这两家银行成长熵增的部分因素相同，如人才的匮乏、技术支持不及利率市场化的影响。对访谈数据进行分析后，我们发现引起人才匮乏很重要的原因是银行前些年的发展速度太快，而导致人才断层的出现。主要缺乏的是中层干部，两家银行都提出了这是影响银行发展的瓶颈所在。另外技术方面支持不足是由于银行本身的资金实力不足，无法投入大量的财力进行信息系统的改造升级。他们已经开始重视这个问题，但无法很快进行解决，只能循序渐进的投入。另外利率市场化是银行的普遍问题，这是由宏观环境造成的，银行只能适应这个宏观环境带来的不利影响。

两家银行也有不同的熵增因素影响。首先，成都农商行的高层意识较为传统，危机意识不强，传统观念难以改变，这在未来可能给该行成长带来非常不利的影响。从这点来说，南充商行成都分行领导的思维方式正好相反，该行的战略定位清晰，客户为核心的经营理念会让银行未来有较大的发展空间。房地产事业部的总经理刘总在访谈中称赞道："高层的战略眼光长远，定位有利于银行的发展。"另外相对成都农商行来说，南充商行成都分行对互联网金融的危机带来的不利影响并未非常重视，原因是创新性强的银行能够很好地面对互联网金融的冲击，而成都农商行的领导对此表示担心。

虽然从表面上看，南充商行成都分行的熵增数量和子维度数目都超过了成都农商行，但是未来的发展两者可能会发生巨大的变化，因为一个追求量扩张的企业并不一定长久，而追求质提高的企业才能获得新生。归纳两家银行成长熵增的维度，发现内部的劣势主要包括人才的匮乏、观念的落后、技术支持不足、银行内部变革、内部执行力；外部威胁主要有利率市场化、互联网金融和不良资产的影响。

2. 影响银行成长的负熵

经过比较，本书发现了影响两家银行成长的负熵各不相同。成都农商行外部机会有政府干扰的减少和实施差异化竞争的业务，主要是中间业务的增多，而不仅仅将目光局限于利差。另外还有内部的优势，包括公司治理的日趋完善、员工福利待遇的提高和创新活动的日益增加。成都农商行在规模扩张的成长中，目标定位于对股东负责，而股东最看重的是公司治理是否完善，因此可以看出该行的公司治理正在逐步完善。另外为了吸引人才，该行给出了比其他行更吸引人的薪资福利，这也与银行的规模成长密不可分。银行创新活动日益增加是由于面对互联网金融的冲击而做出的反应和调整，如果该行不进行适当的变革以吸引更多客户，则该行未来成长将要面对更多的危机。

南充商行成都分行的负熵主维度是创新优势，包括强有力的产品研发、专业化营销和环境变化后转型速度加快。银行有专门的产品研发平台为客户量身定做服务和产品，有专业化营销为客户做好体验服务，面对互联网金融的冲击很快可以调整自己，将服务产品成功转型。另外该行内部机会包括高端人才的引进可能带来新理念，开放的员工平台为员工提供更好的发挥能力的机会，以及银行改革后可能产生新变革带来的新发展。

负熵的不同说明了每个银行根据自身所面临的内、外部环境不同，进行交互后产生对银行成长有利的因素，关键是与环境做出充分的互动。因此每个银行可能在负熵流上会有很大的不同。概括两家银行的负熵维度，可以看到影响银行成长的负熵可以有强有力的产品研发、专业化营销、转型快、高端人才的引进、开放的员工平台、改革红利、公司治理日趋完善、福利待遇提高、创新活动日益增加、政府干扰减少和产业化竞争。由此本书提出命题：

命题 3：银行的内部问题以及环境的变化会使得银行产生熵增，银行经济行为与伦理行为与环境充分交互后将产生影响银行成长的负熵。

命题 3a：银行处在相同的宏观和微观环境条件下，可能产生部分相同的影响银行成长的熵增，自身条件的不同将产生部分不同的熵增。因此银行在分析熵增的过程中，可以参考其他银行的熵增，但必须要把握其中的关键因素。

命题 3b：经济行为与伦理行为在与环境进行充分的交互后，由于每个银行自身条件的不同，使得产生影响银行成长的负熵各不相同，银行必须根据自身情况进行调整。

3. 总熵对银行成长的影响

两家银行的总熵各不相同，经过对数据的处理和分析，本书发现成都农商行目前处于熵运动的第一种情况，即银行从外界获取了大量的负熵流，如完善公司治理、提高员工福利待遇、中间业务不断增多等，持久抵消影响该行成长的熵增，如人才问题、互联网金融问题等，出现了总熵为负的结果，超过了一定的阈值后，银行成长系统成为耗散状态，实现该行成长由无序变有序，由低层次的有序向高层次的有序跃迁。如果能一直保持与环境的适应性，则能实现该行快速持续的成长。但如果该行保持熵增的持续，而负熵引入慢慢减弱后，随着时间的推移，可能出现熵增超过负熵的引入，该行从有序转为无序。

再对比南充商行成都分行，本书发现该行处于熵运动的第三种情况，即该行从外界环境获取了负熵流，如强有力的产品研发、专业化营销以及人才的引进等，不足以抵消影响该行成长的熵增，如人才问题、改制问题以及技术支持不足等问题，则总熵值增加，该行从有序变为无序，各项功能恶化，银行成长出现了瓶颈。但此时的无序并不代表该行的一直无序，随着时间的推移，负熵流的不断引入将会逐步增多，可能在某一时候超过熵增的引入，当达到一定阈值后，该行成长将成为一个耗散结构。

从以上分析可以看出，银行成长目前是否是耗散结构并不重要，关键是如何使得银行经济行为与伦理行为与环境充分交换，为银行成长源源不断地提供负熵流，这样才能保证银行成长持续地处于一个耗散结构状态，实现银行的持续成长。根据研究小组对数据资料的分析，成都农商行目前成长的结果是规模性成长，而南充商行成都分行目前成长的结果是处于成长停滞状态。本书构建成都农商行成长系统耗散结构机制模型如图6-3所示，南充商行成都分行成长瓶颈机制模型如图6-4所示。

对以上两家影响银行成长负熵的维度进行概括，本书发现银行做出的伦理行为与环境交互后，产生了大量的负熵流，如客户满意所产生的创新活动日益增加、寻求差异化竞争、强有力的产品研发、专业化营销；员工满意所产生的高端人才的引进、开放的员工平台、福利待遇的

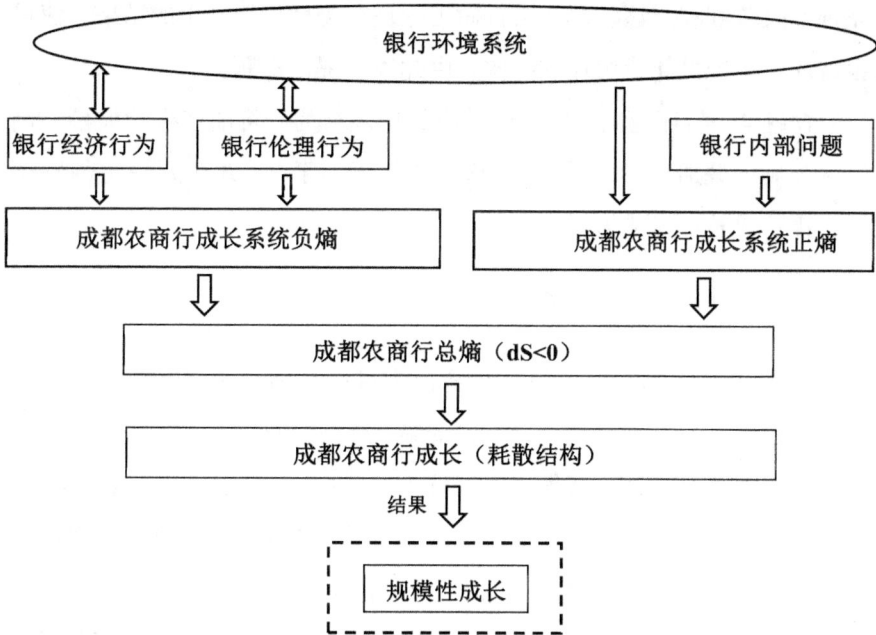

图 6-3　成都农商行成长系统耗散结构机制模型图

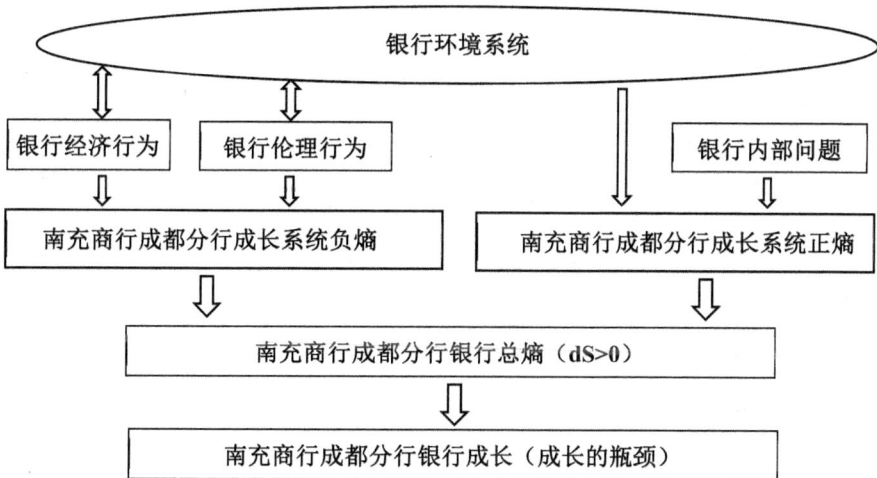

图 6-4　南充商行成都分行成长瓶颈机制模型图

提高；政府满意所产生的政府干扰减少；股东满意产生的公司治理日趋完善、改革红利。这些都是银行做出伦理行为后可能产生的结果，使得银行成长系统可能成为耗散结构。由此本书提出命题：

命题 4：与环境交互后银行做出的伦理行为，可能产生的大量负熵流，与熵增叠加后形成的总熵 dS，当其值小于 0，并达到一定的阈值后，银行成长可能成为耗散结构。

6.2.3 银行经济伦理行为的超循环机理

本书比较了两家银行做出经济行为目的和做出伦理行为目的的异同，发现两家银行做出经济行为目的绝大部分维度都相同，仅有一点不同，即南充商行成都分行做出经济行为的目的无"政府满意"这个维度。笔者经过分析后发现，南充商行与南充市政府有很多的往来，需要满足当地政府的需求。而南充商行成都分行则与政府往来非常少。相反成都农商行与当地政府往来更多，因此可以理解为什么南充商行成都分行的经济行为目的中，无"政府满意"这一个维度。

两家银行做出伦理行为的目的绝大部分维度也相同，但是南充商行成都分行做出的行为目的中，仅有"银行文化塑造"这条维度没有。分析其中的原因，可能是该行成立时间短，文化形成相对滞后，员工对文化的感受还不够深刻，或者认同度还不够深。但是这并不影响本书做出银行经济伦理行为的超循环机理判断。

两家银行共同点都表现出了银行经济行为的目的利于银行满足各个利益相关者的利益，包括股东、员工、社会、客户的利益。环境的保护相对而言没有提及，说明这两家银行对环境保护方面的认识还有待提高。此外银行做出经济行为的目的也包含较少的获取经济利益目的，但是在总条目中只占很少的分量，说明某些员工仍然将经济利益放在银行最重要的位置上。同样这也不影响本书得出银行做出经济行为目的是为了各个利益相关者利益的满足这个假设的验证上。另外，两家银行对伦理行为的目的也做了阐释，除了可以带来银行经济绩效的提升外，管理水平的提升、文化的塑造和美誉度、知名度的提高都能够为银行创造更高的绩效，因此也可以将这个目的归结为经济绩效的提高。由此本书发现双方以超循环的方式稳定而和谐的共存。由此本书提出命题：

命题5：银行经济行为目的是利于银行所做出的伦理行为，银行伦理行为目的利于银行做出的经济行为，两者之间互动、互助和互补，共同实现银行的稳定成长。

本书根据案例内的对比分析，可以得到以上5个命题，但这只是成都市内两家银行进行的对比。如果是另外一个地区的银行，是否也能得到相同的结论呢？带着这个问题，笔者进一步对第2组银行进行对比分析。

6.3 第2组银行比较分析

6.3.1 银行成长系统协同动力机制

1. 伦理行为对经济行为影响分析

本书首先从两家银行做出的经济行为角度进行对比，同样也发现了两家银行经济行为条目大体一样，但也有所差异。两家银行都以传统业务的利差和部分中间业务作为银行的作业系统，以及银行文化和制度结构构成了银行的管理水平。但笔者发现两者的管理水平维度条目较多，说明两家银行的管理水平都相对较高。尤其是石嘴山银行，银行文化子维度条目占有最高的比例，说明该行的文化氛围浓厚，银行文化形成了对员工行为的软约束。另外石嘴山银行由于社区银行经营的相对突出，因此在这方面也较为独特，属于经济行为中的市场系统。而宁夏银行经济行为并未发现市场系统的存在，因此只有两个主维度。

　　其次，对两家银行伦理行为作比较，笔者发现了两家银行做出的伦理行为维度相同，但是重视程度有较大的差异性。宁夏银行将员工满意、股东满意、政府满意和客户满意这四个维度看作是银行做出伦理行为首要满足的对象，其所占的条目数相当。社会满意与环境满意所占条目数相对较少，说明该行在这方面的工作做的较少。对比石嘴山银行，笔者发现员工满意与客户满意占有最大的比例，而社会、政府和环境满意也较为显著。两者强调的对象有较大的不同。由于宁夏银行有政府的背景，所以做出的伦理行为中，政府满意相当重要，当然也包括了股东满意。反观石嘴山银行在银川无政府背景，只能靠员工为银行奋斗，因此员工满意和客户满意是该行最为重视的伦理行为，也就构建了该行独特的家园文化。

　　最后，宁夏银行和石嘴山银行伦理行为对经济行为的影响作用，条目数都比较多，分别占 8 条和 9 条，说明伦理行为对这两家银行来说，可能给银行带来了较多的经济行为影响。分析两者的相同点，笔者发现两家银行员工满意度都比较高，且对作业系统和管理系统都产生较大的影响。不同的方面表现为宁夏银行股东满意对作业系统和管理系统有较好的影响，而石嘴山银行没有明显的股东满意对经济行为的影响条目。原因同样是因为宁夏银行的股东有政府背景，股东满意后才能让宁夏银行在经济行为的某些方面得到益处，用他们的话来说，就是"本土优势"。石嘴山银行的政府满意、社会满意和环境满意则比较平均地对经济行为产生影响。

　　对于本书前面提及的命题 1，笔者发现这两家银行伦理行为对经济行为的作用，对经营绩效和管理水平提升，以及创新能力的提高都有正向的促进作用。

　　2. 成长对伦理行为影响比较分析

　　对比两家银行成长对伦理行为的影响，笔者发现宁夏银行表现出的力成长非常明显，力成长对员工满意有非常显著的影响，同时还对客户满意有较强的影响。宁夏银行之所以力成长表现明显，是因为它是本地银行最大的银行，所占有的网点和市场占有率最高，得到政府的支持最多。量成长对社会满意、政府满意和股东满意都有较强的影响，说明社会、政府和股东对宁夏银行有较好的认可度。石嘴山银行则是量成长对伦理行为所起到的作用最多，其中对员工满意和客户满意有显著的影响，同时该行的量成长还对股东和社会满意也有较显著的影响。相比较而言，石嘴山银行的力成长则表现不明显。

综合来看，宁夏银行的力成长对员工满意和客户满意表现突出，石嘴山银行的量成长对员工满意和客户满意表现突出，这也证实了前文命题2中所述，银行成长系统对伦理行为的做出有正向的促进作用，但是银行不同的成长性对利益相关者利益的满足有所区别。

3. 银行成长系统自组织管理模式运行过程

笔者首先分析宁夏银行的自组织管理模式。从宁夏银行的数据资料分析中，可以看出目前银行处于一个缓慢发展甚至停滞的态势。深究其因，笔者认为一方面经济下行带来不良贷款增多，另一方面是创新不足，对互联网金融产生的不利影响反应较慢，甚至有的高管认为并未对该行产生很大的冲击，可见观念的变革在国有控股银行中显得尤为重要。还有其他原因可能是客户数的逐步流失，因为目前银行对客户的关注度在逐步提高，但是远远没有达到客户的期望值。虽然目前市场占有率该行最大，但是不认真服务于客户，客户的流失将非常快。从这些点来看，宁夏银行成长过程出现了巨涨落。这三方面会引起巨涨落，而导致银行成长远离平衡态。如果该行无法进行自我修复，对观念进行根本性变革，则银行成长将遇到更多的阻力。宁夏银行应当很好地利用目前所拥有的优势，如政府的背景、客户数量多等，实现该行的质成长，改变目前银行成长瓶颈现状。另一方面，宁夏银行应当处理好经济行为与伦理行为的关系，不把政府的利益看成高于一切的利益，而将客户的利益放在首位，员工利益放在前面，才可能实现自创生的自组织过程，进入一个崭新的成长阶段。引用投资部的刘总说的一句经典的话："我们的商业伦理就是应当扮演好银行的角色来赚我们该赚的钱，做我们该做的事。"

对比石嘴山银行，目前该行正处于一个稳定发展的状态。从访谈数据收集及参考相关资料可以发现，石嘴山银行伦理行为非常突出地表现为一种自律行为，和他们交谈最多的，就是用什么样的方式去满足什么样的利益相关者的利益，很少涉及到赚钱的话题。这也从最后研究小组调研伦理行为目的可以看出端倪，没有一位员工认为伦理行为的目的是为了赚钱，而是从其他方面对伦理行为的意义做了阐释。在石嘴山银行，笔者看到了文化的力量，通过满足股东的利益、员工的利益与客户的利益来帮助银行更好地完成经济行为活动，通过经济行为活动，又反哺社会、环境与政府，两者互相促进，共同完成银行的稳健成长。这种行为在石嘴山银行形成了一种自发的行为，也成了自组织的一种状态。当有任何因素对银行成长产生影响时，员工能够很快做出反应，通过各种方式解决问题，这构成了该行的自会聚型自组织过程。这也验证了计划部孙总对该行成长的阐释："我行目前属于稳健性的成长。改变是宏观形势的变化，银行从高速变成中高速的发展。但是现在以及未来银行必须要非常稳健的发展，超过25%的增长是不正常，脚踏实地的走才能长远，关键是市场人员是否到位，机制是否合理。"

因此通过这两家银行的对比，本书发现石嘴山银行可能处于自会聚自组织的状态，而宁夏银行可能处于自创生自组织的状态。两者相同点在于其经济行为、伦理行为与银行成长三者协同，实现银行成长系统的自组织管理。宁夏银行成长系统协同动力机制模型图与石嘴山银行成长系统协同动力机制模型图分别如图6-5和图6-6所示。

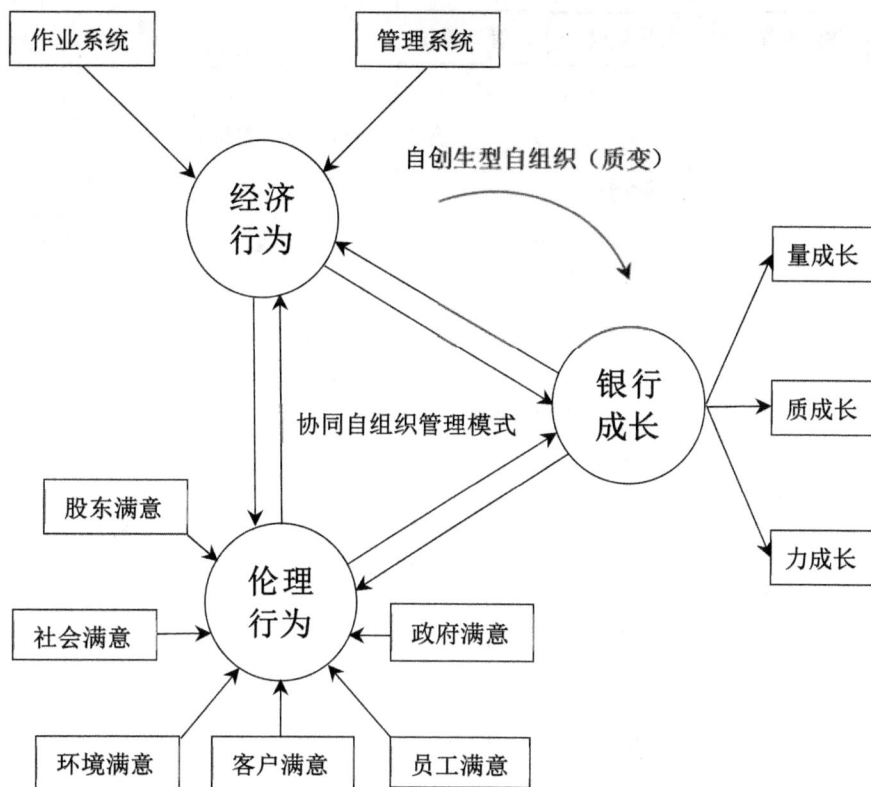

图 6-5　宁夏银行成长系统协同动力机制模型图

6.3.2　银行成长系统的耗散结构机制

1. 影响银行成长的熵增

对第 2 组数据进行比较后发现，影响这两家银行成长熵增同样有部分因素相同，如人才制约、同业竞争以及互联网金融的影响。通过对现有资料分析，这两家银行人才匮乏是由于地域偏僻，有才能的人更喜欢向东部沿海地区发展，因此这里缺少优秀的人才，尤其缺乏人岗匹配的人才。此外，同业竞争在宁夏也变得越来越激烈，很多大型的股份制商业银行进驻银川，抢占了这两家银行不少的市场份额。另外互联网金融

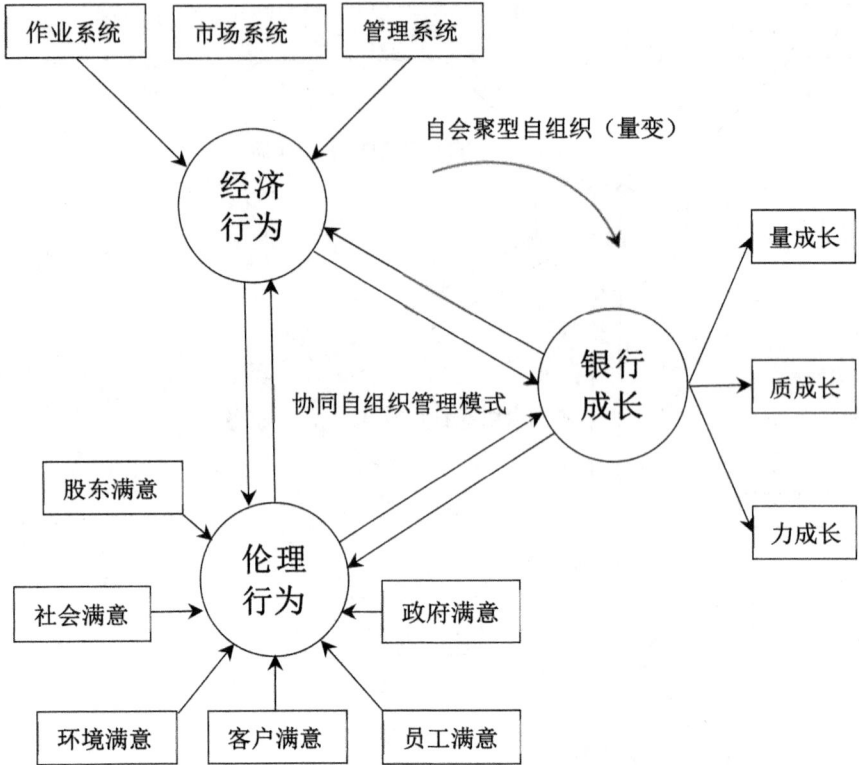

图 6-6 石嘴山银行成长系统协同动力机制模型图

的影响同样成为银行普遍面临的挑战，银行必须改变自己的营销策略来应对这种危机。

两家银行也受各自不同的熵增因素影响。对于宁夏银行来说，目前出现的一个最大的问题是银行观念落后的问题。和投资部刘总交谈的时候，他对此表示出担忧。他认为 2004 年以前的宁夏银行观念开放，邀请专家、企业家来银行讲课。"德隆事件"过后，该行的观念开始落后于其他银行。由此笔者也发现了观念落后导致了技术方面的缺陷，以及产品服务的问题。而这些问题都是制约宁夏银行未来发展最为关键的因素。对于石嘴山银行来说，也有一些熵增对银行成长产生不利影响，如业务单一和实力较弱。但是如果该行能够继续稳健的成长，用更多创新的产品来服务于客户，未来这些熵增带来的影响将越来越小。

概括两家银行成长熵增的维度，发现内部的劣势主要包括人才问题、观念问题、技术支持问题、产品服务问题、实力较弱和业务单一的影响；外部威胁主要有利率市场化、互联网金融和同业竞争的影响。

2. 影响银行成长的负熵

经过对两家银行的比较，本书发现了影响两家银行成长的负熵如前面两家银行，各自有其特点。宁夏银行的外部优势表现为区位优势明显，并且在社会上有较高的认可度，声誉好。而该行的内部机会是客户数量众多，员工对银行的认可度高。由于银行在宁夏经营时间长，客户对银行的信任度高，客户数也很多，但是这并不能成为未来银行成长持续保持的优势，也就是说这只是暂时的优势。宁夏银行应该看到更多的是威胁，同业竞争带来的客户资源的抢夺，政策变化可能带来的区位优势减少。

对于石嘴山银行来说，其负熵表现为文化的优势带来了员工效率高、沟通顺畅，对客户需求的反应迅速，以及内部机会中的规范管理，更多的营销创新，以及转型快带来的市场把握速度快。这几点优势是其他银行无法复制和比拟的，该行应该抓住目前发展的机遇，改革创新，面对外部环境的冲击，迅速适应当前复杂的金融形势，及时调整战术来应对可能发生的危机。

概括两家银行的负熵维度，可以看到影响银行成长的负熵表现为区位优势、高声誉、客户数多、员工认可度高、员工工作效率高、员工沟通顺畅、客户需求反应快、规范管理、营销创新和转型快。

从以上的熵增与负熵的分析对比，笔者同样发现了宁夏两家银行同样验证了命题 3、命题 3a 和命题 3b。

3. 总熵对银行成长的影响

由于两家银行的熵增与负熵不相同，其总熵也各不相同。经过对数据的处理和分析，本书发现石嘴山银行目前处于熵运动的第一种情况，即从外界获取了大量的负熵流。这些负熵流包括文化优势、营销创新、转型快等，并能够持久抵消影响该行成长的熵增，如人才匮乏问题、互联网金融问题等。叠加后的总熵为负，在超过了一定的阈值后，银行成长系统成为耗散状态，实现该行从低层次的有序向高层次的有序跃迁。如果该行能保持持续输入与环境交互后产生的负熵，则可以实现该行的稳健成长。但如果输入该行的负熵慢慢减少后，而熵增不断涌入，则可能使该行从有序转为无序。

对比宁夏银行，本书发现该行可能处于熵运动的第二种情况，即该行从外界环境获取了负熵流，如利用其区位优势，满足众多客户的需求，利用员工对银行的认可产生高绩效等，但还不足以抵消影响该行成长的熵增，如人才问题、观念问题以及技术支持不足等，则总熵值增加，该行从有序变为无序，银行成长停滞不前，银行成长出现了瓶颈。

根据研究小组对数据资料的分析可以发现，宁夏银行目前的成长结果是成长停滞状态，而石嘴山银行目前的成长结果趋于稳健的社会性成长。本书构建宁夏银行成长瓶颈机制模型如图 6-7 所示，以及石嘴山银行成长系统耗散结构机制模型如图 6-8 所示。

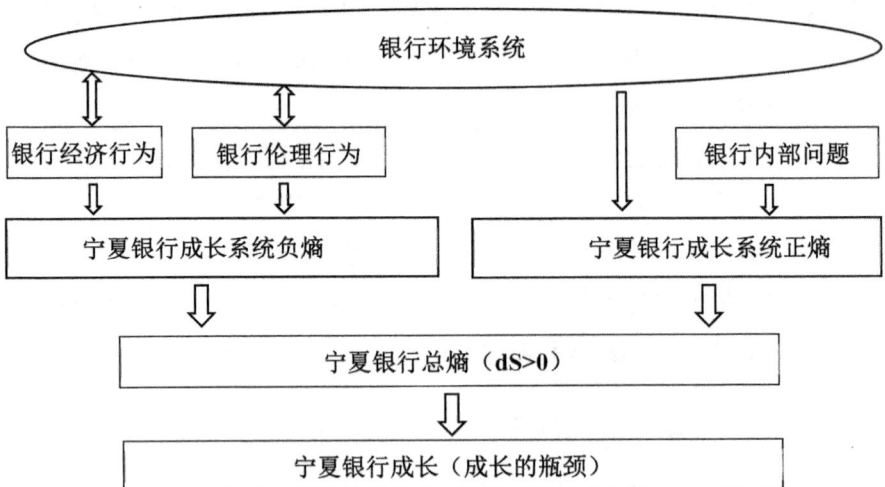

图 6-7 宁夏银行成长瓶颈机制模型图

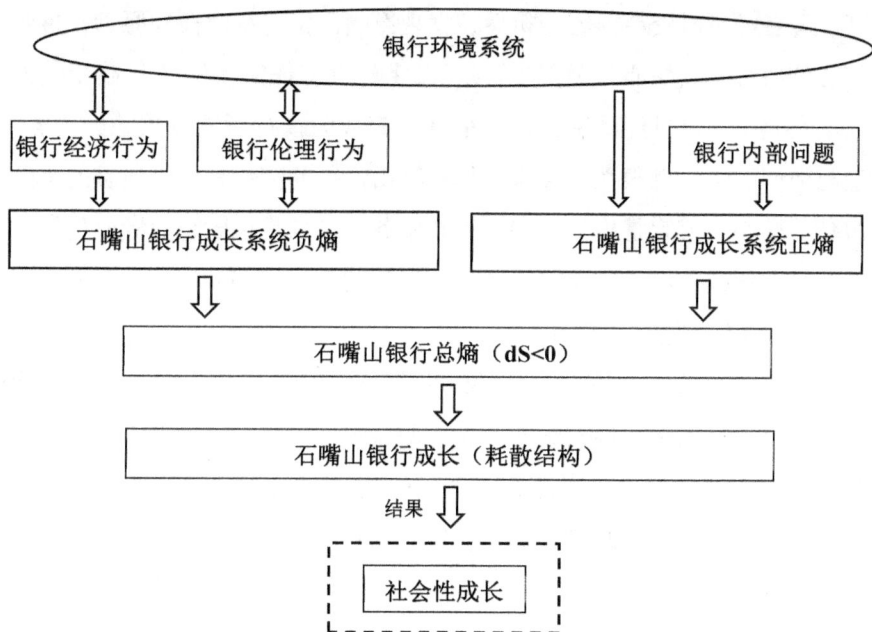

图 6-8　石嘴山银行成长系统耗散结构机制模型图

　　由上图可知，石嘴山银行产生大量的负熵流成其可能成为耗散结构，命题 4 成立。对以上两家影响银行成长负熵的维度进行概括，本书发现这两家银行做出的伦理行为与环境交互后产生的负熵流包括：客户满意所产生的高声誉、客户数量多、营销创新；员工满意所产生的员工认可度高、工作效率高、沟通顺畅；政府满意所产生的区位优势明显；股东满意产生的规范管理。这些都是银行做出伦理行为后可能产生的结果，可以看出伦理行为的做出对银行成长起到了关键性的作用。

6.3.3　银行经济伦理行为的超循环机理

　　本书比较了两家银行做出经济行为目的和做出伦理行为目的的异同。研究发现两家银行做出经济行为目的绝大部分维度都相同，仅有一点不同，即石嘴山银行做出经济行为的目的无"获取经济利益"这个维度。笔者经过对资料内容分析后，发现石嘴山银行从使命到愿景，再到核心价值观，其核心词就是"服务"二字，没有任何与经济利益相关的词汇在其中，可见经济利益的获取并没有成为该行所重点关注的内容，这与他们的文化有很大的关系。如石嘴山银行的使命是提供温馨的金融服务，核心价值观是稳健发展、创新服务，愿景是小微企业专业化服务的银行；便捷、灵活、实惠、温馨的特色化服务银行；"至孝至爱、克勤克廉"的人文化服务银行。

两家银行做出伦理行为目的绝大部分维度也相同，即提升社会形象、提升管理水平和经营绩效增长。两家银行仅有一个维度不同。宁夏银行与政府息息相关，因此有一个目的是"政策的倾斜"，能够为银行带来业务上的帮助、政策上的帮扶等。而石嘴山银行做出伦理行为目的中的一个维度是"应尽的义务"。他们将伦理行为的做出看作是银行必须要完成的任务，说明该行希望能用自己的一份力、一份心去服务整个社会的各个方面。总体来说，两家银行做出伦理行为的目的通过社会形象的改善、管理水平的提高实现经营绩效的提高，这也验证了银行经济伦理行为的超循环机理判断。

两家银行的共同点都表现出了银行经济行为的目标利于银行满足各个利益相关者的利益，包括股东、员工、社会、客户、政府和环境的利益。此外宁夏银行做出经济行为的目的也包含较少的获取经济利益目的，但是所占分量很少，说明某些员工仍然将经济利益摆在银行最重要的位置上。但这也不影响银行做出经济行为目的是为了各个利益相关者利益的满足这个假设的验证上。另外，两家银行对伦理行为的目的也作了说明，除了可以带来银行经济绩效的提升外，管理水平的提升、社会形象的提高都能够为银行实现更高的经济绩效，因此也可以将这个目的归结为经济绩效的提高。本书发现两者仍然是以超循环的方式稳定而和谐地共存，由此证实了宁夏银行与石嘴山银行关于经济伦理行为的超循环机理是合理的，命题5成立。

6.4 四家银行的结果组间横向比较分析

在组内比较的基础上，本书将四个案例加以综合分析，考察伦理行为在银行成长中的作用。

1. 银行成长系统协同动力机制

本书主要考察银行伦理行为在银行成长中的作用，因此本书首先比较了四家银行伦理行为对经济行为的影响作用，如下表 6-1 所示：

表 6-1　四家银行伦理行为对经济行为影响作用对比表

维度	成都农商行	南充商行成都分行	宁夏银行	石嘴山银行
伦理行为对经济行为影响作用	政府、社会、客户和员工满意分别对作业系统、市场系统和管理系统产生正向影响	社会、客户、员工和股东满意分别对作业系统、金融创新系统和管理系统产生正向影响	政府、社会、员工、客户和股东满意分别对作业系统和管理系统产生正向影响	政府、社会、环境、员工和客户满意分别对作业系统、市场系统和管理系统产生正向影响
相同点	社会满意、客户满意、员工满意分别对作业系统和管理系统产生正向影响			
不同点	以股东满意为前提，并弱化环境满意的影响	以客户满意为前提，并弱化政府和环境满意的影响	以政府满意为前提，并弱化环境满意的影响	以员工满意为前提，并弱化股东满意的影响

由上表可知四家银行对客户满意、员工满意与社会满意都非常重视，而且对经济行为的作业系统和管理系统均产生正向影响。另外仅一家银行对环境满意较为重视，认为环境满意对管理系统有正向影响，而

其他三家银行虽然有环境保护的理念和措施，但是均认为环境满意对经济行为无影响或影响不明显。从不同点来说，每家银行伦理行为的重心各不相同，这是银行自身的战略定位不同、可利用资源不同、经营理念的不同或者文化差异不同而造成的结果。从以上综合分析来看，伦理行为对经济行为有正向的影响作用。

2. 银行成长系统的耗散结构机制

本书对四家银行成长系统是否成为耗散结构进行对比研究，从中发现伦理行为在银行成长中的作用机制，研究的结果如表6-2：

表6-2 四家银行成长系统耗散结构机制对比表

维度	成都农商行	南充商行成都分行	宁夏银行	石嘴山银行
熵增	人才问题 传统意识 信息技术管理落后 利率市场化 互联网金融	人才问题 技术支持问题 银行改制问题 执行力问题 利率市场化 不良资产	人才问题 技术支持问题 观念问题 产品服务问题 利率市场化 互联网金融 同业竞争	人才制约 实力较弱 业务单一 同业竞争 互联网金融
负熵流	公司治理日趋完善 福利待遇提高 创新活动日益增加 政府干扰减少 差异化竞争	强有力的产品研发 专业化营销 转型快 高端人才的引进 开放的员工平台 改革红利	区位优势明显 高声誉 客户数量多 员工认可度高	员工工作效率高 员工沟通顺畅 客户需求反应快 规范管理 营销创新 转型快
是否为耗散结构	是	否	否	是
相同点	人才问题成了四家银行共有的最大问题，但产生的原因各不相同			
不同点	除了南充商行成都分行与石嘴山银行在转型快这一点上相同外，其余的负熵流皆不同			

从表中可知四家银行不约而同地将人才问题作为影响银行成长的最为重要的因素之一，但是产生的原因各不相同。成都地区两家银行的人才问题，是由于银行前几年的发展速度太快，而导致了中层干部的缺失。宁夏地区两家银行的人才问题，是由于西北部的不发达以及目前同业竞争加剧导致人才的流失。对于负熵流，除了两家银行在转型快方面有一致的认同之外，其余的负熵都不相同，原因可以归结为每家银行的自身情况各不相同，包括资产、人员、银行规模、战略定位、企业文化等，使得与环境交互后产生的负熵都有其自身的特点。但是这同样不妨碍本书研究的对象伦理行为在银行成长中的重要作用，因为这些负熵流绝大部分都是伦理行为与环境交互而产生的，如员工满意产生的工作效率高、客户反应速度快，政府满意产生的区位优势明显、政府干扰减少等。这也就验证了本书提出的命题：与环境交互后银行做出的伦理行为，可能产生的大量负熵流，使得银行成长可能成为耗散结构。

3. 银行经济伦理行为的超循环机理

对比四家银行其经济行为目的与伦理行为目的的异同，本书的研究结果如表6-3所示：

表6-3　四家银行经济伦理行为的超循环机理对比表

维度	成都农商行	南充商行成都分行	宁夏银行	石嘴山银行
经济行为目的	获取经济利益 满足员工 服务客户 回报股东 回馈社会 支持政府	服务客户 回报股东 回馈社会 满足员工 获取经济利益	支持政府 服务客户 回报股东 满足员工 获取经济利益 回馈社会	支持政府 服务客户 回报股东 回馈社会 满足员工

续表

维度	成都农商行	南充商行成都分行	宁夏银行	石嘴山银行
伦理行为目的	知名度的上升 美誉度的提高 管理水平的提升 银行绩效的增长 银行文化的塑造	知名度的上升 美誉度的提高 管理水平的提升 银行绩效的增长	美誉度的提高 管理水平的提升 银行绩效的增长 政策的倾斜	提升社会形象 管理水平的提升 银行绩效的增长 应尽的义务
相同点	经济行为目的：满足员工、回馈社会、回报股东、服务客户 伦理行为目的：美誉度的提高、管理水平的提升、银行绩效的增长			
不同点	经济目的中，南充商行成都分行无支持政府维度；石嘴山银行无获取经济利益维度。 伦理目的中，成都农商行有文化塑造及知名度上升维度；南充商行成都分行有知名度上升维度；宁夏银行有政策倾斜维度；石嘴山银行有应尽的义务维度。			

　　从上表中可知，四家银行做出的经济行为目的都包括满足员工、回馈社会、回报股东和服务客户，南充商行成都分行由于与政府的关系不密切，因此无支持政府维度，石嘴山银行由于文化定位的原因，并没有发现有获取经济利益的维度。从总体上来看，可以证实银行做出经济行为是为了满足各个利益相关者的利益。另外四家银行的伦理行为目的都有美誉度的提高、管理水平的提升和银行绩效的增长，而美誉度的提高和管理水平的提升从间接上都能给银行带来经济效益的提高，因此本书认为银行伦理行为目的是为了有利于银行经济行为的做出的命题也是成立的。综合来看，经济行为目的与伦理行为目的互为作用，形成银行成长的超循环效应，最终实现银行的稳定成长。

4. 伦理自组织行为

根据第五章对影响银行成长耗散结构的总熵分析，本书发现，四家银行在做出伦理行为的同时，各有其不同的侧重点，这是由银行的企业文化所决定。不同之处见表6-4：

表 6-4　四家银行伦理行为满意程度对比表

银行类别 条目数 维度	成都农商行	南充商行 成都分行	宁夏银行	石嘴山银行
政府满意	24	15	37	20
社会满意	15	30	23	24
环境满意	10	0	16	23
客户满意	35	46	38	39
员工满意	36	20	43	48
股东满意	65	33	37	18

从纵向来看，成都农商行的伦理行为以股东满意为核心，南充商行成都分行的伦理行为以客户满意为核心，宁夏银行和石嘴山银行都是以客户满意为核心作为最高出发点。从横向来看，宁夏银行对政府满意的要求最高，这和它的政府背景有很大的关系；南充商行成都分行的社会满意度最高，在当地的社会声誉最好；石嘴山银行的环境满意度最高，同样在当地具有很好的口碑；南充商行成都分行的客户满意度最高，与它的金融创新理念有很大的相关性；石嘴山银行的员工满意度最高，与他们的"家园文化"息息相关；成都农商行的股东满意度最高，每位员工都在为银行创造更多的价值而努力。

通过前面的分析，本书发现了石嘴山银行成长的结果是社会性成长，也就表明了银行是以"做人"作为银行的价值观。石嘴山银行员工满意的维度最高显示出其伦理行为出现了"自组织"状态，即从银行层面，银行自发满足每个利益相关者的利益，因为从维度来看，总体较其他银行表现为平均；从员工层面，员工自动、自觉、自律、自主地用心去经营银行，围绕银行的核心目标而奋斗。本书发现石嘴山银行伦理行为的做出已经成为常态，即其伦理行为不仅仅是一种自律行为，而且具备了"自组织性"。因此笔者提出伦理行为的新定义，即"伦理自组织行为"。该行为是指伦理行为表现出来的一种自组织性，其特点是具备"收敛或约束性"。这种行为不同于资本增值本性的必然走向有序，也不同于熵值增加而导致的死亡，不是"资本自组织行为"，不是"发散或扩张性"行为。石嘴山银行从这点来看，是一个具有"伦理自组织行为"的组织。而调研的其他银行，暂时不具备伦理自组织行为，这是因为另外三家银行的价值观都不以"做人"为目标而进行，其成长的结果也都不属于社会性成长。

具有"伦理自组织行为"的银行，在未来有巨大的发展潜能，表现为员工自律、自觉、自动、自主地实现各个利益相关者的利益。一旦银行形成了伦理自组织行为，通过与环境之间的自行自主交换，将使得银行产生大量的负熵。即便在银行的发展过程中，熵值不断地输入，银行的伦理自组织行为也将使得负熵流不断保持在高水平输入，这样可以保证银行的熵值不会继续提高。当负熵输入达到一定的阈值后，促使银行成长形成耗散结构，从而保证银行摆脱资本本性造成的必然生命周期规律，使得银行走向不断创新下的基业长青。从根本上来说，"伦理自组织行为"的银行，是以员工满意为其核心而做出的，将员工看做企业最宝贵的财富。这点与 Spender & Strong(2010)①做出的研究不谋而合，

---

① JC Spender and Bruce Strong, Who Has Innovative Ideas? Employees[J]. The Wall Street Journal, 2010, 8(10): 25-38.

他们认为大多数影响企业成长和企业绩效的伟大想法并不是产生于夜深人静的实验室，或者是独立的办公区。他们来自日日夜夜为公司奋斗的员工，他们为客户服务，开拓新的市场，并抵御竞争。因此根据对四家银行的对比，本书提出命题6：

命题6：当银行成长结果为社会性成长，即"做人"为其企业价值观，银行伦理行为将具有"自组织性"，伦理行为演变为"伦理自组织行为"。

6.5 农行湖北省分行验证性分析

根据本书前面得出的6个命题，在这一节中，本书将通过中国农业银行湖北省分行进行验证性分析，发现是否6个命题在国有股份制商业银行中依然成立。本节进行了组外的案例分析，提高研究内容的外部效度。本书主要采用访谈数据展示的方法来进行验证分析。Yin(1994)[1]认为数据展示是定性研究中非常重要的一种方法，Crabtree and Miller(2000)[2]也建议数据展示是发现编码之间联系的有力证据支持，能够组织为一系列的证据链来展示给读者综合的信息，并增加案例研究的可靠性。笔者所做的关于重点期刊的案例分析的论文中也发现，在19篇获奖论文中，仅有3篇论文没有使用数据展示的方法。因此本书的命题验证方法用数据展示的方法开展。

首先对于命题1：银行做出伦理行为，除了对银行经营绩效产生影响之外，还对银行的创新能力提升、管理水平提高产生直接的正向影响。本书展示的示例数据如表6-5所示：

---

[1] Yin R. K, Case Study Research: Design and Methods (2nd Edition) [M]. California: SAGE Publications, Inc, 1994.

[2] Crabtree, B. F., and Miller, W. L. Using Codes and Code Manuals, Doing Qualitative Research(2nded) [M]. Sage Publications, Thousand Oaks, CA, 2000.

表6-5 农行湖北省分行伦理行为对经济行为影响部分维度及示例性证据

维度	示例性证据
E1-M1 政府满意对作业系统的影响	（E，P2）：国家规定我行必须服务三农，2009年对我们来说是转折期，项董事长提出了蓝海战略，我们另辟道路，率先进去，并且取得了很好的效果
E2-M2 社会满意对市场系统的影响	（E，P2）：农行为了履行社会责任，针对农民限额小，对于打工的人，有一个惠农卡，5万的授信，多户联保，每个村镇都设有相关服务
E4-M1 客户满意对作业系统的影响	（E，P1）：服务三农，服务于农业县域经济，因此对农村的存款和贷款占了总数的40%-50%。因为农民不知道理财，有钱就放到银行，反而促进了银行经济行为
E5-M1 员工满意对作业系统的影响	（E，P5）：我们对员工有成长发展通道，对员工的教育培训抓得比较紧，每年都有培训，包括出国培训，农林大学等。这些工作做好了，银行才能更好地开展业务
E6-M3 股东满意对管理系统的影响	（E，P1）：我行在股东方面实现权益最大化，农行对股东承诺多赚钱，农行每年有15%的增长，因此对得起股东。我行是国有持股，银行的监管是双向的，监管厉害

　　表中所展示的是不同伦理行为主维度对经济行为部分主维度的影响，并未完全展示对经济行为全部维度的影响。但是表中所示已经能够验证该行的伦理行为对经济行为有影响，其中对管理水平的提高有正向影响。因此本书认为该命题在国有股份制商业银行中能够成立。

　　对于命题2：银行成长系统对银行伦理行为的做出有正向的促进作用，根据银行自身的情况的不同，对利益相关者满意的程度有所区别。

本书展示的示例数据如表6-6所示：

表6-6 农行湖北省分行成长对伦理行为影响部分维度及示例性证据

维度	示例性证据
G1-E1 量成长 对政府满意的影响	（E，P3）：地方企业和我行签订合作协议，如武汉东湖高新区产业园，这是上市企业，都是有意向性授信，农行和东湖高新有合作协议。帮助政府行政企业，可以间接为地方政府提供税收
G1-E2 量成长 对社会满意的影响	（E，P5）：农行的公益事业很多，有红十字会的捐款箱，地震的捐款等等，我们定期组织员工捐款，捐款给红十字会
G1-E6 量成长 对股东满意的影响	（E，P1）：我行在股东方面实现权益最大化，农行对股东的承诺是多赚钱，农行每年有15%的增长
G1-E5 量成长 对员工满意的影响	（E，P5）：我们有薪酬方面的福利，有职业轮训，业务技能的培训，外部的培训，还有专门针对员工的心态、养生的培训，这是比较高端的培训
G2-E4 质成长 对客户满意的影响	（E，P4）：我行有个产品叫存贷通，只要是贷款客户如果把钱存在农行，可以绑定十张卡，活期按照一个理财计息的方式，在2.2左右，不影响流动性
G3-E3 力成长 对环境满意的影响	（E，P3）：我们划分客户的时候，有重点客户和退出客户，对环境有帮助的，我们政策有倾向性支持，对于重污染，慢慢退出，有授信的退出，无授信的不参与

表中展示了成长对银行伦理行为的影响，同样本书发现银行在成长中会不断地满足各个利益相关者的需求，也就是成长对伦理行为有正向的促进作用，只是在满意程度方面会有所差别。因此本书认为该命题在国有股份制商业银行中也能够成立。

对于命题3：银行的内部问题以及环境的变化会使得银行产生熵增，银行经济行为与伦理行为与环境充分交互后将产生影响银行成长的负熵。该行在成长过程中也不可避免产生熵增，以及与环境交换后产生负熵。本书展示的示例数据如表6-7所示：

表6-7 影响农行湖北省分行成长的熵增维度及示例性证据

维度	示例性证据
P1 内部劣势	
P1.1 人才问题	(E，P1)：农行的人才出了问题，老企业闭关自守，虽然银行加大了培训，但还是有一定的问题，人才还是不够用，没有好的敢于硬碰硬的人才
P1.2 机制问题	(E，P2)：农行体制机制一直在做大的变革，主要是部门银行的问题很多，每个人各霸一方，需要搞流程再造。但是流程方面也有问题，我们根据新的客户需求做流程再造难度很大
P1.3 产品创新问题	(E，P1)：我们需要进行产品创新，服务手段创新等，在技术能力方面、制度方面，还有解决问题的办法方面都要调整
P1.4 薪酬问题	(E，P3)：农行的薪酬体制明显是上级的薪酬高于基层，薪酬分配不合理
P1.5 产品服务问题	(E，P5)：各级都是上传下达，但是都没有落实，发起人是基层，而不是高层。正常应该是高层做好营销成功过后，再由底下人来做，但是现在反了
P1.6 观念问题	(E，P1)：农行总体的思想都不够开放，特别是领导，这样下去还是有一定的问题

可以看出也有不少影响该行成长的熵增，有一部分与前面4家银行的熵增有相同的维度，如人才问题。而观念问题和宁夏银行、成都农商行一样，成为制约该行成长的重要因素。表6-8展示了负熵的示例性

证据。

表 6-8 影响农行湖北省分行成长的负熵维度及示例性证据

维度	示例性证据
P1 外部优势 P1.1 政府支持	(E，P5)：国家对农业的扶持越来越大，对土地所有权的转让，对于农户的小额信贷，在监管层面的政策突破问题，这些都是我们的优势
P2 内部机会 P2.1 核心客户增多	(E，P2)：我行的网点多，网络广，怎么把这些优势转成新的核心竞争力，核心客户这几年有一些，市场方面也有一批骨干力量
P2.2 风控能力强	(E，P3)：我行的风险控制能力强，因为业务监管非常严格
P2.3 信息技术先进	(E，P4)：我行重视加强信息化的建设，目前信息系统大部分已经升级完成，系统现在是以客户为中心，以前是以产品为中心
P2.4 盈利点增多	(E，P3)：银行现在已经开始注重存贷差以外的收入来源，非信贷收入占的比重越来越高

从以上的负熵示例中笔者发现，农行有其他中小银行无法比拟的优势，如信息技术先进、风控能力强以及盈利点较多，这可能是大银行本身所具有的优势。部分是由于伦理行为与环境充分地交互后所产生的负熵，如政府满意得到了政府的支持，客户满意增加了核心客户，以及股东满意要求银行的风控能力强等。因此命题 3 在农行湖北省分行得到了验证。

对于命题 4：与环境交互后银行做出的伦理行为，可能产生的大量负熵流，与熵增叠加后形成的总熵 dS，当其值小于 0，并达到一定的阈值后，银行成长可能成为耗散结构。从上表中看出农行湖北省分行虽然存在不少问题，熵增的维度较多，但是农行有其他中小股份制商业银行无法模仿的核心竞争力，包括核心大客户的增多、风控能力强、信息技术新等，使得总熵数值小于0。该行目前处于稳健的发展状态中，银行成长可能成为耗散结构，这种观点得到了银行被访谈人员的支持，因此命题4在该行成立。

对于命题5：银行经济行为目的是利于银行所做出的伦理行为，银行伦理行为目标利于银行做出的经济行为，两者成互动、互助和互补，共同实现银行的稳定成长。本书展示农行湖北省分行的经济行为目的与伦理行为目的分别为表6-9及表6-10所示。

表 6-9　农行湖北省分行经济行为目的部分维度及示例性证据

维度	示例性证据
MP1 支持政府	（E，P1）：对于三农问题相关业务，很多业务银行不愿意做，我们另辟道路，率先进去，相当有社会责任。虽然金融支持不够，但最后我们成为三农支柱
MP2 服务客户	（E，P5）：我行的柜面服务比较严格，有神秘人制度，外部的监管人员每个网点都要跑两趟，如果服务不到位要罚款，这样对客户服务方面的要求就到位了
MP3 回馈社会	（E，P5）：我行对希望小学有捐助，对困难的群众进行帮扶，但是这些都不是制度性的
MP4 满足员工	（E，P2）：我们希望能有更多的福利给员工，可是银行方面受到了监管层面的控制。但是如果银行的效益越好，给予员工的也就会越多

表 6-10　农行湖北省分行伦理行为目的部分维度及示例性证据

维度（条目数）	示例性证据
EP1 树立品牌形象	（E，P2）：伦理是营造一种企业文化，树立的是一种品牌形象
EP2 管理水平的提升	（E，P3）：如果我们对客户伦理，对客户有回报，客户就会提出需求，员工就更有创新的积极性，而对员工更加伦理，会让员工的工作积极性以及创新性都有所增加
EP3 银行绩效的增长	（E，P3）：我们对客户伦理，比如2013做的土地拍卖系统，实际就是客户的需求，农行对接上，一年的存款是60个亿

从上面两张表中可以发现，该行的经济行为目的能够实现回馈社会、满足员工、服务客户和支持政府的要求，而伦理行为的目的同样也能够树立品牌形象、促进管理水平和绩效的提升，两者也满足了本研究关于超循环机制的要求，因此命题5在该行得到了验证。笔者经过调研后发现，该行的成长不属于社会性成长，而属于持续性成长，因此对命题6无法进行验证。综上，本书虽然从中小股份制商业银行中得出了结论，提出了6个命题，然而应用于大型国有商业银行中，发现除了最后一个命题之外，其余命题都成立。因此5个命题可能可以推广到其他大型国有股份制商业银行或者大型股份制商业银行中，而最后一个命题还有待于对其他大型国有股份制商业银行或者大型股份制商业银行进行验证。

6.6　理论模型

本书从自组织理论视角，对案例比较进行分析，得出了初步推论并

237

进行了解释，说明伦理行为在银行成长过程中的作用机理。

首先，银行做出伦理行为，目的是满足与银行有密切关系的各个利益相关者的利益，包括政府、社会、环境、客户、员工和股东。这些利益相关者的利益满足后，不仅对银行的绩效产生直接影响，而且使银行的管理水平得到提高，甚至会影响银行的创新活动增加。本书通过比较4家银行伦理行为对经济行为的影响活动研究，由此提出：

命题1：银行做出伦理行为，对经济行为的影响作用除了对银行经营绩效有影响之外，还可能包括对银行的创新能力提升、管理水平提高产生直接的正向影响。

银行成长后，不同的成长维度将会对银行伦理行为的不同维度产生影响，由此提出：

命题2：银行成长系统对银行伦理行为的做出有正向的促进作用，根据银行自身情况的不同，对利益相关者满意的程度也有所区别。

银行成长系统根据作业、管理和市场系统产生的涨落，自发地满足各个利益相关者的利益，形成三者之间的功能、结构和涨落子系统之间的竞争与协同，且当出现微小涨落时，银行可以自发进行调整，形成经济行为与伦理行为的竞争与协同，也就是自会聚型自组织过程。当出现巨涨落时，银行就必须对结构子系统进行大调整，调整后使得经济行为与伦理行为形成竞争与协同，达到新的平衡，这就是自创生型自组织过程。根据前面的案例的比较分析后，得出银行成长系统协同动力机制模型如下图6-9所示。

第二，银行受外界环境系统的影响，会产生不利于银行成长的熵增，同时，银行成长的过程中，由于各种原因银行内部也将产生熵增。当银行经济行为与伦理行为与外界环境系统充分交换后，将产生利于银行成长的负熵。由此，本书提出：

命题3：银行的内部问题以及外界环境的变化会使得银行产生熵增，银行经济行为与伦理行为与环境充分交互后将产生影响银行成长的负熵。

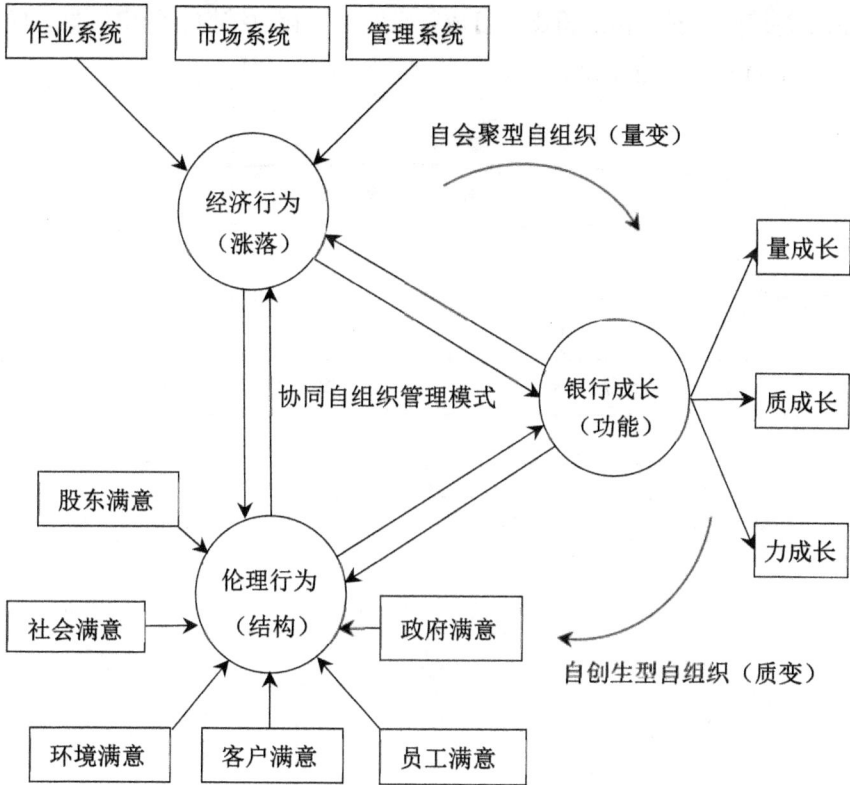

图 6-9 银行成长系统协同动力机制模型图

具体而言：

命题 3a：银行处在相同的宏观和微观环境条件下，可能产生部分相同的影响银行成长的熵增，然而由于自身条件不同将产生不同的熵增。

命题 3b：经济行为与伦理行为在与环境进行充分的交互后，由于每个银行自身条件的不同，使得产生影响银行成长的负熵各不相同。

熵增与负熵进行叠加而得到了总熵。当总熵值大于零时，银行停止成长或者负成长，银行遇到成长的瓶颈；当总熵值等于零时，银行成长进入稳定的成熟期；当总熵值小于零时，银行成长系统成为耗散结构，结果可能形成银行的规模性成长、结构性成长、营利性成长、社会性成长或持续性成长。由此得出银行成长系统成为耗散结构、稳定成长、成长瓶颈模型，如图 6-10 所示：

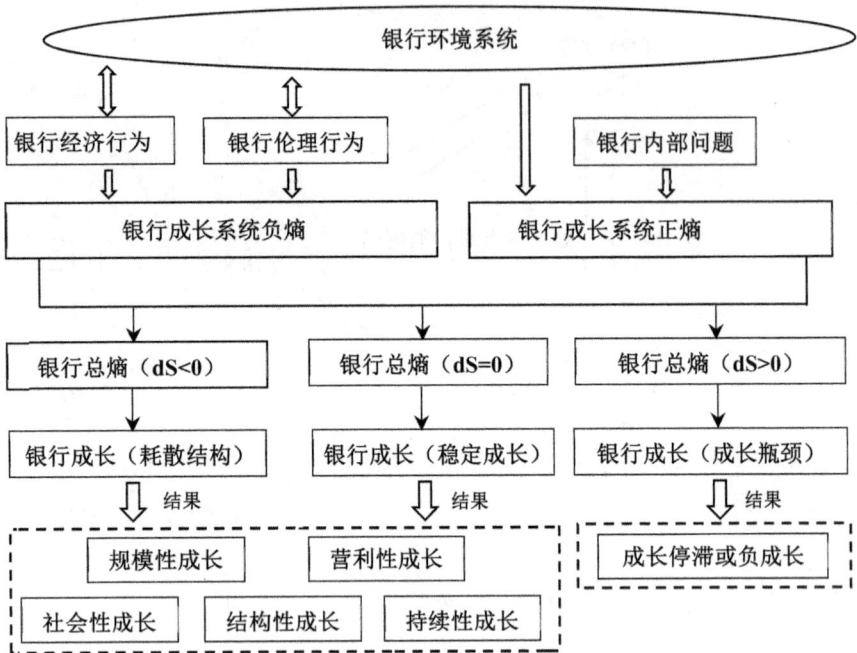

图 6-10　银行成长系统耗散结构机制模型图

本书提出：

命题 4：与环境交互后银行做出的伦理行为，可能产生的大量负熵流，使得银行成长可能成为耗散结构。

第三，银行做出经济行为的目的是为了满足各个利益相关者的利益，银行做出伦理行为的目的是利于提高银行的盈利水平与管理水平，两者各自为另一方的目的而存在，从而形成一个互动、互助、互补的过程，双方以超循环的方式稳定而和谐地共存，实现银行的稳定成长。因此本书提出：

命题5：银行经济行为的目的是利于银行所做出的伦理行为，银行伦理行为是目标利于银行做出的经济行为，两者之间互动、互助和互补，共同实现银行的稳定成长。

第四，银行如何能在未来基业长青，具有"伦理自组织行为"的银行，将可能可以实现这个目标。一旦银行形成了伦理自组织行为，通过与环境之间的自行自主交换，将使得银行产生大量的负熵。负熵输入达到一定的阈值后，且不断进行输入时，银行成长将保持持续的耗散结构状态，成为建立在创新基础上的银行持久性成长。由此本书提出：

命题6：当银行成长结果为社会性成长，即"做人"为其企业价值观，银行伦理行为将具有"自组织性"，伦理行为转变为"伦理自组织行为"。

6.7 本章小结

本章在案例编码的基础上，对案例银行进行了组内对比、组间对比和组外对比，旨在通过对比的模式找到其中的相同点与不同点，发现伦理行为在银行成长中所起到的作用。

本书将4家银行分为两组，通过第一组的组内案例比较发现伦理行为对经济行为影响理论方面解释的不足，并产生了命题1。接下来对银行成长对伦理行为影响进行案例对比研究，发现两者之间的联系，由此提出了命题2。然后分析了银行自组织管理模式的运行过程，通过分析两家银行找出可能存在的自会聚型自组织过程或者自创生型自组织过程，构建了两家银行成长系统协同动力机制模型。

本书继续分析组内银行的熵增与负熵，产生本书的命题3、命题3a和命题3b。再对组内银行的总熵进行分析，分别建立成都农商行和南充商行成都分行的成长系统耗散结构机制模型或成长瓶颈机制模型，而后提出了本书的命题4。分析组内银行经济行为目的与伦理行为目的后，本书提出了命题5。

分析第一组案例的情况，得到了 5 个命题，再进行第二组案例的组内分析，用模式匹配的方式发现是否这 5 个命题都能成立。研究结果发现 5 个命题在第二组完全成立，证明在不同区域的中小银行，本命题成立。

接着对 4 家案例银行进行了横向比较，得到了本书的第 6 个命题，并归纳出本书问题核心，伦理行为在银行成长过程中的作用。一方面，伦理行为对经济行为有正向的影响作用，同时银行成长对伦理行为也有正向的影响作用。另一方面，伦理行为与环境交互后，产生的负熵对银行成长有正向的影响作用。

最后，本书进行了组外之间的案例研究，将 4 家银行得出的结论在农行湖北省分行进行验证，以增加本书研究的外部效度。结果显示命题 5 个结论在大型国有股份制商业银行仍然成立，也证明本书研究结果的可靠性。第 6 个命题结论还有待于在其他银行中进行验证，也成为今后研究的方向。

7 结论与展望

7.1 研究结论

银行发展从股改上市，到 2008 年大规模金融刺激下的蓬勃发展，再进入 2010 年之后的高盈利、高扩张、高增长的蜜月期，而后遭遇 2014 年以来内外部环境冲击带来的成长问题，其业务模式和发展模式都面临全新的挑战。为了在竞争中寻找优势，银行必须重新思考和定义伦理行为对银行成长的关键作用。

对伦理行为的讨论不论是学术界还是实践界，都发生了深刻的变化，越来越重视伦理在企业中所起到的决定性的作用，一味强调经济活动作用的时代已经一去不复返。研究者和管理者愈发强调经济和伦理两者之间千丝万缕的联系，综观世界级的名企，如瑞士银行，以银行保密制度，遵循不歧视惯例而享誉全球，实践最佳的银行契约精神。该行同时用伦理行为的方式对待每一个利益相关者，这也成了该银行最具有特色、最让人放心、最具有价值和最具有核心竞争力的著名银行，竞争对手难以模仿。

在个体层面中，学者们就伦理行为对员工行为、客户行为和组织公民行为的影响有一定的研究。在企业层面，对企业伦理行为与企业绩效的探讨比较广泛，但争议很多，而对企业伦理行为与企业成长的探讨比较有限，多数用线性思维的模式进行分析。企业伦理行为究竟在企业做出的经济行为以及企业成长中起到什么样的关键作用？除了对企业的经济绩效产生影响外，是否还对其他方面产生影响？这些问题都值得学者们思考和研究。

为了讨论伦理行为模式在企业成长中的作用，本书以理论抽样的方式选择了 5 家银行，通过深度访谈、观察以及档案资料收集的方式进行研究，对以下问题形成了初步课题研究：

第一，本书试图发现银行伦理行为是否对经济行为产生影响，具体对经济行为的哪些方面产生影响。

第二，本书试图发现银行成长对伦理行为是否产生影响，银行成长如何形成自组织管理模式运行。

第三，本书试图发现银行成长系统如何实现耗散结构，银行经济行为与伦理行为又如何形成超循环过程。

由此，本书的研究结论包括以下几方面。

7.1.1 银行经济行为、伦理行为与成长系统的协同

本书借鉴了自组织理论、利益相关者理论和企业成长理论的相关研究成果，力图发现银行经济行为、伦理行为以及银行成长之间的关系。

首先，本书发现银行伦理行为对经济行为有正向的影响作用。其中，不仅对经营绩效有影响，还对银行的管理水平的提高产生直接的正向影响，甚至对银行的创新能力的提高产生正向影响。

其次，银行成长离不开经济行为与伦理行为对其有积极影响，而银行成长是否也将对银行伦理行为产生影响，本书发现这个命题同样成立。银行成长对银行伦理行为有正向的促进作用，根据银行自身情况的不同，做出的伦理行为也有所区别。

第三，银行成长的子系统，包括量成长、质成长和力成长，银行经济行为子系统，包括作业系统、市场系统与管理系统，以及银行伦理行为子系统，包括政府满意、社会满意、环境满意、客户满意、员工满意与股东满意，共同形成功能—结构—涨落子系统之间的竞争与协同。受

到环境变化的影响，或者银行内部问题的出现，银行经济行为系统的子系统会出现两种情景。一种情景是微小的涨落，银行能够通过其伦理行为的调整，形成经济行为与伦理行为的竞争与协同，从而实现银行的自会聚型自组织过程。而另一种情景是巨涨落，银行将对整个伦理行为结构子系统进行大的调整，可能出现无序状态，出现成长的瓶颈。如何处理好经济行为与伦理行为的关系尤为重要，处理好则两者又形成竞争与协同关系，而使得银行成长重新达到平衡，出现银行的自创生型自组织过程，处理不好则银行面临可能破产的局面。

因此，银行经济行为、伦理行为和银行成长之间在银行经营过程中会形成协同而共同实现银行可能的成长，包括规模性成长、竞争性成长、社会性成长、营利性成长和持续性成长。

7.1.2 银行成长系统的耗散结构形成

银行成长系统耗散结构的形成与银行的熵增与引入负熵流有紧密的关系。银行熵增产生的原因有两方面，一方面是银行外部宏观环境的变化而造成的结果。如目前互联网金融的出现，利率市场化进程的加快，以及经济下行的影响，这些都是目前所有银行成长面临的亟待解决的重大问题。另一方面是银行内部发展所带来的不利影响，如观念上的落后，内部优秀人才的缺失，以及银行自身原因产生的不利影响因素。

当银行将所做出的经济行为与伦理行为与环境充分交互后，会产生影响银行成长的负熵流。负熵流的出现与经济伦理行为与环境的交互密切相关，但也有由于银行自身条件产生的负熵流，如银行的转型速度快，这是中、小银行对环境变化适应能力强于大型银行而天生具有的优势。其他负熵流的出现与银行的管理水平密切相关，如银行的战略定位、文化建设、制度管理、经营理念、组织结构等。每家银行都有其不同的负熵流输入，多与寡与银行高层领导的管理能力息息相关。

银行成长系统要形成耗散结构，前提条件是银行成长系统必须是一个开放的系统，并且经济行为系统的涨落出现在远离平衡态区域。当银行输入的负熵流大于熵增，且达到一定的阈值，此时银行成长系统就形成了耗散结构。而耗散结构的持续，就必须使得不断为银行输入负熵流。当负熵流的输入等于熵增时，则银行成长处于稳定的状态，一旦负熵流的输入小于熵增，则银行成长出现了瓶颈，银行成长停滞或者倒退。可见，银行需要将其经济行为与伦理行为，和环境不断交互，产生更多的负熵流，并通过银行的变革来抵消熵增，最终实现银行成长成为耗散结构的不断持续。

银行成长结果一旦成为社会性成长，即企业价值观为"做人"，则银行伦理行为可能具有了"自组织性"，转变为"伦理自组织行为"。银行伦理自组织行为是指作为经济组织的银行，其伦理行为表现出来的一种自组织性。这种行为将使得员工自律、自觉、自主地实现各个利益相关者的利益，通过与环境之间的自行自主交换，将产生大量的负熵，保持负熵不断地高输入，使银行成长形成持久性的耗散结构，结果导致银行除了社会性成长之外，还表现为银行的持续性成长。"伦理自组织行为"的银行是以员工满意为条件而实现的。

7.1.3　银行经济行为、伦理行为的超循环过程

银行作为一个超循环组织，具有自我选择能力。在银行成长系统中，包含着经济行为与伦理行为两方面的活动，它们耦合在一起，互相依存，互相制约，相生相克，经济行为目的是谋利，而伦理行为目的是合德。经济行为是一种自觉行为，是银行生存的基本使命，而伦理行为是一种自律行为，是银行生存的最高使命。同时，两者又互为"催化"，经济行为为伦理行为提供经济支持，伦理行为为经济行为创造有利条件，这种互为催化的状态使得两者在更高层次上加速对方的发展，使得银行不断迈入成长的新阶段。

银行成长系统是由经济行为和伦理行为构成的催化循环相互作用而耦合而成的反应循环，形成了两者之间的超循环，表现为从简单到复杂，从低级到高级的螺旋式发展。而本书的研究也验证了银行经济行为

与伦理行为作用是相互催化的关系，而不是各自为政的独立运行。一方面，银行经济行为目的是为了满足绝大多数利益相关者的利益，即实施了伦理行为。另一方面，银行伦理行为目的是为了提高银行的绩效、改善银行的管理水平，即实施了经济行为。两者之间互动、互助和互补，共同实现银行的稳定成长。

7.2 研究贡献

7.2.1 理论贡献

本书的理论贡献主要包括以下四方面：

第一，关于企业伦理行为的研究，现有研究集中关注于企业伦理行为对财务绩效的影响，同时也关注于企业声誉风险、顾客品牌忠诚度、社会绩效等关系的研究，所得出的结论有较大的差别，且无法得到更为清楚、更加翔实的结论，学者之间产生较大的争议性。产生争议的根本原因可能在于研究对象所处的环境不同，行业差别，或者研究角度的差异性。因此本书的研究聚焦于银行业，克服环境差异、行业差异造成的问题，从复杂性的角度对伦理行为进行研究。本书从自组织理论的角度，结合利益相关者理论视角深入分析了银行伦理行为在银行成长中的作用。一方面利益相关者理论能够很好地对企业伦理对象进行界定，将对利益相关者程度大小作为界定企业伦理行为维度对象的根本依据，明确了企业伦理行为实现机制。另一方面本书从自组织理论的视角对伦理行为进行研究，因为企业成长系统本身就很复杂，受到多种因素的影响，本书的研究就是用复杂性的思维方式去研究企业成长中的伦理问题，补充企业伦理理论研究方面的成果。

第二，企业伦理、企业成长以及企业社会责任方面的理论研究，绝大多数采用线性的研究范式，以及定量的研究方法。然而企业面对的内、外部环境越来越复杂，线性思维中所表现的静态特征、还原思想和二维可逆路径已经和企业成长理论研究和实践经验相脱节，需要转为非线性思维范式，表现为动态特征、协同作用和超循环过程。本书采用的方法就是非线性思维的方法对银行成长、经济行为与伦理行为三者的关系进行研究，在一定程度上揭示了银行成长规律，解释了银行伦理行为的作用，发现了三者之间的关系，为企业成长理论与企业伦理研究做出较好的理论贡献。

第三，本书的理论基础是利益相关者理论，该理论用于企业伦理行为中，能够在理论上开拓研究的深度和广度，因为本书通过案例研究，能够较好地确定银行紧密联系的利益相关者，即政府、社会、环境、员工、客户和股东。分析中本书也在一定程度上确定了利益相关者的利益满足程度，发现银行最为关注的利益相关者为客户和员工，即这两者的利益满足对银行来说显得尤为重要。当然案例分析中有银行将股东或者政府利益的满足放在首位，这说明了银行做出伦理行为本身就具有复杂性。另外自组织理论在很多学科都已经有了较为深入的研究，而在我国，20世纪90年代才进入学者视野，研究的深度还远远不够，特别是在管理学的研究方面。本书以自组织理论为研究视角，从协同理论、耗散结构理论与超循环理论三个视角对银行伦理行为、经济行为和银行成长进行研究，得出了三者呈现出协同关系，银行成长可能成为耗散结构，经济行为与伦理行为之间形成超循环三方面的结论。另外本书还提出了"伦理自组织行为"的新概念，并结合耗散结构理论，阐释了银行形成可持续成长的条件。因此本书为利益相关者理论研究做出了较好的理论贡献，并且补充了自组织理论在管理学研究的理论成果。

第四，银行是一个功利性组织，这种功利性表现在银行同样需要逐利，因为这是银行最基本的责任。这种责任的承担又离不开银行伦理行为，可以看出功利主义与伦理之间有着非常紧密的联系。本书研究了经济行为与伦理行为的关系，从理论研究上证实了两者之间密不可分的联系。另外银行作为具有社会责任和社会契约精神的载体，必须如公民一样享有权利和承担义务，也就是为社会、环境和政府做出贡献。本书的研究表明了银行已经为社会和政府做出了积极贡献，但是在环境方面做出的贡献还有待于提高。因此本书的研究为功利主义理论与企业公民理论研究做出了一定的理论贡献。

7.2.2 实践应用

本书研究结论对银行管理实践的应用包括以下四点：

第一，银行可以借鉴本书的研究结论，根据银行自身情况，充分满足某些利益相关者利益，从而达到提高银行的管理水平和创新水平的目的，在银行内部形成全员自觉、自发的努力工作，全员创新的文化氛围。研究表明了银行的社会性成长可能让银行伦理行为实现"自组织性"，而员工是其中最为核心的利益群体，满足他们正当的利益诉求，将可能使银行成长具有强大的驱动力。因此，在利益相关者的满足方面，首要需要考虑的是满足员工的利益，这样才能使得银行更好地服务于其他利益相关者。

第二，本书的研究结论证实了内外环境变化对银行成长有极其重要的作用。经济行为与伦理行为只有与环境进行充分的交互才能形成影响银行成长的负熵。因此结论表明银行管理者必须充分考虑内、外界环境可能带来有利与不利因素，改变落后的思维观念，开拓视野，发现市场中可能存在的蓝海，做出适于银行发展的经济行为与伦理行为，才能让银行在未来的发展中立于不败之地。现实中银行应当从宏观上把握环境的变化，战略上分析经济形势的变化，以及未来银行发展的方向，如移动金融可能成为银行成长的动力之一，把握好经济行为与伦理行为的平衡点，共同作用于银行成长。

第三，本书的研究结论可以为银行建立可持续成长的目标提供思路。管理者首先必须确定好银行发展的战略目标，属于哪一种成长形式，或者是哪几种成长形式，如规模性成长、竞争性成长、持续性成长、营利性成长或社会性成长。根据该成长性结果，构建属于银行自身特点的伦理行为，这样才能有针对性地实现银行成长的结果目标。同时，也必须考虑银行成长的动态性，根据战略选择进行成长结果的变更，这样才能更有针对性地适应环境变化带来的不利影响。

第四，本书的研究结论告诉银行管理者做出经济行为时，先思考是否是以满足某些利益相关者利益而做出的，考虑其做出的必要性、重要性和可能性结果。同时，在做出伦理行为时，要考虑是否能够直接或间接地为银行经营绩效的增加、管理水平的提高或者创新思维的形成带来一定的益处。有目的性的行为，才能为银行带来丰厚的回报。

7.3　研究不足与未来展望

7.3.1　研究不足

本书的研究为多案例研究，笔者在多地进行了实地调研以及资料收集，并完成了数据编码分析工作，但是由于各方面条件的限制，研究存在一定的局限性。

首先，由于我国学者对自组织理论研究起始时间很晚，到目前为止只有 20 多年的研究，因此可供借鉴的成熟理论与成果并不多，使得本书的研究所做的理论探索也处于非常粗浅的阶段。

其次，研究案例方面，本书用理论抽样的方式对 5 家银行进行了案例研究，抽样数量还不够多，典型性还不够强。本书调研过程中原本答应访谈调研的宁夏回族自治区的黄河银行，由于某些原因拒绝了调研，使得样本量减少。加上笔者时间精力有限，只选择了 5 家银行做研究，其中命题 6 的验证由于案例数量不足而无法做出结论性的再次验证，导致外部效度还不够高。而在案例丰富性方面，原打算对海南发展银行做一个失败案例的对比研究，由于某些原因而无法安排访谈时间。

最后，研究对象中本书研究了中、小股份制商业银行，仅用一家国有大型股份制商业银行做了验证性研究，其他 4 家国有股份制商业银行是否也能得到结论验证不得而知。另外本书的研究未能对其他大型股份制商业银行做验证性研究，如招商银行、中信银行等，是否在这些银行能够得到验证也需要进一步的样本研究支持。除了银行业，是否能够将本结论推广到其他行业中，在未来也需要进一步的扩展。

7.3.2　未来展望

本书关注于银行伦理行为在银行成长中的作用，从管理实践需求来看，未来的研究可以从以下四方面来进行：

第一，本书为了实现研究目标，采用了理论抽样的方式对相关的情境变量进行了控制，本书探讨的是中小股份制商业银行关于伦理行为的研究。未来可以研究在五大国有股份制商业银行，以及大型股份制商业银行是否可以得出同样的结论。另外还应当将此结论应用于其他行业中，是否结论同样能得到验证。

第二，本书从自组织理论角度进行研究，选择了协同理论、耗散结构理论和超循环理论，而未从突变论、混沌理论和分形理论的角度进行研究。未来的研究可以从这三个角度进行研究伦理行为的作用，从而完善从自组织理论视角对企业伦理理论的研究。

第三，本书对银行处于耗散结构或银行处于瓶颈状态，是根据总熵大小的预估以及员工访谈中的结论加以判定，是用静态分析的方法进行考察。未来可以进一步对案例银行进行跟踪调研，考察银行成长状态是否由于银行伦理行为的作用而发生变化，进一步验证本研究结论的有效性。

第四，本书的研究成果可以为大样本实证研究提供基础。未来研究可以开发量表，收集大样本数据，对银行伦理行为、经济行为与银行成长之间的关系做实证的检验。

参 考 文 献

[1] 阿玛蒂亚·森. 伦理学与经济学[M]. 北京：商务印书馆，2003.

[2] 艾根，舒思特尔. 超循环论[M]. 上海：上海译文出版社，1990.

[3] 安强身，张守凤. 复杂性科学视角下的中小企业成长力研究[J]. 现代经济探讨，2011(7)：54-58.

[4] 白海青. 高管支持信息化的内涵与影响因素：CIO 的视角[D]. 中国人民大学博士学位论文，2011.

[5] 贝纳多·科利克斯伯格. 重新思考经济学与伦理学的联系[J]. 中国软科学，2013(3)：1-8.

[6] 彼罗·斯拉法主编. 李嘉图著作和通信集(第 1 卷)[C]. 北京：商务印书馆，1965.

[7] 边沁. 道德与立法原理导论[M]. 北京：商务印书馆，2000.

[8] 曹洋，云涛，陈士骏等. 基于自组织理论的民营科技企业内生成长动力研究[J]. 中国科技论坛，2007(1)：37-41.

[9] 陈宏辉，王江艳. 企业成长过程中的社会责任认知与行动战略[J]. 商业经济与管理，2009(1)：51-58.

[10] 陈佳贵. 关于企业生命周期与企业蜕变的探讨[J]. 中国工业经济，1995.(11)：5-13.

[11] 陈凌，鲁莉劼，朱建安. 中国家族企业成长与社会责任[J]. 管理世界，2008(12)：160-164.

[12] 陈士俊，柳洲. 复杂性科学视角下的高技术企业成长机制研究论

纲[J]. 科学学与科学技术管理, 2004(3): 115-119.

[13] 成中英. 文化·伦理与管理: 中国现代化的哲学省思[M]. 贵阳: 贵州人民出版社, 1991.

[14] 戴木才. 管理的伦理法则[M]. 南昌: 江西人民出版社, 2001.

[15] 戴维·J. 弗里切. 商业伦理学[M]. 北京: 机械工业出版社, 1999.

[16] 邓新明, 田志龙, 刘国华等. 中国情景下企业伦理行为的消费者响应研究[J]. 中国软科学, 2011(2): 132-153.

[17] 窦一炜. 浅谈功利主义合理性的经济学分析[J]. 中国软科学, 2005(1): 151-154.

[18] 杜朝运, 马彧菲. 商业银行社会责任、声誉溢出与市场效应: 基于中国首家赤道银行的案例研究[J]. 投资研究, 2014(4): 74-86.

[19] 范明, 汤学俊. 企业可持续成长的自组织研究: 一个一般框架及其对中国企业可持续成长的应用分析[J]. 管理世界, 2004(10): 107-113.

[20] 范阳东. 自组织视野下的企业社会责任[J]. 企业经济, 2013(9): 37-43.

[21] 高松, 庄阵, 王华. 科技型中小企业生命周期各阶段经营特征研究[J]. 科研管理, 2011(12): 119-121.

[22] 高中秋, 王雪峰, 陈同扬. 基于企业生命周期的人力资源管理外包研究[J]. 科技管理研究, 2010(20): 145-148.

[23] 葛兆强. 资本约束、风险管理与商业银行成长[J]. 金融论坛, 2006(2): 10-15.

[24] 龚天平. 利益相关者理论的经济伦理意蕴[J]. 上海财经大学学报, 2011(12): 19-33.

[25] 龚天平. 企业公民、企业社会责任与企业伦理[J]. 河南社会科学, 2010(7): 75-78.

[26] 郭涛. 城商行差异化成长模式研究[J]. 山东大学学报, 2011(6):

72-75.

[27] 郭涛. 城市商业银行成长动力机制研究[J]. 山东社会科学, 2011 (10): 165-168.

[28] 郭友. 商业银行成长与转型[J]. 中国金融, 2011(4): 58-60.

[29] 哈肯. 协同学引论[M]. 北京: 原子能出版社, 1984.

[30] 韩志丽. 基于复杂性科学观的高科技企业成长机制研究[J]. 科技进步与对策, 2006(12): 36-38.

[31] 何杰, 曾朝夕. 企业利益相关者理论与传统企业理论的冲突与整合: 一个企业社会责任基本分析框架的建立[J]. 管理世界, 2010 (12): 176-177.

[32] 贾其容. 商业银行履行社会责任与顾客对品牌的忠诚[J]. 金融论坛, 2013(3): 55-59.

[33] 贾生华, 郑海东. 企业社会责任: 从单一视角到协同视角[J]. 浙江大学学报, 2007(3): 79-87.

[34] 凯恩斯. 就业利息和货币通论[M]. 北京: 商务印书馆, 1997.

[35] 李慧娟. 克劳修斯熵与玻耳兹曼熵的统一性[J]. 山东农业大学学报, 2004(3): 433-435.

[36] 李健. 企业伦理论纲[J]. 陕西师范大学学报, 1994(4): 108-114.

[37] 李森森, 刘德胜. 企业成长理论新进展[J]. 山东大学学报, 2014 (1): 131-136.

[38] 李彦龙. 企业社会责任的基本内涵、理论基础和责任边界[J]. 学术交流, 2011(2): 64-69.

[39] 李尧. 商业银行社会责任、顾客忠诚与价值创造[J]. 浙江金融, 2012(11): 13-15.

[40] 李业. 企业生命周期的修正模型及思考[J]. 南方经济, 2000(2): 47-50.

[41] 李占祥, 杨杜. 矛盾管理学[M]. 北京: 经济管理出版社, 2000.

[42] 林力. 企业伦理与企业成长[J]. 中国建材, 2006(8): 66-68.

[43] 林丽萍，罗莹. 论社会责任对企业成长性的作用机理[J]. 财会通讯，2014(5)：86-89.

[44] 林曦. 弗里曼利益相关者理论评述[J]. 商业研究，2010(8)：66-70.

[45] 林燕燕，咸适，陈进. 企业生命周期与创新模式选择的博弈模型研究[J]. 科技进步与对策，2010(3)：67-70.

[46] 刘婵娟. 论道德之于市场经济的必要性：基于功利主义的解释[J]. 马克思主义与现实，2007(4)：125-128.

[47] 刘洪，周玲. 成长性企业的复杂适应性分析[J]. 中国软科学，2007(12)：130-140.

[48] 刘巨钦. 企业集群内生性成长的演进分析[J]. 湘潭大学学报，2008(1)：65-72.

[49] 刘振，张广琦，杨俊. 基于 SCSR 的社会企业成长研究[J]. 现代管理科学，2014(7)：85-99.

[50] 吕力. 管理案例研究的信效度分析：以 AMJ 年度最佳论文为例[J]. 科学学与科学技术管理，2014(12)：19-29.

[51] 吕玉广. "功利主义"道德观与市场经济制度的相适性分析[J]. 河南师范大学学报，2009(5)：24-26.

[52] 马尔萨斯. 人口原理[M]. 北京：商务印书馆，1961.

[53] 马克斯·韦伯. 理想国：新教伦理与资本主义精神[M]. 桂林：广西师范大学出版社，2010：12-14.

[54] 马晓苗. 基于自组织理论的企业文化渗透机制及测度研究[D]. 吉林大学博士论文，2009.

[55] 马晓霞. 金融脱媒趋势下商业银行发展对策研究[J]. 商业时代，2013(27)：72-74.

[56] 马歇尔. 经济学原理(下卷)[M]. 北京：商务印书馆，1964b.

[57] 马芝蕾. 股份制商业银行发展中的难题与对策[J]. 山西财经大学学报，2000(10)：73-77.

［58］毛基业，张霞. 案例研究方法的规范性及现状评估——中国企业管理案例论坛综述［J］. 管理世界，2008(4)：115-121.

［59］苗东升. 论复杂性［J］. 自然辩证法通讯，2000(6). 89-91.

［60］穆勒. 功利主义［M］. 北京：九州出版社，2007.

［61］庇古. 福利经济学［M］. 北京：华夏出版社，2013：65-69.

［62］R. 爱德华·弗里曼. 战略管理：利益相关者方法［M］. 上海：上海译文出版社，2006.

［63］热罗姆·巴莱，弗郎索瓦丝·德布里. 企业与道德伦理［M］. 天津：天津人民出版社，2006.

［64］任佩瑜，张莉. 基于复杂性科学的管理熵、管理耗散结构理论及其在企业组织与决策中的作用［J］. 管理世界，2001（6）：142-147.

［65］单文，韩福荣. 三维空间企业生命周期模型［J］. 北京工业大学学报，2002.（1）：117-120.

［66］沈小峰，曾国屏. 超循环论的哲学问题［J］. 中国社会科学，1989(4)：185-194.

［67］沈小峰，吴彤，曾国屏. 论系统的自组织演化［J］. 北京师范大学学报，1993(3)：79-88.

［68］斯蒂芬·P. 罗宾斯. 管理学［M］. 北京：中国人民大学出版社，1997.

［69］孙红梅，王雪. 商业银行社会责任与财务绩效［J］. 金融论坛，2013(7)：13-18.

［70］泰伦斯·狄尔，爱伦·肯尼迪. 企业文化［M］. 北京：长河出版社，1983.

［71］谭长贵. 关于系统有序演化机制问题的再认识［J］. 学术研究，2004(5)：40-45.

［72］田超，干胜道. 基于耗散结构理论的企业社会责任研究［J］. 现代管理科学，2009(11)：43-45.

［73］唐芹，郑少锋. 商业银行社会责任对财务绩效影响研究［J］. 会计之友，2013（8）：25-28.

［74］陶长琪，徐晔. IT 企业的成长与人力资本效应：基于扩展的内生增长模型与实证研究［J］. 数量经济技术经济研究，2008（3）：114-125.

［75］托马斯·J. 彼得斯. 小罗伯特·H. 沃特曼. 追求卓越［M］. 上海：上海翻译出版社，1985.

［76］万友根. 企业利益最大化的伦理释读［J］. 求索，2006（1）：165-167.

［77］王海明. 伦理行为概念辩难［J］. 忻州师范学院学报，2004（5）：36-40.

［78］王小锡. 关于我国经济伦理学之研究［J］. 哲学动态，1997（11）：23-27.

［79］王义银. 段兴民. 道德序化：企业管理理论创新的主题［J］. 科研管理，2004（1）：72-76.

［80］王玉珍. 道德秩序的经济学分析：对利他行为的一个分析角度［M］. 北京：经济科学出版社，2005.

［81］王宗延. 可持续发展与功利主义［J］. 中国人口、资源与环境，2002（6）：10-11.

［82］魏东，岳杰. 自组织理论视角下的企业环境责任研究［J］. 科学与管理，2010（4）：26-29.

［83］魏宏森，宋永华等. 开创复杂性研究的新学科：系统科学纵览［M］. 成都：四川教育出版社，1991.

［84］邬其爱，贾生华. 国外企业成长理论研究框架探析［J］. 外国经济与管理，2002（12）：2-23.

［85］吴红梅，刘洪. 西方伦理决策研究述评［J］. 外国经济与管理，2006（12）：48-55.

［86］吴怀林，张保伟. 对涨落有序律的辩证理解［J］. 系统科学学报，

2006(3)：15-18.

[87] 吴彤. 自组织方法论研究[M]. 北京：清华大学出版社，2001.

[88] 吴晓翠. 企业成长的一个悖论分析：效率与适应[J]. 商业研究，2005(17)：44-48.

[89] 吴新文. 国外企业伦理学：三十年透视[J]. 国外社会科学，1996(3)：15-21.

[90] 西斯蒙第. 政治经济学新原理[M]. 北京：商业印书馆，1964：48-52.

[91] 邢建国. 可持续成长型企业的基本约束条件及其战略重点[J]. 中国工业经济，2003(11)：55-62.

[92] 熊彼特. 经济分析史(第3卷)[M]. 北京：商务印书馆，2001c.

[93] 徐晖，陶长琪. IT企业的自组织协同机制研究[J]. 当代财经，2010(10)：68-76.

[94] 亚当·斯密. 道德情操论[M]. 北京：中国社会科学出版社，1999.

[95] 亚当·斯密. 国民财富的性质和原因的研究(上卷)[M]. 北京：商务印书馆，1974a.

[96] 杨杜. 成长的逻辑[M]. 北京：经济管理出版社，2014.

[97] 杨杜. 企业成长论[M]. 北京：中国人民大学出版社，1995.

[98] 杨杜. 现代管理理论[M]. 北京：经济管理出版社，2013.

[99] 杨小娟，何朝晖. 创业期中小企业社会责任与成长性关系[J]. 系统工程，2010(6)：106-110.

[100] 姚铮，金列. 多元化动机影响企业财务绩效机理研究：以浙江民企雅戈尔为例[J]. 管理世界，2009(12)：137-149.

[101] 叶康涛. 案例研究：从个案分析到理论创建：中国第一届管理案例学术研讨会综述[J]. 管理世界，2006(2)：139-143.

[102] 伊查克·爱迪斯. 企业生命周期[M]. 北京：中国社会科学出版社，1997.

［103］余澳，朱方明，钟芮琦. 论企业社会责任的性质与边界［J］. 四川大学学报，2014(2)：78-84.

［104］约翰·霍兰. 隐秩序：适应性造就复杂性［M］. 上海：上海科技教育出版社，2011.

［105］约翰·斯图亚特·穆勒. 政治经济学原理(上卷)［M］. 北京：商务印书馆，1991a.

［106］曾国屏. 竞争和协同：系统发展的动力和源泉［J］. 系统辩证学学报，1996(3)：7-11.

［107］张衔，肖斌. 企业社会责任的依据与维度［J］. 四川大学学报，2010(2)：85-90.

［108］张兆国，梁志刚，尹开国. 利益相关者视角下企业社会责任问题研究［J］. 中国软科学，2012(2)：139-146.

［109］章卫民，劳剑东，李湛. 科技型中小企业成长阶段分析及划分标准［J］. 企业管理，2008(5)：135-139.

［110］赵驰，周勤. 基于自组织视角的科技型中小企业成长研究［J］. 软科学，2011(10)：94-100.

［111］赵德志. 企业文化与企业伦理［J］. 辽宁大学学报，2004(4)：126-129.

［112］赵明元，向刚，段云龙. 我国商业银行持续创新和成长关联性研究［J］. 经济问题探索，2011(8)：7-11.

［113］郑霄鹏，刘文栋. 互联网金融对商业银行的冲击及其对策［J］. 现代管理科学，2014(2)：78-80.

［114］周祖城. 论企业伦理责任在企业社会责任中的核心地位［J］. 管理学报，2014(11)：1663-1670.

［115］朱文忠. 国外商业银行社会责任的良好表现与借鉴［J］. 国际经贸探索，2006(4)：75-79.

［116］庄亚明，李金生，何建敏. 企业成长的内生能力模型与实证研究［J］. 科研管理，2008(9)：156-168.

［117］Adizes, I. How and Why Corporations Grow and Die and What to Do About It［M］. Prentice Hall, 1988.

［118］Andrew Cutler. Methodical Failure: The Use of Case Study Method by Public Relations Researchers［J］. Public Relations Review, 2004 (30): 365-375.

［119］Arrol Archie B. Carroll. A three-dimensional Conceptual Model of Corporate Social Performance［J］. Academy of Management Review, 1979(10): 497-505.

［120］Aupperle, Kenneth E., Archie B. Carroll, et al. An Empirical Investigation of the Relationship Between Corporate Social Responsibility and Profitability［J］. Academy of Management Journal, 1985(28): 446-463.

［121］Barney J. Firm Resources and Sustained Competitive Advantage［J］. Journal of Management, 1991, 17(1): 99-120.

［122］Benbasat, I., Goldstein, D. K., & Mead, M. The Case Research Strategy in Studies of Information Systems［J］. MIS Quarterly, 1987 (11): 369-385.

［123］Bent Flyvbjerg. Five Misunderstandings About Case-study Research ［J］. Qualitative Inquiry, 2006, 12(2): 219-245.

［124］Brauth, Peri. Redefining the Corporation's Role in Society. Purpose. edelman. com. December 21st, 2012.

［125］C. carl pegels, Yong I. Song and Baik Yang. Management Heterogeneity Competitive Interaction Groups and Firm Performance［J］. Strategic Management Journal, 2000, 21(9): 911-923.

［126］C. K. Prahalad, M. S. Krishnan. The Dynamic Synchronization of Strategy and Information Technology ［J］. MIT Sloan Management Review, 2002(6): 24-33.

［127］Chakravarthy, B. S. & Lorange, P. Managing the Strategy Process:

A Framework for a Multibusiness Firm ［M］. Prentice-Hall, Englewood Cliffe, 1991.

［128］ Chan R Y K, Wong Y H, Leung T K P. Applying Ethical Concepts to the Study of "Green" Consumer Behavior: An Analysis of Chinese Consumers' Intentions to Bring their Own Shopping Bags ［J］. Journal of Business Ethics, 2008, 79(4): 469-481.

［129］ Coombe D. Corporate Citizenship ［J］. Journal of Corporate Citizenship, 2011(42): 92-102.

［130］ Clarkson, M. E. A Stakeholder Framework for Analyzing and Evaluating Corporate Social Performance ［J］. Academy of Management Review, 1995(20): 92-117.

［131］ Crabtree, B. F. and Miller, W. L. Using Codes and Code Manuals, Doing Qualitative Research (2nd ed) ［M］. Sage Publications, Thousand Oaks, CA, 2000.

［132］ Dubois, A. & Araujo, L. Research Methods in Industrial Marketing Studies, in Rethinking Marketing: Developing a New Understanding of Markets, Hakan Håkansson. Wiley, Chichester: Debbie Harrison & Alexandra Waluszewskieds, 2004.

［133］ Eisenhardt, K. M. & Graebner, M. E. Theory Building From Cases: Opportunities and Challenges［J］. Academy of Management Journal, 2006, 50(1): 25-32.

［134］ Eisenhardt, K. M. Building Theories from Case Study Research ［J］. Academy of Management Review, 1989a, 14(4), 532-550.

［135］ Ferdinand Jaspers. Case Study Research: Some Other Applications Besides Theory Building ［J］. Journal of Purchasing & Supply Management, 2007(13): 210-212.

［136］ Freeman R E, Evan W. Corporate Governance: A Stakeholder Interpretation ［J］. Journal of Behavioral Economics, 1990 (19):

337-360.

[137] G. Nlicolis, I. Prigogine. Self-organization in Nonequilibrium Systems, From Dissipative Structures to Order through Fluctuations. J. Wiley & Sons, 1977, p. 60.

[138] Glaser, B. & Strauss, A. The Discovery of Grounded Theory: Strategies of Qualitative Research [M]. London: Wiedenfeld and Nicholson, 1967.

[139] Greiner L. E. Evolution and Revolution as Organizations Grow [J]. Harvard Business Review, 1972, 50(4): 37-46.

[140] Griffin J. Mahon John. The Corporate Social Performance and Corporate Financial Debate: 25 Years of Incomparable Research [J]. Business and Society, 1997(36): 5-31.

[141] Gurria. A. Business Ethics and OECD Principles: What Can Be Done to Avoid Another Crisis? Europe an Business Ethics Forum, 2009, available at: www.oecd.org/document/3/0,3343,en _2649_201185_ 42033219_1_1_1_1,00.html.

[142] Hasnas. J. The Normative Theories of Business Ethics: A Guide for the Perplexed [J]. Business Ethics Quarterly, 1998(8): 19-42.

[143] H. Haken. Synergetic an Introduction[M]. Springer Series, 1983.

[144] H. Haken. Information and Self-organization: A Macroscopic Approach to Complex Systems[M]. Spring-Verlag, 1988.

[145] Helfat, C. E., Raubitschek, C. E. Product Sequencing: Coevolution of Knowledge, Capabilities and Products [J]. Strategic Management Journal, 2015(21): 961-979.

[146] Henderson, R. M., & Clark, K. B. Architectural Innovation: The Reconfiguration of Existing Product Technologies and the Failure of Established Firms[J]. Administrative Science Quarterly, 1990(35): 9-30.

[147] Ingram, Robert W., Katherine B. Frazier. Environmental Performance and Corporate Disclosure [J]. Journal of Accounting Research, 1980(18): 614-622.

[148] Jack A. Nickerson, Todd R. Zenger. A Knowledge-Based Theory of the Firm: The Problem-Solving Perspective [J]. Organization Science, 2004, 15(6): 617-632.

[149] Jarillo J. C. On strategic networks [J]. Strategic Management Journal, 1988(9): 37-48.

[150] JC Spender and Bruce Strong. Who Has Innovative Ideas? Employees [J]. The Wall Street Journal, 2010, 8(10): 25-38.

[151] John, H. The Normative Theories of Business Ethics: a Guide for the Perplexed[J]. Business Ethics Quarterly, 1998, v. 8, 19-42.

[152] Kline W. Hume's Theory of Business Ethics Revisited [J]. Journal of Business Ethics, 2012(1): 163-174.

[153] Kvale S. Interviews: An Introduction to Qualitative Research Interviewing[M]. Thousand Oaks: Sage Publications, 1996.

[154] Lewis, V. L., Churchill, N. C. The Five Stages of Small Business Growth [J]. Harvard Business Review, 1983(3): 30-50.

[155] Longo M, Mura M, Bonoli A. Corporate Social Responsibility and Corporate Performance: the Case of Italian SMEs [J]. Corporate Governance. 2005, 5(4): 28-42.

[156] Marc, O. & Frank. L. S. & Sara. L. R. Corporate Social and Financial Performance: A Meta-Analysis [J]. Organization Studies, 2003, 24(3): 403-411.

[157] Marshall, C., Rossman, G. B. Designing Qualitative Research [M]. Sage, 1995.

[158] Matten D, Crane A. Corporate Citizenship: Toward an Extended Theoretical Conceptualization [J]. The Academy of Management

Review. 2005, 30(1): 166-179.

[159] McWilliams, A. and D. Siegel. Corporate Social Responsibility and Financial Performance: Correlation or Misspecification? [J]. Strategic Management Journal, 2000(21): 603-609.

[160] Miles, M. & Huberman, A. M. Qualitative Data Analysis [M]. Beverly Hills, CA: Sage Publications, 1984.

[161] Miles, M. B, Huberman, A. M. Qualitative Data Analysis: An Expanded Source Book [M]. Sage Publications, Incorporated, 1994.

[162] Mirvis P, Googins B. Stages of Corporate Citizenship[J]. California Management Review, 2006(2): 1-20.

[163] Mohr L A, Webb D J. The Effects of Corporate Social Responsibility and Price on Consumer Responses[J]. Journal of Consumer Affairs. 2005, 39(1): 121-147.

[164] Murray K B, Vogel C M. Using a Hierarchy-of-Effects Approach to Gauge the Effectiveness of Corporate Social Responsibility to Generate Goodwill Toward the Firm: Financial Versus Nonfinancial Impacts [J]. Journal of Business Research. 1997, 38(2): 141-159.

[165] Nelson Richard R, Winter Sidney G. Evolutionary Theory of Economic Change[M]. Boston: Harvard University Press, 1985.

[166] Nicolis, Prigogine. Self-organization in Non-Equilibrium System, from Dissipative Structures to Order through Fluctuations[M]. New York: Wiley, 1977.

[167] Papasolomou-Doukakis I, Krambia-Kapardis M, Katsioloudes M. Corporate Social Responsibility: the Way Forward? Maybe Not!: A Preliminary Study in Cyprus [J]. European Business Review, 2005, 17(3): 263-279.

[168] Parahalad, C. K. & G Hamel. The Core Competence of the Corporation [J]. Harvard Business Review, 1990, 68(3): 79-91.

[169] Penrose, Edith T. The Theory of the Growth of the Firm [M]. Oxford: Basil Blackwell Publisher, 1959.

[170] R G. Grant. The Resource-based Theory of Competitive Advantage Implications for Strategy Formulation [J]. California Management Review, 1991, 33(3): 114-135.

[171] Rawwas M Y A, Swaidan Z, Oyman M. Consumer Ethics: A Cross-Cultural Study of the Ethical Beliefs of Turkish and American Consumers [J]. Journal of Business Ethics. 2005, 57(2): 183-195.

[172] Rest J R. Moral Development: Advances in Research and Theory [M]. New York: Preager, 1986.

[173] Richard T. De George, 1982. Business Ethics, New York.

[174] Robert K. Yin. Discovering the Future of the Case Study Method in Evaluation Research[J]. Evolution Practice, 1994(15): 283-290.

[175] Sandra A. Waddock, Samuel B. Graves, The Corporate Social Performance: Financial Performance Link [J]. Strategic Management Journal, 1997(18): 303-319.

[176] Sorell, Tom & Hendry, John. 1952-(1994), Business ethics. Butterworth-Heinemann, Oxford.

[177] Steiger J H. Structural Model Evaluation and Modification: An Interval Estimation Approach [J]. Multivariate Behavioral Research, 1990(25): 173-180.

[178] Strauss, A., Corbin, J. M. Basics of Qualitative Research: Grounded Theory Procedures and Techniques [M]. US: Sage, 1990.

[179] Strauss. A Qualitative Analysis for Social Scientists[M]. Cambridge University Press, 1987.

[180] Teece, D. J, Pisano, G. Shuen, A. Dynamic Capabilities and Strategic Management [J]. University of California at Berkeley, Working Papers, 1997, 18(7): 509-533.

[181] Ullmann, Arieh. Data in Search of a Theory: A Critical Examination of the Relationship Among Social Performance, Social Disclosure, and Economic Performance [J]. Academy of Management Review, 1985(10): 540-577.

[182] Velasquez, M., Rostankowski C. Ethics: Theory and Practice [M]. Englewood Cliffs: Prentice Hall, 1985.

[183] Viswesvaran C, Deshpande S P, Joseph J. Job Satisfaction as a Function of Top Management Support for Ethical Behavior: A Study of Indian Managers [J]. Journal of Business Ethics, 1998, 17(4): 365-371.

[184] W. C. Schieve and Peter M. Allen edit. Self-organization and Dissipative Structures: Applications in the Physical and Social Sciences. University of Texas Press, 1982.

[185] Warren A. French & John Granrose. Practical Business Ethics. Prentice Hall, New Jersey, 1995.

[186] Wernerfelt B. A Resource-based View of the Firm [J]. Strategic Management Journals, 1984, 5(2): 171-180.

[187] WF Abbott, RJ Monsen. On the Measurement of Corporate Social Responsibility: Self-Reported Disclosures as a Method of Measuring Corporate Social Involvement [J]. Academy of management Journal, 1979(22): 501-515.

[188] Yin R. K. Case study research: Design and Methods(2nd Edition) [M]. California: SAGE Publications, Inc, 1994.

[189] Yin R. K. Case study research: Design and methods [M]. Sage Publications, Incorporated, 2008.

[190] Yin, R. K. Case study research [M]. Thousand Oaks, CA: Sage, 2009.

[191] Yin, R. K. Case Study Research: Design and Method(3rd edition)

[M]. Sage, Thousand, Oaks, CA, 2003.

[192] Yin, R. K. Case Study Research [M]. Beverly Hills, CA: Sage Publications, 1984.

[193] Zadek S, Pruzan P, Evans R. Building Corporate Accountability, Emerging Practices in Social and Ethical Accounting, Auditing and Report[J]. Citizenship Studies, 1997(22): 329-352.

后　记

　　本书是在我的博士论文基础上补充修改而成的，它融汇了我读博期间的研究成果。企业持续成长机制问题，以及企业伦理实践问题，是现代企业自身成长中需要探讨和亟待解决的问题，这也是实现社会不断发展的关键。商业银行的破产、倒闭将会给社会带来巨大的财产浪费和就业压力，因此如何使得商业银行保持持续的竞争优势，以及增强商业银行发展的活力，具有十分重要的理论意义和实践意义，这是一个值得研究的课题。

　　本人在国内外有关学者对该问题研究的基础上，结合我国商业银行发展特点进行了进一步的探讨。但是由于获取被调研银行的资料有限，访谈数据不够充分，以及本人自身能力和水平的不足，书中难免有所缺憾，或者理论和观点存在偏颇之处，恳请同仁指正。

　　本书出版之际，我首先要感谢我的导师杨杜教授，因为这里面倾注了他的大量心血和期望。在本书写作过程中，从全书的结构、体系、框架，到理论观点一步步形成，再到本书的出版，杨杜教授都给予了悉心的教诲和指导。我还要感谢李平教授、刘军教授、周禹教授和宋继文教授，他们或作为我的博士论文评阅人，或者作为我的博士论文的答辩委员，对我的博士论文给予了中肯的评价，尤其是对论文中的观点提出了宝贵的修改意见。还要感谢我的硕博士同学们，他们在我的博士论文对商业银行调研方面给予了大力支持，确保了我的博士论文顺利完成。最后还要感谢我的妻子杜芬，她在我的博士论文期撰写期间，不仅在生活上给予了我无微不至的关心和照顾，而且陪我走访各个商业银行，用实际行动支持我顺利完成我的博士论文。

　　本书的出版，得到了武汉纺织大学管理科学与工程学术著作出版资金，以及湖北省普通高等学校人文社科重点研究基地——企业决策支持研究中心资助。本书还得到了武汉大学出版社陈帆女士的大力支持，在此一并表示感谢！

张筝

2019 年 3 月